Dr. phil. Jack J.R. van Minden
Psychologische Eignungstests

Dr. phil. Jack J. R. van Minden

PSYCHO LOGISCHE
EIGNUNGS TESTS

Wer sie kennt, hat nichts zu fürchten

Aus dem Niederländischen übersetzt
von Barbara Heller
Bearbeitet von Dr. Volker Wieland

Ariston Verlag · Genf/München

CIP-Titelaufnahme der Deutschen Bibliothek

MINDEN, JACK J. R. VAN:
Psychologische Eignungstests: wer sie kennt, hat nichts zu fürchten /
Jack J. R. van Minden. Bearb. von Volker Wieland.
Aus d. Niederländ. übers. von Barbara Heller. – Erstaufl. – Genf;
München: Ariston Verlag, 1989
Einheitssacht: Alles over psychologische tests ‹dt.›
ISBN 3-7205-1537-0
NE: Wieland, Volker [Bearb.]

Die niederländische Originalausgabe erschien unter dem Titel
»Alles over psychologische tests«
1985 beim Verlag Veen, Utrecht, Niederlande
© Copyright 1985 by Dr. Jack J. R. van Minden

© Copyright der deutschen Ausgabe by Ariston Verlag,
Genf 1989

Alle Rechte, insbesondere des – auch auszugsweisen – Nachdrucks, der phono- und photomechanischen Reproduktion, Photokopie, Mikroverfilmung sowie der Übersetzung und jeglicher anderen Aufzeichnung und Wiedergabe durch bestehende und künftige Medien, vorbehalten.

Gestaltung des Schutzumschlages:
H. + C. Waldvogel, Grafik Design, Zürich
Satz: FotoSatz Pfeifer, Gräfelfing
Druck und Bindung: Ebner Ulm
Erstauflage April 1989
Printed in Germany 1989

ISBN 3-7205-1537-0

Inhalt

Zum Geleit	7
Vorwort zur deutschsprachigen Ausgabe	9
1. Einführung: Psychotests – und viele Fragen	11
2. Positive und negative Aspekte der Durchführung psychologischer Tests	26
3. Ein Testtag	44
4. Wofür man getestet werden kann	52
5. Wie sieht ein Test aus?	65
6. Die wichtigsten psychologischen Tests	76
7. Wie Sie einen psychologischen Test beeinflussen können	93
8. Intelligenz und Intelligenztests	111
9. Handschrift, Klecksbilder und projektive Persönlichkeitstests	136
10. Die Berufsberatung: vor der Entscheidung fürs Leben	159
11. Tests für Kinder	176
12. Das persönliche Gespräch	184
13. Das Lesen eines Testberichts	202
14. Kennen Sie Ihre Rechte!	218
15. Die Technik hinter dem Test	230
Literaturverzeichnis	243

Zum Geleit

Psychologische Tests sind vom Schleier des Geheimnisvollen umhüllt. Das ist an sich nicht schlimm. Schlimm wird es nur dann, wenn diese Tests im Leben eines Menschen plötzlich eine wichtige Rolle spielen. Viele Stellenbewerber, vor allem solche, die eine mittlere Führungsposition in der Wirtschaft oder im öffentlichen Dienst anstreben, werden mit Methoden der Psychologie auf ihre Eignung getestet. Und weil sie mit diesen Ausleseverfahren nicht vertraut sind, entstehen oft Angst und Spannung.

In den vergangenen Jahren erreichten mich in unserem Institut *Psycom* immer wieder Fragen über psychologische Tests, vor allem von seiten der genannten Bewerber um Positionen des mittleren Managements. So entstand die Idee zu einem einfachen, aber praktischen Informationsband. Was mir vorschwebte, war ein Buch, das so viele nichttechnische Informationen über Tests vermitteln sollte, daß niemand mehr vor dem Tag des Tests Angst zu haben bräuchte. Beim Schreiben und fortwährenden Überprüfen von Ideen und Textpassagen, unter anderem durch Stellenbewerber und Kandidaten der Berufsberatung, stellte sich heraus, daß darüber hinaus auch ein Bedürfnis nach spezieller Information bestand. Die »Probeleser« wollten beispielsweise wissen, wie sie ihre Testleistung steigern könnten. Ist es möglich, den Intelligenzquotienten (IQ) zu verbessern? Und wenn ja, auf welche Weise? Wie muß man vorgehen, um bei einem Persönlichkeitstest besser abzuschneiden? Die Idee, Menschen, die vor einem Test stehen, schon frühzeitig »testfit« zu machen, schien gut. Denn so haben Bewerber größere Chancen, besser als ihre »Konkurrenten« aus der »Testschlacht« hervorzugehen.

Das vorliegende Werk ruht auf zwei Grundpfeilern:

- *allgemeine Information* und *konkrete Fakten*,
- viele *praktische Tips* zu den *wichtigsten psychologischen Tests*.

Dank dieser beiden Komponenten darf das Buch als derzeit unübertroffen gelten.

Abschließend noch ein Wort des Dankes. Am Zustandekommen dieses Bandes waren folgende Mitarbeiter auf die eine oder andere Weise beteiligt (in alphabetischer Reihenfolge): A. H. BOON VAN OSTADE, J. F. VAN DE LINDE, A. L. VAN MINDEN, K. J. NIJKERK und P. VAN ZELST.

Wichtige Beiträge leisteten auch andere Psychologen und Institutionen, die jedoch nicht genannt werden möchten. Ich respektiere diesen Wunsch. Dankbar machte ich ebenso von dem Informationsmaterial Gebrauch, das mir verschiedene Fachverbände, darunter die Niederländische Psychologische Gesellschaft, NIP, freundlicherweise überlassen haben.

Aufrichtigen Dank schulde ich schließlich CHRIS VAN GELDEREN, dem Verleger der Originalausgabe, der den Wert dieses Bandes vom ersten Augenblick an erkannte. Während der gesamten Entstehungszeit des Projekts war er ein gleichsam reibungslos laufender Motor im Hintergrund. Was er für das Werk getan hat, übertraf seine Aufgabe als Herausgeber bei weitem.

Wir hoffen, daß alle Leser dieses Buches die von ihnen gewünschten Testergebnisse erzielen! Dann hat es seinen Zweck erfüllt.

Amstelveen *Dr. phil. Jack van Minden*

Vorwort
zur deutschsprachigen Ausgabe

JACK VAN MINDENS Buch über *Psychologische Eignungstests* enthält zum großen Teil allgemeingültige, interessante und sehr nützliche Hinweise, Beschreibungen und Beurteilungen, die für die Bundesrepublik Deutschland, Österreich und die Schweiz ebenso verbindlich sind, aber auch vieles, das speziell die Niederlande und das flämische Belgien betrifft. So sind beispielsweise viele Tests sprachspezifisch angelegt.

Meine Bearbeitung für den deutschsprachigen Raum mußte jedoch die Bundesrepublik, Österreich und die deutschsprachige Schweiz berücksichtigen, wenn schon nicht auch die DDR. Es mußte ermittelt werden, welches hier die gebräuchlichsten Tests sind und wie es sich mit der Praxis der Testanwendung und den dafür zuständigen Institutionen verhält. Dies ist angesichts des viel größeren deutschsprachigen Geltungsbereichs mit beträchtlichem Aufwand verbunden. Zum Glück können im allgemeinen die Verhältnisse in den drei genannten Ländern grundsätzlich als sehr ähnlich angesehen werden, denn sonst müßten viele Aussagen mindestens dreifach erfolgen, wobei es im einzelnen auch noch Unterschiede zwischen Bundesländern in der Bundesrepublik und Österreich und den Kantonen in der Schweiz geben kann. Es gibt da nirgendwo so etwas wie den *Nederlandse Rijks Psychologische Dienst* (RPD), also eine zentrale Erfassungs- und Informationsstelle.

Der Autor des Buches, der Psychologe Dr. JACK VAN MINDEN, war in der Marktforschung und im Marketing tätig und betreibt ein privates Testberatungsinstitut. Er hat in einem überschaubaren Raum

○ Marktforschung für psychologische Tests betrieben,
○ spezielle Informationen über die praktische Anwendung gesammelt und

○ im Kontakt mit vielen Testpersonen – in seinem Institut *Psycom* werden ja Kurse zur besseren Bewältigung psychologischer Tests angeboten – sehr gut kennengelernt, wo diejenigen der Schuh drückt, die von Fachleuten in die Testmangel genommen werden.

An Hochschulen sind Testpsychologen und Diagnostiker meist viel theoretischer orientiert und kennen manche Einzelerfahrungen der Praxis nicht. Die von mir eingeholten, unter anderem über einen Fragebogen erbetenen Informationen an den Universitäten Heidelberg, Wien und Zürich fielen deshalb reduzierter und unbestimmter aus. Mein Dank gilt nichtsdestoweniger den Herren Professor MANFRED AMELANG und Privatdozent WERNER ZIELINSKI in Heidelberg und Herrn Professor FRANÇOIS STOLL in Zürich.

Aus den genannten Gründen mußte auf manche Details verzichtet werden, die für die vergleichsweise überschaubaren Verhältnisse in den Niederlanden und im flämischen Belgien geliefert werden konnten. So wurden statistische Angaben weggelassen.

Als Bearbeiter glaube und hoffe ich, daß trotz der angedeuteten Reduzierung den Lesern noch viel Nutzen aus diesem Buch erwächst. Worum es als zentrales Anliegen geht, das wird stets klar herausgearbeitet, an einigen Stellen auch aus der etwas unterschiedlichen Sicht des Bearbeiters gerafft und ergänzt.

Sinsheim/Heidelberg   *Dr. phil. Volker Wieland*
                                   Diplompsychologe

1
Einführung:
Psychotests – und viele Fragen

Das Mysterium »Test«

Viele Menschen betrachten psychologische Tests mit Respekt. Dies deshalb, weil auf der Grundlage solcher Tests oft weitreichende Entscheidungen gefällt werden. Welche Schul- oder Berufsausbildung soll oder kann ich wählen? Habe ich bei meinem Testergebnis überhaupt Chancen, die in Aussicht genommene Stelle zu erhalten? Welcher Rat gilt im Falle einer Wehrdienstverweigerung? Bei der Berufsberatung sagte man mir, ich eigne mich zum Buchhalter. Wie kommen sie darauf?

Für viele ist der psychologische Test ein Buch mit sieben Siegeln. Wer hielt schon je einen psychologischen Test in der Hand? Wie sieht so etwas aus?

Vor gar nicht langer Zeit sprach man noch von *Psychotechnik* und *psychotechnischer Untersuchung*. Wollten die Psychologen sich zu *Psychotechnikern* erklären? War der Mensch für sie eine kalte Konstruktion aus Rädern, Schrauben und Bolzen? Zum Glück begegnet man diesen Ausdrücken heute kaum mehr, denn psychologische Tests haben es mit Menschen zu tun und am wenigsten mit Technik und Montage.

Daß der psychologische Test so geheimnisumwittert ist, hat seinem Ruf nicht wenig geschadet. Manche sprechen abfällig von *psychologischer Vivisektion*, vom Auskundschaften von Schlafzimmergeheimnissen, von Röntgenaufnahmen des Gehirns, Voyeurismus, Gehirnspionage, geistiger Entblößung und dergleichen mehr. Steckt in diesen Bezeichnungen ein Körnchen Wahrheit? Der Leser möge sich sein Urteil bis zum Ende dieses Buches aufheben.

Was ist ein psychologischer Test?

Bisher war viel von dem Begriff *psychologischer Test* die Rede, ohne daß dieser Begriff näher erklärt wurde. Belassen wir es vorerst bei der folgenden Umschreibung: Ein psychologischer Test ist in der Regel ein objektives Meßinstrument, dessen sich Psychologen systematisch bedienen, um zu ermitteln, über welche geistigen Fähigkeiten und Fertigkeiten ein Mensch verfügt, mit dem Ziel, Prognosen über sein Verhalten aufstellen zu können. Ergebnis eines Tests ist nie ein absolutes Urteil, sondern er liefert Daten, die den Vergleich von verschiedenen Personen miteinander ermöglichen (Hans ist intelligenter als Peter, oder: Hans zählt in bezug auf technisches Verständnis zu den überdurchschnittlichen 30 Prozent der Bevölkerung).

Wir machen Sie in diesem Buch mit einzelnen Tests bekannt. In der Praxis allerdings wird selten nur ein einziger Test durchgeführt. Meist sind es mehrere Tests, die man als *Testbatterie* bezeichnet.

Experten unterscheiden zwischen *Test* und *Prüfung*, wobei mit *Prüfung* ausschließlich das Überprüfen von Kenntnissen gemeint ist (wie bei den Klassenarbeiten in der Schule). Wir werden diesen strengen Unterschied nicht beibehalten.

Fragen, Fragen, Fragen ...

Auch für den, der schon einen psychologischen Test hinter sich hat, bleiben noch viele Fragen offen. Die Psychologen haben nie viel Mühe darauf verwandt, die Öffentlichkeit mit den Besonderheiten ihrer Arbeit bekannt zu machen. Die Nachfrage nach ihren Diensten ist ständig gestiegen, die Information darüber aber blieb dürftig.

Im Rahmen einer kleinen Untersuchung stellten wir die Frage, was die Befragten gern über psychologische Tests, etwa im Zusammenhang mit einer Stellenbewerbung, wissen würden. Einige von ihnen hatten sich in der Vergangenheit bereits einem Test unterzogen, andere noch nie.

Hier eine kurze Auswahl aus der Flut der Reaktionen, die uns erreichten:

- »Ich habe schon öfter das Wort ›Testbatterie‹ gehört. Was bedeutet das genau?«
- »Kann man sich weigern, einen psychologischen Test zu absolvieren? Welche Folgen hätte das?«
- »Was geschieht eigentlich mit den Testbögen, die ich ausgefüllt habe?«
- »Wer bekommt meine Unterlagen zu sehen?«
- »Wie wird das Testergebnis beurteilt?«
- »Was passiert, wenn ich bei einer Bewerbung sage, ich möchte lieber nicht getestet werden? Ist sie dann von vornherein zwecklos?«
- »Worauf muß man bei einem Test im einzelnen achten?«
- »Auf welche Tricks muß ich vorbereitet sein, wenn ich getestet werde?«
- »Ich mußte einen Assoziationstest durchführen. Welcher Zusammenhang wird eigentlich zwischen all den zum Teil sehr sonderbaren Fragen hergestellt?«
- »Wie muß ich antworten? Was wollen die Tester von mir hören?«
- »Gibt es keine moderneren Methoden, zukünftige Mitarbeiter zu testen?«
- »Wie darf ich auf keinen Fall reagieren?«
- »Wie kann man messen, ob ich *kollegial* und *kontaktfreudig* bin, wie es in der Stellenanzeige hieß …«
- »Wie lange dauert ein Berufsberatungstest, und wann erhält man das Ergebnis?«
- »In diesem Job muß man in schwierigen Situationen schnell reagieren können. Wie wird das eigentlich festgestellt?«
- »An welchen Normen orientieren sich die Tests?«
- »Wie hängen die verschiedenen Tests, denen ich unterzogen wurde, miteinander zusammen?«
- »Wohin kann ich meine Kinder zur Berufsberatung schicken, und was leistet diese Beratung?«
- »Kann ich Einblick in die Ergebnisse der einzelnen Tests erhalten und diese Ergebnisse mit nach Hause nehmen?«
- »Ist so ein psychologischer Test nicht ein einziger Hokuspokus?«
- »Wie lassen sich eigentlich all diese undurchschaubaren Managerqualitäten psychologisch untersuchen?«

- »Ich habe gehört, daß nur Angehörige des mittleren Managements psychologisch getestet werden, Mitglieder der Unternehmensspitze aber nie. Stimmt das, und warum ist das so?«
- »Bei diesen komischen *Phantasiefragen* wußte ich nicht, wie ich reagieren sollte. Was sollen diese Fragen?«
- »Der Psychologe stellte mir im Gespräch alle möglichen unverschämten Fragen. Wie soll ich mich beim nächstenmal verhalten?«
- »Ist es notwendig, daß man bei jeder Bewerbung wieder neu getestet wird?«
- »Wie kann ich mich vorbereiten, wenn ich im Rahmen einer Wehrdienstverweigerung befragt werde?«
- »Soll man ehrlich sein oder sich nur gut verkaufen? Merkt der Psychologe, wenn man lügt?«
- »Werden auch Fragen über Dinge wie Religion, Sexualität, Politik und das Verhältnis zu den Eltern gestellt?«
- »Ich hätte gern einmal eine Art Gebrauchsanweisung für psychologische Tests! Wo kann man die bekommen?«
- »Ich wüßte zu gern, wie ein Psychologe die Testantworten interpretiert!«
- »Welche Eigenschaften können mit einem psychologischen Test nicht gemessen werden? Und warum nicht?«
- »Welcher Test wird für welche Eigenschaft verwendet?«
- »Wenn ich nur wüßte, wie ich die Testergebnisse bewerten soll!«
- »Gelten die Testergebnisse für den Rest deines Lebens oder nur für ein paar Jahre?«
- »Wie kann man sich auf einen Test vorbereiten?«
- »Was kann man tun, wenn man mit dem Bericht des Psychologen nicht einverstanden ist?«
- »Was geschieht mit dem Testbericht? Sind meine Daten geschützt? Ist Geheimhaltung garantiert?«
- »Inwieweit entscheidet das Testergebnis darüber, ob man die Stelle, um die man sich beworben hat, bekommt oder nicht?«
- »Wie erfahre ich, ob ich besser oder schlechter abgeschnitten habe als meine Mitbewerber?«
- »Wer bekommt die Testergebnisse zuerst zu sehen: der zukünftige Arbeitgeber oder ich?«

- »An so einem Tag muß man alle möglichen Tests durchlaufen. Zählen alle Tests gleich viel, oder ist das von Test zu Test verschieden?«
- »Wieviel Wert legen Arbeitgeber im allgemeinen auf psychologische Tests?«
- »Wird beim Test berücksichtigt, wie man sich gerade fühlt?«
- »Wie hoch ist die Wahrscheinlichkeit, daß die Testergebnisse anders ausfallen, als man wirklich ist?«
- »Kann der Psychologe im Anschluß an einen Bewerbungstest auch gleich eine Berufsberatung durchführen?«

Was doch eine einfache Frage (»Was würden Sie gern über psychologische Tests wissen?«) alles bewirken kann!

Wir sind uns darüber im klaren, daß diese Fragen nur die Spitze des Eisberges bedeuten. Hinter jeder stehen vielleicht zehn weitere Fragen, die nicht gestellt wurden. Wir wissen auch nicht, welche Unsicherheiten, Ängste und Spannungen sich hinter mancher Frage verbergen. Die meisten der hier genannten Fragen werden in den verschiedenen Kapiteln dieses Buches beantwortet, einige ausführlich, andere nur kurz.

Auf jeden Fall brauchen Sie sich nicht »Ihrem Schicksal« zu ergeben. Sie werden sehen, daß nach der Lektüre dieses Buches kein Grund mehr besteht, resigniert und mit hängenden Schultern zum Test zu erscheinen. Anstatt die Dinge passiv über sich ergehen zu lassen, werden Sie – wohlinformiert, wie Sie nun sind – aktiv mitarbeiten und die Sache in den Griff bekommen. Und das ist ein angenehmes Gefühl!

Das psychologische Gutachten, ein gefragter »Artikel«

Es scheint, als würden immer mehr Menschen psychologisch getestet. Wird die Testpsychologie (wenn wir sie so nennen dürfen) immer »populärer«? Und gibt es dafür bestimmte Gründe? Wir werden sehen.

1. Die Einstellung neuer Mitarbeiter ist oft eine heikle Angelegenheit. Es ist für Arbeitgeber und Arbeitnehmer gleichermaßen är-

gerlich, wenn sich die beiderseitigen Erwartungen nicht erfüllen. Der Arbeitnehmer muß gehen, genießt aber rechtlichen Schutz. Dadurch kostet es den Arbeitgeber oft viel Zeit und Geld, einen Arbeitsvertrag zu lösen. Der Arbeitgeber geht gern eine fruchtbare und produktive *Ehe* ein, die über längere Zeit Bestand hat. Auch hier tut Scheiden weh. Eine psychologische Untersuchung verringert das Risiko für den Arbeitgeber. Er erlangt etwas mehr Sicherheit in bezug auf seine *Investition*.

2. Psychologische Tests bilden einen Maßstab, mit dessen Hilfe sich Menschen einigermaßen objektiv miteinander vergleichen lassen. Wir sagen bewußt *einigermaßen*, denn wir werden später sehen, daß der psychologische Test weit davon entfernt ist, allumfassend oder gar perfekt zu sein (zum Glück für manchen Bewerber …).

3. Psychologische Tests sind in den meisten Fällen einfache, schnelle und schmerzlose Untersuchungsinstrumente. Zangen, Messer und Injektionsnadeln bleiben aus dem Spiel. Durch die Beantwortung einiger einfacher Fragen, ein Kreuzchen hier und dort auf einem Fragebogen und die Ausführung simpler Aufgaben und Anweisungen gewinnt der Psychologe Aufschluß über Persönlichkeit, Fähigkeiten, Begabungen und eventuelle Störungen. Psychologische Tests sind deshalb im Vergleich zu anderen Untersuchungsmethoden nicht nur billig, sie sind auch nicht gesundheitsschädigend.

4. Die Psychologie hat sich im Laufe der Jahre einen gewissen Ruf erworben. Früher befaßten sich Psychologen mit dem Studium von *Geist* und *Seele*. Damit schien im Grunde jedoch niemand so recht etwas anfangen zu können. Nachdem aber der Begriff *Verhalten* geboren war (definiert als wahrnehmbare und registrierbare Aktivitäten eines Menschen), konnte die Psychologie ihr Betätigungsfeld erweitern. Sie begann zu messen – und gemessen wird mit Zahlen. Seit sie Menschen mit Zahlen erfassen kann, wird die Psychologie ernst genommen.

5. Manchmal wird ein psychologisches Gutachten zum *Schiedsrichter*. Können sich beispielsweise der Personalchef und ein Abteilungsleiter über einen Kandidaten nicht einigen, machen sie die endgültige Entscheidung vielleicht von einem (neutralen) Testver-

fahren abhängig. Das kann sehr wichtig werden, wenn der betreffende Bewerber zwar über die gewünschten Fähigkeiten verfügt, man aber nicht sicher ist, ob er auch von seiner *Persönlichkeit* her in den Betrieb paßt.
6. Auch in anderen Bereichen sind psychologische Gutachten sehr gefragt: in Marketing und Werbung, in der Unternehmensführung, bei Polizei und Militär, im Sport, bei Gericht und so weiter. Unsere Gesellschaft wird immer komplizierter. Psychologen verstehen sich seit jeher als neutrale, objektive Wissenschaftler und Berater. Warum sollte man nicht einen Fachmann hinzuziehen, um ein bestimmtes Problem der Lösung zuzuführen? Es ist sogar ein wenig *in*, einen Psychologen hinzuzuziehen. Vielleicht ist unter den Blinden doch der Einäugige König ...

Nie mehr Testangst!

Das Unbekannte und Geheimnisvolle des Tests sowie eine gewisse Unsicherheit bewirken, daß viele Menschen mit weichen Knien und Schweißperlen auf der Stirn zum Testinstitut gehen. Das Institut selbst tut wenig, um ihnen die Testangst zu nehmen. Ein Briefchen hier, eine Broschüre dort, meint man, müßte genügen. Was das Institut nicht weiß, ist, daß Sie vielleicht zum erstenmal getestet werden – und daß womöglich Ihre Zukunft vom Ergebnis dieses Tages abhängt. Für die Mitarbeiter des Instituts, in dem Jahr für Jahr vielleicht Tausende von Stellenbewerbern getestet werden, ist das alles nichts besonderes: es ist ihr täglich Brot.

Getestet zu werden, ist für viele eine ganz neue Erfahrung. Und häufig bringt es die Ungewißheit vor dem Unbekannten mit sich, daß Sie angespannt zur psychologischen Testuntersuchung erscheinen. Manche Menschen leiden unter Prüfungsangst, vor allem, wenn sie bei Prüfungen schon einmal durchfielen. Sie besitzen die verlangten Fähigkeiten und machen sich doch unnötig Sorgen. Mit schweißnassen Händen und feuchter Stirn begeben sie sich ans Werk ... und versagen. Die Angst hat ihnen einen Streich gespielt.

Wir hoffen, daß dieses Buch Sie so gut über den psychologischen

Test informiert und Ihnen so viele praktische Tips vermittelt, daß Sie mit Optimismus an die Sache herangehen und *gute Noten* erzielen. Das Gutachten des Testinstituts für den zukünftigen Arbeitgeber (den Auftraggeber) ist meist sehr wichtig. Sorgen Sie dafür, daß es positiv ausfällt. Nach der Lektüre dieses Buches werden Sie sehen, daß Sie viele Tests selbst in der Hand haben!

Nicht immer werden Sie freiwillig getestet

Die meisten Menschen kommen nicht ganz freiwillig unters psychologische Seziermesser. Viele werden im Rahmen einer Stellenbewerbung getestet: Der zukünftige Arbeitgeber möchte sichergehen, bevor er eine Bindung mit einem neuen Mitarbeiter eingeht. Zu Unrecht? Lassen Sie sich für die neue Stelle aus freien Stücken testen? Je nachdem, wie man es betrachtet. Kein Test, kein Job ...

Auch Sozialarbeiter verweisen ihre Klienten nicht selten an den Psychologen. Die Kollegen von der Psychotherapie legen mitunter ebenso Wert auf die Durchführung eines Tests, zum Beispiel bei der Behandlung von Ehepaaren mit Beziehungsschwierigkeiten, oder wenn die Eltern-Kind-Beziehung festgefahren ist. Auch Ärzte nutzen die Vorteile psychologischer Tests. So gibt es Tests, mit deren Hilfe sich Hirnschäden diagnostizieren lassen – vielleicht nicht so gut wie mit medizinischen Geräten, aber sehr viel billiger und ohne schmerzhafte Eingriffe am Patienten! Auf psychologische Tests, die speziell für Aussagen über Hirnschädigungen, Beziehungsprobleme und psychische Krankheiten entwickelt wurden, geht dieses Buch jedoch nicht weiter ein.

Natürlich kommt es ebenfalls oft vor, daß Menschen dem Tag entgegenfiebern, an dem sie erfahren, *wie sie psychologisch aussehen*. Es ist in unserer Gesellschaft nicht leicht, einen Beruf *für später* zu finden. Und doch wird erwartet, daß man sich bereits in jungen Jahren für einen Beruf entscheidet, in dem man dann sein Leben lang festsitzt!

Die Massenarbeitslosigkeit mag eines Tages zurückgehen, die Vollbeschäftigung der Nachkriegsjahre aber wird es wohl nie wieder geben. Dafür sorgen schon Computer und Roboter ...

So ist es nur vernünftig, einen Beruf zu wählen, bei dem Sie davon ausgehen können, daß Sie auch später noch Ihr Brot damit verdienen werden. Aber woher wissen Sie, ob Sie sich für einen solchen Beruf eignen? Spezialisierte, das heißt zu diesem Zweck entwickelte Tests geben Einblick in die Berufsinteressen, in die Stärken und Schwachpunkte eines Menschen in bezug auf die Schul- und Berufswahl. Mitunter wird hier jedoch sanfter Zwang ausgeübt, von Eltern oder anderen. Dem Thema *Schul- und Berufswahl* ist in diesem Buch ebenfalls ein Kapitel gewidmet.

Wie zuverlässig sind die Prognosen psychologischer Tests?

Leider gibt es noch kein Röntgenverfahren, das in Windeseile Ihre Persönlichkeit, Ihre Intelligenz und Ihre Fähigkeiten auf den Film bannt. Psychologische Tests messen diese Dinge eher indirekt und sind dabei in hohem Maße auf Ihre Mitarbeit und Ehrlichkeit angewiesen.

Ziel jedes psychologischen Tests ist die *Prognose*. Mit Hilfe einiger *einfacher* Fragen und Aufgaben will er einen Einblick in die Persönlichkeit eines Menschen, seine Fähigkeiten, Begabungen, Fertigkeiten und ähnliches geben. Psychologische Tests prognostizieren:
○ wie gut jemand die Buchführung beherrscht;
○ wie kreativ jemand ist;
○ ob die Person Druck (Streß) ertragen kann, also belastbar ist;
○ ob die Person gut mit anderen Menschen umgehen kann;
○ ob die Person technisches Verständnis besitzt;
○ wie gut jemand Menschen führen (*managen*) kann.
Die Aufzählung ließe sich beliebig fortsetzen. Wir werden später (unter anderem in Kapitel 4, 6 und 9) sehen, welche Arten von psychologischen Tests es gibt und welchem Zweck sie dienen.

Die Prognose eines psychologischen Tests schließt immer einen Vergleich ein. Soll sie etwa darüber Auskunft geben, wie gut jemand rechnen kann, so lautet die Frage: »Rechnet besser als wer?« Ein guter psychologischer Test enthält deshalb stets *Normen*, an denen die

Testperson gemessen wird. Diese Normen oder Maßstäbe wurden in früheren Untersuchungen zu dem Test festgesetzt (oft vor seinem Erscheinen).

Nehmen wir ein Beispiel. Jemand erreicht in einem Test zum technischen Verständnis 80 Punkte. Ist das eine gute Leistung oder nicht? Sind 80 Punkte viel oder wenig, oder entsprechen sie dem Durchschnitt? Um das zu bestimmen, muß man zunächst wissen, was das absolute Minimum (häufig: null – alle Antworten sind falsch) und was das Maximum (häufig: alles richtig) an Punkten ist, das in diesem Test erreicht werden kann. Außer diesen beiden Grenzen sind auch Normen aus der Praxis notwendig. Erreichen 95 Prozent aller Menschen, die diesen Test je durchführen, maximal 30 Punkte, so sind 80 Punkte ein extrem hoher Wert. Liegt der Mindestwert für diesen Test bei 30 (ein Prozent der Testpersonen) und das Maximum bei 300 Punkten, dann kommt man mit 80 Punkten nicht gerade weit.

Kurzum: Wir wissen nun, daß Tests dazu dienen, Prognosen aufzustellen, und daß Sie bei jedem Test mit anderen Menschen verglichen werden!

Die Frage bleibt: Wie zuverlässig sind die Prognosen psychologischer Tests? Die Antwort heben wir uns noch etwas auf. Soviel sei aber schon jetzt gesagt: Der prognostische Wert von Tests läßt einiges zu wünschen übrig. Sind Sie also mit dem Ergebnis eines Tests nicht einverstanden, so können Sie mit gutem Recht Widerspruch einlegen. Ob sich das auf die abschließende Beurteilung auswirkt, ist etwas anderes. Es ist eine juristisch schwierige Angelegenheit mit vielen Hintertüren und daher zu überlegen, ob sich Aufwand und Energie lohnen.

Was will dieses Buch?

Dieses Buch kann für Leser, die vor einem psychologischen Test stehen, sehr wichtig sein. Sie erfahren, wie Sie *Ihre Testleistungen steigern* können. Das ist schön und gut, wenn Sie für eine Stelle getestet werden, die Sie auch gerne haben möchten! Es ist jedoch auch nachzulesen, wie Sie bei einem Test absichtlich schlecht abschneiden können – sofern Sie das wünschen.

Zu Beginn machen Sie Bekanntschaft mit den Hintergründen des psychologischen Tests, einem Gebiet, das reich an wissenschaftlichen Theorien und mathematischer Statistik ist. Schwierige Theorien werden Sie hier jedoch ebensowenig antreffen wie schwerverständliche Begriffe. Hin und wieder läßt es sich nicht vermeiden, einen Fachausdruck einzuführen (*Validität* beispielsweise), der dann aber stets erklärt oder beschrieben wird, so daß Sie nicht damit alleingelassen werden. (Sollten Sie mehr über die verwendeten Begriffe wissen wollen, raten wir Ihnen zum Kauf eines psychologischen Wörterbuchs.)

Das Werk will aber vor allem ein praktisches, brauchbares Buch sein. Der Akzent liegt auf der *Verbesserung Ihrer Testleistungen, besonders im Rahmen einer Stellenbewerbung.* Sie werden mit dem Phänomen des psychologischen Tests vertraut werden und dem Test ohne Angst entgegensehen, denn Sie werden *lernen, wie Sie das Testergebnis zu Ihren Gunsten beeinflussen können*!

Auch wenn Sie schon einmal getestet worden sind, ist dieses Buch sehr nützlich. Sie werden beim nächstenmal von dieser Erfahrung profitieren, und das Buch weist Ihnen den Weg zu wichtigen und weniger wichtigen Dingen, die mit dem psychologischen Test zusammenhängen.

Wurden Sie erst kürzlich getestet und haben davon noch immer einen »Kater«, etwa weil die Testergebnisse ein negatives Gutachten über Sie zur Folge hatten, so weist dieses Buch Sie auf Ihre Rechte hin und sagt Ihnen, wie Sie gegebenenfalls Beschwerde einlegen können. Das heißt natürlich nicht, daß Sie die begehrte Stelle doch noch bekommen! Aber vielleicht können Sie die Hintertür des künftigen Arbeitgebers doch wieder einen Spalt öffnen ... Schließlich haben Sie nichts zu verlieren!

Wir hoffen, daß Stellenbewerber nach der Lektüre dieses Buches gut gewappnet und nicht ahnungslos und unwissend den Gang zum Testinstitut antreten.

Das Buch bringt zahlreiche Beispiele für psychologische Tests. Sie werden jedoch verstehen, daß es nicht alle Testmöglichkeiten aufrollen und für Sie entschlüsseln kann. Erstens gibt es derer zu viele, und zweitens verlören die Tests dadurch ihren Wert. Davon würden Sie nicht profitieren, und auch den Testautoren wäre nicht gedient, die manchmal Tausende von Arbeitsstunden in einen Test investiert haben.

Meilensteine in der Geschichte der Testpsychologie

Wenn wir uns mit der Geschichte des psychologischen Tests befassen, zieht die gesamte Psychologie an uns vorüber. Beide sind untrennbar miteinander verbunden. Im folgenden soll die Entwicklung des Phänomens *psychologischer Test* anhand einer Reihe bedeutsamer Ereignisse, mit den entsprechenden Jahreszahlen versehen, kurz beschrieben werden. Einige dieser historischen Gegebenheiten haben sich bis auf den heutigen Tag erhalten, andere erscheinen uns heute ein wenig bizarr oder lächerlich.

1. Um 2000 vor Christus wurde in China die Leistung der kaiserlichen Beamten gemessen. Man verwendete *Tests*, um ranghöheren Dienern bestimmte Funktionen zuzuweisen.
2. Etwa 500 Jahre vor unserer Zeitrechnung studierten griechische Ärzte die *Temperamente* des Menschen. Für EMPEDOKLES (492 bis um 432 v. Chr.) sind die vier *Wurzeln* des Menschen *Luft, Feuer, Wasser* und *Erde*. Jeder Mensch verfügt über eine einmalige Kombination dieser *Wurzeln* oder *Wurzelkräfte*.
HIPPOKRATES (460–377 v. Chr.), der als der erste Arzt der Welt gilt (sein Name lebt noch heute im *hippokratischen Eid* fort, den junge Ärzte ablegen müssen), unterscheidet vier *Säfte* oder *Flüssigkeiten*. Beim gesunden Menschen befinden sich *Blut, Schleim* (oder *Phlegma*), *schwarze Galle* und *Galle* im Gleichgewicht. Der dritte Grieche, der hier einen Platz verdient, ist der aus Pergamon stammende Arzt CLAUDIUS GALENUS (129–199 n. Chr.). Er nennt die vier Elemente *Qualitäten* und unterscheidet neun Typen von Temperamenten, zu denen er durch Kombination seiner Elemente gelangt. Die Temperamentenlehre ist ein dankbares Thema für Feste und Parties ...
3. Um das Jahr 1200 wird an der Universität von Bologna in Italien erstmals eine mündliche Prüfung durchgeführt. Wer der glückliche (oder unglückliche) Prüfling war, ist nicht bekannt.

4. Im Jahre 1813 findet der deutsche Astronom (Sternforscher) und Mathematiker FRIEDRICH WILHELM BESSEL (1784–1846) heraus, daß Menschen bei der Wahrnehmung von Planeten unterschiedliche Reaktionszeiten haben, eine in der damaligen Zeit recht unerfreuliche Entdeckung, denn sie bedeutete, daß der *Mensch als Beobachter* nicht so verläßlich war, wie man bislang angenommen hatte. Seit damals werden nun Reaktionszeit-Untersuchungen durchgeführt. (Dies ist wichtig für Berufe, in denen man blitzschnell reagieren muß.)
5. Der berühmte französische Chirurg und Anthropologe PAUL BROCA (1824–1880) behauptet 1861, daß zwischen der Größe des Gehirns (Schädelinhalt) und der Intelligenz eines Menschen ein bedeutsamer Zusammenhang bestehe. Ist das Messen von Intelligenz zu einer einfachen Sache geworden? Oder wird die Wissenschaft über diesen Fund später nur lachen?
6. Der deutsche Psychologe und Philosoph WILHELM WUNDT (1832–1920) richtet 1879 (nach anderen Angaben 1875) mit seiner Gründung des ersten Instituts für experimentelle Psychologie in Leipzig das erste psychologische Laboratorium der Welt ein. Von da an rückten die Psychologen von allerlei vagen, freischwebenden Theorien ab und befaßten sich mehr mit objektiven Experimenten.
7. Wir schreiben das Jahr 1884 und befinden uns in London. Der als genial geltende, reiche (und ziemlich exzentrische) englische Naturforscher und Schriftsteller SIR FRANCIS GALTON (1822–1911) hat einen Stand auf der International Health Exhibition, einer internationalen, der Gesundheit gewidmeten Ausstellung. Hier demonstriert er sein anthropometrisches Laboratorium. Er faßt Menschen in Zahlen, um sie miteinander vergleichen zu können. So mißt er unter anderem Länge, Gewicht und Umfang des Schädels (Hirnkapazität!). Damit ist der Neffe CHARLES DARWINS (ebenfalls genial, reich und exzentrisch) der erste, der psychologische Tests mit Menschen durchführt.
8. Ein italienischer Arzt namens CESARE LOMBROSO (1836–1909) behauptet um 1887, es gebe *geborene Verbrecher*. Diese besäßen bestimmte (anatomische) äußere Merkmale, an denen sie deut-

lich zu erkennen seien. Sollten fortan flache Nasen, dicke Augenbrauen und spitze Ohren die (kriminelle) Persönlichkeit eines Menschen verraten?

9. Der hervorragende englische Psychologe und Statistiker CHARLES SPEARMAN (1863–1945) stellt der Welt seine Entdeckung, die *Zweifaktentheorie der Intelligenz* vor. Dieser Theorie zufolge setzt sich Intelligenz aus einem allgemeinen Faktor und einer Anzahl spezifischer Faktoren zusammen. Was aber ist *allgemeine Intelligenz*? Man weiß es bis heute nicht ...

10. Dank des französischen Psychologen ALFRED BINET (1857 bis 1911) erblickt 1905 der erste Intelligenztest das Licht der Welt, der bekannte *Binet-Simon-Test*. An seiner originellen Denkweise orientieren sich auch viele spätere Intelligenztests. Gemeinsam mit dem französischen Psychologen THEODORE SIMON (1873–1961) stellt Binet die Testreihe für Pariser Schulen auf, um damit ein akutes Problem zu lösen: Wie lassen sich frühzeitig *schwache* von *starken* Grundschülern unterscheiden, um sie in Spezialschulen aufnehmen zu können?

11. Der deutsche, 1933 in die USA emigrierte Psychologe WILLIAM STERN (1871–1938) entwickelt Binets Intelligenztest weiter. Im Jahr 1912 tritt er für die Idee ein, Intelligenz in Zahlen auszudrücken, um Kinder (nicht Erwachsene!) miteinander vergleichen zu können. Der Intelligenzquotient (IQ) ist geboren und wird die Welt erobern.

12. Der amerikanische Psychologe JOHN BROADUS WATSON (1878 bis 1958) führt 1913 eine neue Richtung ein, den *Behaviorismus*. Watson will nur solche Gegenstände untersuchen, auf die sich naturwissenschaftliche Methoden anwenden lassen. Meßgeräte, Anzeiger, Lampen und Knöpfe halten ihren Einzug in die Psychologie. »Freischwebende« Psychologen werden abgedrängt.

13. Der berühmte amerikanische Psychologe LEWIS MADISON TERMAN (1877–1956), Professor an der Universität von Stanford, legt im Jahre 1916 den *Stanford-Binet-Test* vor. Bei dieser amerikanischen Variante des Tests von Binet soll die *Durchschnittsperson* 100 Punkte erreichen. Dieser Standard wird fast allen späteren Intelligenztests zugrundegelegt.

14. Erster Weltkrieg. 1917 werden erstmals Menschen in großer Zahl psychologisch getestet. Die amerikanische Armee setzt Psychologen ein, um möglichst viele Rekruten auf deren Intelligenz und andere Faktoren hin zu testen. Es werden zwei verschiedene Gruppentests entwickelt: einer für Analphabeten und Neueinwanderer, der andere für Soldaten, deren Muttersprache Englisch ist. Die amerikanische Testpsychologie wird tonangebend in der Welt.
15. Um 1917 ist der Amerikaner HENRY GODDARD (1866–1950) eifrig damit beschäftigt, die Theorien und den Test Binets auf Jungen und Mädchen anzuwenden. Er ist einer der ersten, die minderbegabte Kinder als schwachsinnig und debil einstufen. Etwas peinlich für Goddard ist das Ergebnis einer Untersuchung an Neueinwanderern in New York City, derzufolge 80 Prozent von ihnen schwachsinnig sind ... Stimmt hier etwas mit den Einwanderern nicht oder mit der Untersuchungsmethode?
16. Der Schweizer Psychiater HERMANN RORSCHACH (1884–1922) veröffentlicht 1921 den berühmt gewordenen Formdeutetest, der noch heute als *Rorschach-Test* seinen Namen trägt. Damit schlägt die Geburtsstunde des sogenannten projektiven Persönlichkeitstests. Von nun an *verraten* Menschen ihre innersten Gefühle durch ihre Reaktion auf Tintenkleckse (und andere verschwommene Zeichnungen).
17. Im Jahr 1939 gibt der amerikanische Psychologe und Psychiater DAVID WECHSLER (geboren 1896) seine *Wechsler Bellevue Intelligence Scale* heraus. Das Bellevue Hospital ist ein bekanntes Krankenhaus in New York City, an dem Wechsler lange Zeit tätig war. Er entwirft den ersten brauchbaren Intelligenztest für Erwachsene. Jeder Testteil hat eine eigene Norm, so daß sich die Leistung der Testperson für jeden Teil gesondert mit dem Durchschnitt der Bevölkerung vergleichen läßt.
18. Aus wie vielen verschiedenen Faktoren (Fähigkeiten) setzt sich Intelligenz zusammen? Aus einem allgemeinen und einer Gruppe spezifischer Faktoren, wie CHARLES SPEARMAN (1863–1945) meint? Oder sind es 120, wie JOY PAUL GUILFORD 1956 behauptet, ohne es beweisen zu können?

2
Positive und negative Aspekte der Durchführung psychologischer Tests

Niemand wird behaupten, der psychologische Test sei das perfekte Mittel, um Aufschluß über die Fähigkeiten eines Menschen zu erlangen. Wir brauchen kein Hehl daraus zu machen, daß psychologische Tests auch mit Nachteilen und Schwierigkeiten behaftet sind.

Wir befragten eine Reihe von Personen, welche negativen Seiten psychologische Tests in ihren Augen hätten. Einige von ihnen waren kurz zuvor getestet worden, andere standen gerade vor einem Test. Ihre Antworten sind auf den folgenden Seiten nachzulesen. Aber auch Wissenschaftler und offizielle Stellen äußern Kritik; ihr Urteil fällt nicht immer günstig aus. Ihre Argumente heben wir uns für später auf, wenn Sie mehr Einblick in das Phänomen *Test* gewonnen haben.

Sollte man den psychologischen Test, da es so viel daran auszusetzen gibt, abschaffen? Und wenn ja, welche Alternativen böten sich an? Welche Art von Untersuchung kann die Aufgabe, die der psychologische Test nun schon seit knapp achtzig Jahren erfüllt, in vollem Umfang übernehmen? Wir werden uns einige Alternativen zum schriftlichen psychologischen Test näher ansehen.

Anfangs nahm die Gesellschaft das psychologische Testen von Menschen zu den verschiedensten Zwecken mit offenen Armen auf. Natürlich hat der psychologische Test auch eine Reihe von Vorteilen und positiven Seiten, sonst gäbe es ihn längst nicht mehr ... Die angenehmen Seiten der *geistigen Spionage* sollen in diesem Kapitel betrachtet werden. Auch hier haben wir Nichtfachleute um ihr Urteil gebeten.

Am Ende des Kapitels wird die wichtige Frage gestellt, ob man sich weigern kann, an einer psychologischen Selektionsuntersuchung teilzunehmen.

Der Test bei der Stellenbewerbung: Vorteile

In einer kleinen Untersuchung – vielleicht sollte man eher von einer Stichprobe sprechen – befragten wir eine Anzahl vorwiegend jüngerer Personen, was sie positiv daran finden, wenn Stellenbewerber psychologisch getestet werden (müssen). Manche von ihnen hatten Erfahrung, sie waren bereits ein- oder mehrmals getestet worden. Andere hatten mit dem Instrumentarium des *Seelenarztes* noch keine Bekanntschaft gemacht.

Wir haben ihre Antworten gesammelt und geben sie hier wieder. Auch negative Antworten wurden mit aufgenommen. Eine Besprechung erfolgt an späterer Stelle dieses Kapitels.

»Für mich ist es eine Herausforderung«, meinte ein Student. »Es ist eine gute Gelegenheit, sich selbst zu entdecken!« Und er fügte hinzu: »Ich war wahnsinnig gespannt, wie weit ich bei den einzelnen Tests kommen würde – wie gut ich war.«

Ein anderer: »Ich wollte schon immer gern wissen, welche Persönlichkeit ich habe und was ich an mir ändern muß.«

»Wissen Sie«, sagte ein Stelleninteressent, der das Bewerbungsverfahren erfolgreich hinter sich gebracht hatte, »man hat ein Selbstbild, eine bestimmte Vorstellung von sich selbst und davon, wie man auf andere wirkt. Für mich war interessant, daß die Personenbeschreibung des Psychologen so gut zu dem Bild paßte, das ich selber von mir habe.«

Sich selbst, die eigenen Stärken und Schwächen kennenzulernen, ist ein Vorteil, der häufig genannt wird. Als besonders angenehm wird auch angemerkt, daß man für die Kosten des Tests nicht selbst aufzukommen braucht ...

Von manchen wird der Test als Spiel empfunden. »Für mich war es Gehirngymnastik, aber sie (die Psychologen) nahmen die Sache durchaus ernst ...« Oder, wie ein anderer der Befragten angab: »Es machte richtig Spaß.«

Und wieder ein anderer: »Ich fand den Test, bei dem man möglichst schnell reagieren mußte, so schön spannend.«

»In meinen Augen ist es eine sichere Methode, gute von schlechten Bewerbern zu unterscheiden. Man kann so richtig zeigen, was in einem steckt und was man wert ist. Man kann sie (die Psychologen) überlisten, das erhöht die Chance, daß man genommen wird.«

Ist es tatsächlich möglich, die Psychologen, die die Tests durchführen, zu überlisten, wie hier behauptet wird? Das wohl nicht, doch nach der Lektüre dieses Buches werden Sie gut vorbereitet sein, und Ihre Chancen werden in der Tat beträchtlich steigen.

Noch eine positive Antwort: »Der zukünftige Arbeitgeber kann sehen, welche Fähigkeiten man hat. Und auch man selbst findet heraus, ob man wirklich so gut ist, wie man glaubt. Ja, ich finde, diese Tests sind eine gute Sache, für alle Beteiligten.«

Ein alter Herr: »Es ist sehr gut, daß der künftige Arbeitgeber weiß, was er von dem Bewerber zu erwarten hat. Das kann doch nicht falsch sein. Später kann man dann immer nachweisen, daß man damals die gestellten Anforderungen erfüllte.«

Die Frage, um die es hier im Grunde geht, lautet: Was zählt mehr – hohe Testwerte oder die Leistung am Arbeitsplatz? Die Antwort ist leicht zu erraten!

Man kann den Test natürlich auch so sehen, daß er in zwei Richtungen wirkt: »Mein künftiger Chef weiß jetzt, was ich wert bin, und ich selbst habe durch den Test herausgefunden, ob ich mich für die Stelle wirklich eigne. Eine gute Sache!«

Dieser Kandidat brauchte sich keine Sorgen zu machen: »Ich wußte schon vorher, daß ich die Stelle bekommen würde. So war es für mich leicht zu beweisen, daß ich tatsächlich der richtige Mann war. Als ich merkte, daß ich die Fragen schaffen würde, war ich ganz entspannt!«

Es kommt in der Tat vor, daß Bewerber nur der Form halber getestet werden. Pech für die anderen, doch von allen Kandidaten ist nun einmal nur einer *auf Rosen gebettet*.

Der psychologische Test als Lernerfahrung: »Für mich war es das erstemal, daß ich mich beworben habe und getestet wurde. Ich wußte ganz genau, daß ich keine Chancen hatte, die Stelle zu erhalten, denn ich hatte keinerlei Erfahrung. Ich habe die Stelle auch nicht bekommen ... Aber ich habe viel dabei gelernt. Wenn ich das nächstemal getestet werde, weiß ich in etwa, worauf ich achten muß!«

Eine Hausfrau, die nach jahrelanger Pause versuchte, in ihren Beruf zurückzukehren: »Ich war schon immer schrecklich neugierig. Ich wollte einfach wissen, was bei so einem Test eigentlich passiert. Jetzt weiß ich es! Es war eine so gute Erfahrung, all diese Fragen zu beantworten.«

Eine weitere Reaktion: »Als ich getestet wurde, war ich eigentlich zum erstenmal in meinem Leben herausgefordert, kritisch zu denken.«

Und hier der neutrale Wissenschaftler: »Sehen Sie, es geht doch darum, Ihre Fähigkeiten und Anlagen, Ihre Eignung und so weiter mit denen anderer Bewerber zu vergleichen und dann den besten auszuwählen. Dabei geht es offen und ehrlich zu.«

Eine Frau in mittleren Jahren formulierte es etwas anders: »Man wird durch den Test beurteilt und nicht durch einen Menschen, dem man sympathisch oder unsympathisch ist!«

Ein älterer Mann mit viel Testerfahrung: »Es geht bei all den Tests natürlich nicht um Einzelheiten, sondern man versucht, den Kern der Persönlichkeit zu erfassen. Es geht um die große Linie.«

Wir werden später sehen, daß es sich doch ein wenig anders verhält.

Auch der Gefühlsmensch soll zu Wort kommen: »Ich konnte über meine Gefühle schreiben und sprechen, und das hat mir gutgetan. Ich kann mir natürlich vorstellen, daß ein Mensch mit weniger Vorbildung dazu nicht in der Lage ist...«

Und hier der Geschäftsmann: »Man weiß, daß die Firma einen haben will, sonst würde sie nicht soviel Geld für einen Test ausgeben. Schneidet man bei dem Test gut ab, dann wollen sie einen natürlich erst recht. Und dann kann man die Bedingungen – sagen wir mal – beeinflussen. Das habe ich natürlich auch getan!«

Der Student, der für sein Abschlußexamen schwer gearbeitet hat: »Sie erfahren eine ganze Menge über einen, aber zum Glück braucht man sich überhaupt nicht vorzubereiten.«

Und noch jemand, auf den der Test beruhigend wirkte: »Wenn man genommen wird, weiß man, daß man die gestellten Anforderungen erfüllt. Wenn man dann die Stelle antritt, kann man sich seiner Sache sicher sein. So empfand ich es jedenfalls.«

Mit der Durchführung psychologischer Tests sind noch andere, ungeahnte Vorteile verbunden, wie dieser zwanzigjährige Beamte bemerkte: »Sie fragen mich, was schön und angenehm daran ist, wenn man getestet wird? Die Unkostenvergütung! Und ich war froh, daß ich einen ganzen Tag nicht ins Büro mußte.«

Schlußfolgerungen

Welche Schlußfolgerungen sind aus diesen so unterschiedlichen Reaktionen zu ziehen? Zählen wir sie einmal der Reihe nach auf.
○ Die Durchführung psychologischer Tests hat Vorteile für den, der getestet wird, und für den Auftraggeber.
○ Sie ist eine gute Methode, die starken und schwachen Seiten der eigenen Person herauszufinden (eine persönliche Stärken-/Schwächenanalyse).
○ Das Beantworten (teilweise unangenehmer) Fragen und das Ausführen (teilweise schwieriger) Aufgaben kann spannend sein und als Herausforderung empfunden werden.
○ Der Test vermittelt sowohl dem Auftraggeber als auch der Testperson ein Stück Sicherheit im Vorfeld einer wichtigen Entscheidung. (Wir werden die Frage, wie es zu Fehlern kommen kann – daß Bewerber mit guten Testergebnissen später am Arbeitsplatz versagen und solche, die zunächst *ausgemustert* wurden, später beste Leistungen erbringen – an anderer Stelle kurz erörtern.)

Der Test bei der Stellenbewerbung: Nachteile

In unserer Stichprobe stellten wir auch die Frage nach den Nachteilen der Durchführung psychologischer Tests. Es folgen, bunt gemischt, Zitate von Personen mit und ohne Testerfahrung.

Ein fünfunddreißigjähriger Mann: »Vor dem Test erschien mir das Ganze recht problematisch. Ich hatte Angst, meine weniger guten Eigenschaften würden zum Vorschein kommen ... Und hinterher war ich auch nicht gerade beruhigt. Die Antworten konnten falsch interpretiert werden, und man hatte keinerlei Einblick in die Beurteilung der Ergebnisse. Ich bin erst kürzlich getestet worden. Denke ich jetzt daran zurück, finde ich, daß es doch sehr lange gedauert hat, fast einen ganzen Tag. Und ich mußte intensiv und unter Druck arbeiten...«

Eine junge Hausfrau auf Stellensuche meinte, es wäre »sehr anstrengend« (ein Einwand, den mehrere Befragte äußerten).

Ein kritischer Student der Volkswirtschaft formulierte die Nachteile so: »Sie meinen, sie könnten mit Hilfe einiger Tests die Persönlichkeit analysieren. Ich selber glaube nicht so recht daran. Sonstige Nachteile? Tests sind Momentaufnahmen, und doch entscheiden sie über die Annahme eines Bewerbers – und womöglich über den Rest seines Lebens. Ein weiterer Nachteil ist, daß die Kollegen im Betrieb, wenn man dann eingestellt wird, schon eine vorgefaßte Meinung haben. Sie ›kennen‹ einen ja schon.«

Eine junge Frau äußerte sich ähnlich. »Wenn man am Tag der Untersuchung in schlechter Verfassung ist, kann der Test schlecht ausfallen. Die Gedanken schweifen ständig ab, und man wird abgelehnt, obwohl man sich für den Job vielleicht doch eignet...« »Und«, fuhr sie fort, »ich habe auch Angst, daß die Testergebnisse später womöglich weitergegeben werden.« Ist diese Angst begründet? Teilweise ja, wie wir in Kapitel 13 sehen werden.

Eine andere Person erklärte kurz und bündig: »Ich habe mich geweigert, einen Test zu absolvieren. Ich wollte nicht, daß mein zukünftiger Arbeitgeber etwas über meine Schwachpunkte erfährt. Kommt nicht in Frage!«

Ein Mann in mittleren Jahren gebrauchte wenige Worte, um seine Gefühle auszudrücken: »Man wird in eine Schublade gepackt, aus der man nur schwer wieder herauskommt. Das ist nicht gut.«

»Eigenartig war, daß ich immer wieder die gleichen oder fast die gleichen Fragen beantworten mußte. Und das Ganze dauerte so lang...«, stöhnte derselbe Mann.

Ein Buchhalter sprach über seine Gefühle: »Es gibt drei Dinge, die ich absolut nicht leiden kann: beobachtet zu werden, in die Mangel genommen zu werden und abgeschätzt zu werden. Und genau das haben sie mit mir gemacht! Außerdem hatte ich Angst, ich würde wichtige Fragen falsch beantworten. Es hing so viel davon ab... Sie wollen so viel von einem wissen – und dabei bin ich eher ein verschlossener Mensch.«

»Ich kam mir vor, als würde ich zusammen mit den anderen Bewerbern auf einen großen Haufen geworfen. Alles war so unpersönlich. Und ich mußte dauernd daran denken, daß jede Minute, jede Sekunde alles, was ich tat oder sagte, registriert und kontrolliert wurde.«

Dieser Mann fühlte sich offenkundig permanent beobachtet. Zu Recht? Auf diese Frage werden wir noch mehrmals zurückkommen.

»Es ist schon einige Zeit her, daß ich getestet wurde. Ich kann mich erinnern, daß ich dauernd dachte, ich müßte in einer bestimmten Richtung antworten.«

Wir werden später sehen, daß dieser Mann in mittleren Jahren damit gar nicht so unrecht dachte.

Eine Abiturientin auf Stellensuche: »Ich mußte auch etwas über mich selbst schreiben. Also, das fand ich wirklich komisch ... Was sollte denn das Ganze?«

»Es ist natürlich nicht sehr angenehm, wenn man eine Frage nicht beantworten kann. Oder wenn man einfach nicht weiß, was man schreiben soll, zum Beispiel, wenn es heißt: ›Ihre Mutter ist ...‹. Was soll man da ergänzen? Und was in aller Welt fangen sie mit der Antwort an?«

Hier jemand, der mit einzelnen Teilen des Tests Schwierigkeiten hatte: »Ich mußte mehrmals Fragen beantworten, die mir völlig widersinnig vorkamen. Noch heute ist mir schleierhaft, was diese Fragen sollten.«

Und noch ein Kritiker kommt zu Wort: »Bei vielen Fragen war mir einfach nicht klar, was sie beabsichtigten oder bedeuteten. Und das verunsichert einen natürlich.«

Ein junger Mann, der gespannt auf das Ergebnis eines nach seinem Studienabschluß durchgeführten Tests wartete: »Was mir ziemlich gegen den Strich geht, ist, daß ich vielleicht nicht als bester (Kandidat) abschneide, dabei aber weiß, daß der Wert psychologischer Tests umstritten ist.« Hat er recht?

Der Student erhält Schützenhilfe von einer Frau, die es nicht ganz so gekonnt formulierte: »Ich kann mir vorstellen, daß der Charakter oder was auch immer bei dem Test ganz anders herauskommt, als er in Wirklichkeit ist.«

»Natürlich hat man Sorge, aufgrund des Tests eine Stelle nicht zu bekommen, die man sonst bekommen hätte, weil man ja schließlich nicht auf den Mund gefallen ist ... Und außerdem ist es nicht sehr erfreulich, wenn man hört, daß die eigene Persönlichkeit gar nicht so angenehm wirkt, wie man immer gedacht oder gehofft hat.«

Bei dieser Befragten waren es weniger die Testinhalte, die ihr Schwierigkeiten machten: »Die Umgebung war so kalt und abweisend. Brrr!«

Ein ehemaliger Arbeitgeber, jetzt als Arbeitnehmer auf Stellensuche: »Solange die Daten nicht mißbraucht werden, sehe ich darin wirklich keine Nachteile – nur Vorteile!«

Jemand, der offenkundig nicht gern unter Druck arbeitet, wie es in manchen Tests verlangt wird: »Es ging alles viel zu schnell; ich mußte die ganze Zeit über schwer schuften.«

»Ich kann mir gut vorstellen, daß es Leute gibt, die sich abschrecken lassen, wenn die Durchführung eines Tests verlangt wird. Vielleicht ist für manche die Hemmschwelle zu hoch, auch wenn sie die Stelle sehr gern hätten.«

Wie viele Kandidaten mögen es wohl jährlich sein, die sich weigern, einen Test zu durchlaufen? Zahlen sind uns nicht bekannt. Noch interessanter wäre die Frage, ob die Verweigerer vorwiegend Menschen mit großen oder mit geringen Fähigkeiten (im Hinblick auf die jeweilige Stelle) sind.

Ein Manager, der stets in Eile ist, zählte seine Kritikpunkte kurz und sachlich auf: »Zuerst lassen sie einen unter Hochdruck arbeiten. Alles muß hopphopp gehen, und dann hat man eine endlos lange Mittagspause. Wozu soll das gut sein? Ziemlich unangenehm fand ich auch, daß man so abhängig davon ist, wie man gerade auf das jeweilige Testinstitut wirkt. Bei der Konkurrenz könnte es ganz anders sein. Es hat mich sehr geärgert, daß ich bei den Tests mit so vielen verschiedenen Leuten zu tun hatte.«

Schlußfolgerungen

Welche Schlußfolgerungen sind nun aus diesen unterschiedlichen Reaktionen zu ziehen? Fassen wir einiges zusammen:

○ Geklagt wird über physiologische/physische Nachteile: Arbeit unter Druck und fortwährender Spannung, intensives Arbeiten, fast einen ganzen Tag lang, Ermüdung.
○ Es stellt sich die Frage nach dem Aussagewert eines Tests. Worin liegt er? Wie zuverlässig sind Tests? Der Test ist eine Momentaufnahme, und doch macht man darin Aussagen über eine potentielle neue Stelle, die man vielleicht für den Rest seines Lebens innehaben wird! Und im Zusammenhang damit: Testergebnisse können unterschiedlich ausfallen, je nachdem, wer den Test abnimmt. Kein sehr ermutigender Gedanke!
○ Die Sorge um die Geheimhaltung klingt durch. Die Testergebnisse werden dem zukünftigen Chef vorgelegt. Gelangen diese vertraulichen Daten auch in die Hände Dritter? (Diese Befürchtung ist nicht ganz unbegründet, wie wir später sehen werden.)
○ Die Angst, sich selbst kennenzulernen, erscheint manchen ebenfalls nachteilig. Vielleicht bin ich am Ende von mir selbst enttäuscht. Vielleicht ist mein Anspruch an mich selbst immer zu hoch gewesen.
○ Die unpersönliche Behandlung fällt unangenehm auf. Der Ort, an dem der Test stattfindet, ist klinisch kühl. Man wird von allen Seiten beobachtet.
○ Man kennt die Absicht hinter dem Test oder einzelnen Testfragen nicht. Man fühlt sich bei der Antwort unsicher, weil man nicht weiß, was erwartet wird und was mit den Antworten geschieht.

Von den mehr wissenschaftlichen und technischen Nachteilen soll später noch die Rede sein.

Gibt es Alternativen zum psychologischen Test?

Die Durchführung psychologischer Tests ist, wie wir gesehen haben, mit allerlei Nachteilen verbunden. Man kann sich also fragen, ob nicht andere Methoden existieren oder denkbar wären, die – im Idealfall – alle Vorteile des Tests aufweisen, nicht aber dessen Nachteile.

Betrachten wir zunächst die Vorteile für den Auftraggeber (den zukünftigen Arbeitgeber). Die Vorteile für die Testperson laufen hierzu oft parallel, auch wenn es auf den ersten Blick nicht immer so ausse-

Gibt es Alternativen zum psychologischen Test?

hen mag. (In manchen Fällen, zum Beispiel im Zusammenhang mit der Berufswahl, können Auftraggeber und Testperson identisch sein).

Für den Auftraggeber sehen wir folgende Vorteile:

○ objektive Vergleichs-/Auswahl-Methode;
○ Zeitersparnis (durch Delegation);
○ Hinzuziehung von Experten;
○ rascher Ablauf (die Ergebnisse liegen nach kurzer Zeit vor);
○ große Informationsmenge (Fähigkeiten, Persönlichkeit, Intelligenz usw.);
○ häufig relativ geringer Kostenaufwand;
○ Risikominderung (die Wahrscheinlichkeit von *Flops* verringert sich);
○ die Qualität der Bewerber wird in neutralen Zahlen und Profilen ausgedrückt.

Kurz gesagt: In der Regel sucht der Auftraggeber in bezug auf einen Kandidaten in kurzer Zeit größtmögliche Sicherheit zu erlangen, und das zu einem angemessenen Preis. Es ist für einen Arbeitgeber nicht sehr angenehm, später festzustellen, daß er den falschen Bewerber eingestellt hat. Und auch für diesen ist es eine unerfreuliche Erfahrung. Die Interessen beider Seiten liegen also nicht allzuweit auseinander.

Aber wir wollten uns nun der Frage zuwenden, ob es Methoden gibt, die den *traditionellen* psychologischen Test ersetzen können. Es gibt sie. Neun *Alternativen* werden wir vorstellen, dabei allerdings sehen, daß die meisten von ihnen keine Verbesserung bedeuten.

1. Das Losverfahren:
Die einfachste Methode, aus einem großen Angebot an Bewerbern einen oder mehrere *geeignete* Kandidaten zu ermitteln, ist das Losverfahren. Es ist auch die ehrlichste Methode, denn jeder erhält die gleiche (dumme) Chance. Die Wahrscheinlichkeit, daß das Los auf den falschen Kandidaten fällt, ist dabei hoch, und für diejenigen, die leer ausgehen, ist die Sache unbefriedigend. Auf diese Alternative brauchen wir nicht weiter einzugehen.

2. *Das Einschalten von Nicht-Experten:*
Zukünftige Mitarbeiter werden von Nichtspezialisten analysiert und beurteilt. Die bekannten Nachteile:
○ Subjektivität spielt eine große Rolle (der Bewerber, der demselben Sportverein angehört, bekommt die Stelle, obwohl andere möglicherweise besser geeignet wären);
○ Interesse und Aufmerksamkeit haben beim siebten oder achtzehnten Kandidaten im Vergleich zu seinen Vorgängern schon stark nachgelassen. Ist das richtig?
○ Der Zeitaufwand der Auswahl (Zeit ist Geld!) behindert die Organisation;
○ gewisse Dinge sind durch ein Gespräch mit einem Mitarbeiter der Personalabteilung oder dem Direktor des Betriebs oder der Institution nur schwer zu ermitteln (z. B. Persönlichkeitsmerkmale, Intelligenz und bestimmte Fähigkeiten). Diese Alternative stellt im Grunde einen Rückschritt dar.

3. *Ein Gespräch mit einem Psychologen:*
Ein Teil der genannten Probleme wird hierdurch vermieden. Der Bewerber führt zwar ein Gespräch mit einem Experten, braucht aber nicht eine ganze Testbatterie zu absolvieren. Leute mit Testerfahrung setzen viel Vertrauen in diese Methode. In der zuvor erwähnten Untersuchung wurden die Befragten auch gebeten zu nennen, was sie bevorzugten: den psychologischen Test oder das Gespräch mit einem Psychologen. Hier einige Antworten:
»Es ist viel persönlicher als der Test.«
»Die eigene Person kommt in dem Gespräch besser zur Geltung.«
»Man kann sagen, was man will – man ist freier.«
»Man kann sich besser wehren.«
»Ein Gespräch mit einem Psychologen geht schneller. Die Persönlichkeit tritt rasch zutage, weil man wenig Zeit zum Nachdenken hat.«
»Man kann seine Antworten besser erklären. Auch läßt die Betonung gezielte Akzente zu.«
»Ein Psychologe kann spezifischer an die Sache herangehen, als es mit einem allgemeinen Test möglich ist.«

Gibt es Alternativen zum psychologischen Test?

»Dinge wie zum Beispiel den Umgang mit Menschen kann man nicht mit einem Fragebogen testen; dazu braucht man das persönliche Gespräch.«

»Wie in aller Welt soll man Begeisterungsfähigkeit testen? Das geht nur im persönlichen Gespräch!«

Diese Äußerungen sprechen eine deutliche Sprache. Die Testpersonen halten es also schon seit langem für das Beste, den psychologischen Test zugunsten des Gesprächs abzuschaffen. Warum geschieht das nicht? Dafür gibt es verschiedene Gründe.

○ Der Psychologe ist ein Mensch. Und Menschen – so gut ausgebildet sie auch sein mögen – sind subjektiv. Auch der Psychologe läßt sich in seinem Urteil von Sympathie, Kleidung des Kandidaten und ähnlichem beeinflussen. Bei einem objektiven Test dagegen bleibt kein Raum für Subjektivität (siehe Kapitel 12 über das persönliche Gespräch mit dem Psychologen).

○ Lange Gespräche (als Alternative zum psychologischen Test) sind nicht möglich, dazu müssen einfach *zu viele* Menschen untersucht werden. Das Ganze wäre zu kostspielig.

○ Psychologische Tests können eine Vielzahl von Eigenschaften (Wissen, Intelligenz, Fähigkeiten, Meinungen) erfassen. Wie sollte man dagegen aus einem Gespräch auf das technische Verständnis eines Menschen schließen? Ohne Hilfsmittel ist das nicht möglich.

○ Je länger ein Gespräch dauert, desto weniger effektiv wird es. Der Dauer eines Gesprächs sind also *natürliche* Grenzen gesetzt.

○ Psychologische Tests haben den Vorteil, daß sich ihr Ergebnis in Zahlen ausdrücken läßt. Mit dem Fachausdruck nennt man das *quantifizieren*. Dadurch lassen sich Menschen sehr genau miteinander vergleichen.

Aus alledem geht hervor: Die Abschaffung des psychologischen Tests zugunsten des Einzelgesprächs mit einem Psychologen wäre nicht sinnvoll.

In der Praxis sind psychologischer Test und persönliches Gespräch mit dem Psychologen stets gekoppelt. Dabei versucht der Psychologe, mit Hilfe seines *klinischen Blicks* (er hat gelernt, wie man Fragen formuliert, Menschen dazu bringt, aus sich herauszugehen und dergleichen) weitere Informationen über den Kandidaten zu erlangen. Das ist vielleicht nicht die vollkommene Ehe, aber doch auch kein unglückliches Zusammenleben.

4. Physiologische und physische Messungen:
In der grauen Vorzeit der Psychologie glaubten manche Wissenschaftler aus dem Schädelumfang eines Menschen Rückschlüsse auf dessen Persönlichkeit ziehen zu können. Ein großer Schädel deutete demnach auf ein großes Hirnvolumen hin und damit auf eine große Intelligenz des glücklichen Besitzers. Andere meinten, gerade kleine Schädel sprächen für große Intelligenz. Solche Theorien belächelt man heute.

Etwas differenzierter ging die *Phrenologie* zu Werke. Sie meinte, daß die Form des Kopfes beziehungsweise Schädels eines Menschen Rückschlüsse auf dessen seelische und geistige Veranlagung zuließe. Diese Lehre wurde bald als irrig erkannt, war aber einst von großem Einfluß.

Lange Zeit suchte man auch nach einem Zusammenhang zwischen Körper und Persönlichkeit. Sind hochgewachsene Menschen träge? Sind dicke Menschen fröhlich und freundlich? Mit dieser Theorie verbinden sich Namen wie der des deutschen Psychiaters ERNST KRETSCHMER und des amerikanischen Psychologen WILLIAM HERBERT SHELDON. Als diese beiden Wissenschaftler ihre Forschungen aufnahmen, stellte sich die These recht vielversprechend dar. Sollte etwa doch ein Zusammenhang zum Beispiel zwischen Körpergröße und Intelligenz bestehen? Aber wie es bei neuen Theorien oft geschieht, schien zunächst tatsächlich ein Zusammenhang zu bestehen, der später jedoch spurlos verschwand.

Es wird den Leser nicht überraschen, daß man auch Untersuchungen darüber angestellt hat, welche Persönlichkeitszüge sich am Gesichtsausdruck eines Menschen ablesen lassen. Es wäre natürlich schön, wenn man sein Gegenüber binnen weniger Sekunden als einen »Schwächling«, als genial oder kriminell einordnen könnte. Oder etwa nicht? Wie sich zeigte, war diese Theorie aber ebenfalls auf Sand gebaut.

Dennoch hat die Wissenschaft den Gedanken, daß zwischen körperlichen und physiognomischen Merkmalen einerseits und Persönlichkeitsmerkmalen andererseits ein Zusammenhang bestehen müsse, nicht aufgegeben. Es befassen sich allerdings fast ausschließlich Ärzte damit.

Drei Beispiele:
a) Das EEG, das Elektroenzephalogramm, ist eine Aufzeichnung der elektrischen Aktivität des Gehirns. Hierzu wird eine Anzahl Elektroden an den Schädel angelegt. Der Vorgang ist völlig schmerzlos. Das EEG zeigt unterschiedliche Kurven, je nachdem, ob man schläft, träumt oder sich zum Beispiel auf eine schwierige, komplizierte Aufgabe konzentriert. Vor allem aber liefert es nützliche Informationen über Menschen mit bestimmten Veränderungen oder Störungen des Gehirns. Epileptiker beispielsweise haben eine andere Hirnaktivität als gesunde Menschen.

b) Das EKG (Elektrokardiogramm) läßt erkennen, ob eine Herzstörung vorliegt. Eine sehr hilfreiche Möglichkeit für Ärzte, für den Psychologen aber wenig nützlich – es sei denn, er ist selbst Herzpatient.

c) Das dritte Hilfsmittel in dieser Reihe ist das EMG, das Elektromyogramm, das Auskunft über die Muskelspannung gibt. Zur Erstellung eines EMG werden Elektroden an die Muskeln angelegt. So offenbart sich beispielsweise bei einem nervösen Menschen, daß seine Muskeln angespannt sind. Ist er ein *nervöser Typ*, steht er momentan zufällig beruflich unter Druck, oder ist er in diesem Augenblick eben deshalb nervös, weil er untersucht wird? Hierüber gibt das EMG keine Auskunft.

Diese physiologischen Methoden liefern also wenig psychologische Information. Als Alternativen zum psychologischen Test müssen wir sie wohl ad acta legen.

Erwähnt sei noch ein Außenseiter, der einige Berühmtheit genießt: der *Lügendetektor*. In den USA wurden mehrere Typen entwickelt, deren bekanntester der *Keeler Polygraph* ist. Das Wort *Polygraph* (Mehrfachschreiber) gibt bereits an, daß mehrere physiologische Reaktionen gleichzeitig gemessen werden. Das Gerät registriert den Verlauf der Herzströme, den Blutdruck, die Atemfrequenz und die

Hautfeuchtigkeit. Zwei Überlegungen liegen der Verwendung des Lügendetektors zugrunde. Zum einen, daß der Blutdruck eines Menschen steigt, wenn er emotionale Antworten zu geben hat, zum zweiten, daß das Lügen (bei den meisten Menschen jedenfalls ...) Emotionen weckt und die Furcht vor dem Ertapptwerden gewisse physiologische Veränderungen auslöst. In der Bundesrepublik, Österreich und der Schweiz ist der Einsatz des Lügendetektors bei gerichtlichen Ermittlungsverfahren verboten.

Von Zeit zu Zeit tauchen in der Presse Meldungen auf, man habe eine neuartige Methode entwickelt, um mit Hilfe aller möglichen komplizierten Geräte die menschliche Intelligenz zu messen. So soll etwa die Geschwindigkeit, mit der das Gehirn bestimmte Lichtreize verarbeitet, mit der Intelligenz zusammenhängen. Das gleiche wird auch von einfachen Reaktionszeit-Untersuchungen behauptet. Je schneller die Versuchsperson nach dem Aufleuchten eines Lichts einen Knopf drücke, desto intelligenter sei sie. Doch auch diese Theorie überstand die Bewährungsphase nicht.

5. Das Urteil Dritter:
Wir nennen eine weitere Alternative. Wäre es nicht einfacher, den Stellenbewerber aufzufordern, Personen zu benennen, die ein Urteil über ihn abgeben können? Diese Referenzen ließen sich dann überprüfen, und schon ergäbe sich ein Bild des Kandidaten!
Auch diese Methode hat ihre Nachteile:
1. Mit Sicherheit geben die meisten Kandidaten nur die besten Referenzen weiter.
2. Welcher Wert ist diesen Beurteilungen beizumessen?
3. Wer soll diese Information einholen? Ein Psychologe? Der zukünftige Arbeitgeber?
4. Welcher Hilfsmittel soll sich derjenige bedienen, der die Untersuchung durchführt? (Auch ein psychologischer Test ist ein Hilfsmittel!)

Die Methode liefert offenbar nur wenig verläßliche Information und ist überaus zeitraubend. Information auf der Grundlage einer Referenz ist zwar nicht von vornherein unbrauchbar, kann aber allenfalls als Ergänzung dienen.

6. Selbstbeschreibung:

Bei Tests im Rahmen der Berufsberatung und der Besetzung von Stellen wird mit Methoden der Selbstbeschreibung und Selbstbeurteilung gearbeitet. Dazu zählen unter anderem Berufseignungstests, Werteinstellungs- und Einstellungstests und sogenannte *biographische Fragebögen*. Der Proband erhält einen standardisierten Fragebogen, anhand dessen er sich selbst zu beschreiben und zu beurteilen versucht. Er kann also nicht einfach Geschichten über seine Person aus dem Ärmel schütteln.

7. Arbeitsproben:

Im Englischen spricht man vom *work sample*: Hier wird gleichsam eine Stichprobe unter Bedingungen der künftigen Aufgaben oder Tätigkeiten einer Person durchgeführt. Ein bekanntes Beispiel einer solchen Arbeitsprobe ist die *Fahrprüfung*. Innerhalb eines kurzen Zeitraums muß der Prüfling zeigen, daß er alle Aspekte des Autofahrens in der Praxis beherrscht. Auch die Sekretärin, die beim Vorstellungsgespräch einen Brief tippen muß, unterzieht sich einem *work sample performance test*, einem Leistungstest in Form einer Arbeitsprobe. (Andere Sekretariatstätigkeiten lassen sich auf diese Weise weniger leicht testen.)

Bei Managern wird vielfach die sogenannte *Postkorb-Übung* (*in basket exercise*) durchgeführt. Der Kandidat findet in seinem Postfach (*basket*) eine Anzahl Briefe, Mitteilungen, Berichte und dergleichen. Er muß nun auf jedem der Papiere notieren, was damit zu geschehen hat (an den Chef weiterleiten, der Sekretärin zur Erledigung übergeben, eine Versammlung einberufen und ähnliches). Die Übung ist häufig Teil eines *Assessment-Center*-Verfahrens (siehe nächster Punkt).

Diese Methode bietet einige Vorteile, unter anderem den, daß reale Situationen durchgespielt werden können. Sie hat aber auch etliche Nachteile, daher stellt auch die Arbeitsprobe keinen vollwertigen Ersatz für den psychologischen Test dar, sondern allenfalls eine zweckmäßige Ergänzung:
1. Nur eine begrenzte Zahl von Fähigkeiten läßt sich auf diese Weise untersuchen. (Wichtige Faktoren, wie Menschenführung, Kon-

fliktbewältigung, Freundlichkeit im Umgang mit anderen, werden nicht erfaßt. Und wie findet man mit dieser Methode heraus, ob ein Manager dem täglichen Druck gewachsen ist?)
2. Die Methode läßt sich so gut wie gar nicht standardisieren, und es gibt kaum jemals objektive Normen, auf deren Grundlage man Kandidaten einfach miteinander vergleichen könnte.
3. Die Arbeitsprobe kann ausschließlich erlernte Fertigkeiten (Erfahrung) messen, nicht aber Anlagen und Begabungen. Mit anderen Worten: Es wird untersucht, was ein Mensch zu diesem Zeitpunkt kann, und nicht, was er noch lernen könnte.

8. Assessment-Center-Technik:
Diese Methode besteht seit den sechziger Jahren und wurde damals in großen amerikanischen Wirtschaftsunternehmen eingeführt. *Assessment* bedeutet *Einschätzung, Beurteilung*, die deutsche Übertragung von *Assessment-Center* lautet daher *Beurteilungszentrum*. Worum geht es dabei? Bevor man sich auf die Suche nach einem neuen Mitarbeiter macht, schreiben Angehörige des Betriebs (die Kollegen, mit denen der Bewerber später am engsten zusammenarbeiten wird) auf ein Blatt Papier, welchen Anforderungen die neue Frau oder der neue Mann genügen muß. Die Vorschläge werden gesammelt und gewichtet, so daß ein ungefähres Profil entsteht. Danach wird den ausgewählten Kandidaten eine Aufgabe erteilt, deren Ausführung von den genannten Mitarbeitern anhand der gemeinsam erstellten Liste beurteilt wird. (Eine solche Aufgabe kann etwa darin bestehen, daß der Kandidat eine Zeitlang im Direktionsteam *mitmischt*, wenn es darum geht, ein neues Vorstandsmitglied zu gewinnen.)

Die Methode wird in verschiedenen Varianten überwiegend bei der Auswahl von Führungskräften des höheren Managements angewendet. Die Kritik an dieser Technik richtet sich in erster Linie gegen ihre Zeitaufwendigkeit. Es sieht so aus, als würde die Methode nur in große Betriebe Eingang finden.

9. Graphologie oder Handschriftendeutung:
Diese Methode wird häufig als Alternative zum psychologischen Test eingesetzt. Daß manche darauf schwören, bedeutet allerdings noch

nicht, daß sie auch nur minimalen Qualitätsanforderungen genügen würde. In Kapitel 9 werden wir auch kurz auf die Kritik an der Graphologie eingehen.

Zusammenfassend läßt sich sagen: Es hat den Anschein, als gäbe es (noch) keine echten, eigenständigen Alternativen zum psychologischen Test. Warum das so ist? Die meisten alternativen Methoden sind ohnehin Teil eines psychologischen Auswahlverfahrens. (Viele von ihnen werden daher in den folgenden Kapiteln behandelt.)

Die *Assessment-Center-Technik* scheint als Ersatz für den psychologischen Test gute Chancen zu haben. In Anbetracht der hohen Kosten (Zeit!) und der begrenzten Anwendungsmöglichkeiten ist es jedoch fraglich, ob diese Methode sich durchsetzen wird. Der psychologische Test genießt also sicherlich noch ein langes Leben!

Kann man sich weigern, an einem Test teilzunehmen?

Diese Frage ist nur dann von Interesse, wenn man nicht auf eigenen Wunsch getestet wird.

Werden Sie zu einem Test eingeladen, so haben Sie jederzeit das Recht, dankend abzulehnen. Ohne Ihre Anwesenheit und Mitwirkung kann kein Test stattfinden.

Aber welche Folgen zieht Ihre Weigerung nach sich?

Fast immer werden Sie Ihre Bewerbung zurücknehmen müssen, und das ist manchmal eine schmerzhafte Entscheidung.

Es kommt zwar vor, daß Bewerber sich weigern, getestet zu werden, und dennoch »im Rennen« bleiben. Das aber gelingt nur wenigen.

In Kapitel 14 werden wir auf die Rechte eingehen, die die Testperson hat (aber nicht immer erhält). Und wir schildern vor allem, wie es nach dem Test weitergeht.

3
Ein Testtag

An dieser Stelle sei vorweg der bereits mehrfach gefallene Begriff *Testinstitut* näher erläutert, der uns auch weiterhin begegnen wird. Er ist als allgemeine Beschreibung, gleichsam als Sammelbegriff gedacht. Es kann sich dabei im Sinne des Wortes um ein Institut handeln, etwa ein wissenschaftliches, aber ebenso um eine Gruppe von Psychologen, die sich in einer Art Wirtschaftsunternehmen zusammenschließen, um für Auftraggeber Tests durchzuführen (Assessment-Center), oder um entsprechende Abteilungen in Großbetrieben, beim Militär, beim Arbeitsamt, bei der staatlichen Bildungsberatung. Ein *Testinstitut* besteht also überall dort, wo Psychologen Personen testen.

Ein psychologischer Test (im Rahmen einer Stellenbewerbung) nimmt einige Zeit in Anspruch. Läßt ein Arbeitgeber Bewerber für eine Stelle testen – und bezahlt dafür –, dann erwartet er solide Arbeit. Deshalb wird nicht nur ein einziger Test durchgeführt, sondern eine ganze Serie, in der Fachsprache *Testbatterie* genannt.

Wie schon erwähnt, liegt der Vorteil psychologischer Tests darin, daß man mit ihrer Hilfe *Menschen objektiv miteinander vergleichen* kann. Der Stellenbewerber ist nicht mehr auf Gedeih und Verderb dem (letzten Endes doch subjektiven) Urteil eines Psychologen oder Personalchefs ausgeliefert. Ein psychologischer Test erlaubt beispielsweise Prognosen darüber, wie ein Mensch sich in einem bestimmten beruflichen Umfeld bewähren wird. Eine solche Aussage unterliegt nur sehr begrenzt dem Einfluß des Psychologen – zumindest sollte es so sein ...! Denn es ist immer noch erforderlich, der Testperson ein persönliches Gespräch mit dem Psychologen anzubieten. (Die menschliche Komponente kann man nicht Fragebögen, Holzklötzen und Computern überlassen. Zum persönlichen Gespräch, auf das Sie sich gleichfalls vorbereiten können, siehe Kapitel 12.)

All dies kostet Zeit. Bereiten Sie sich also darauf vor, daß Sie einen ganzen Tag lang beschäftigt sein werden, wenn Sie die freundliche Einladung des Testinstituts im Briefkasten vorfinden.

In diesem kurzen Kapitel wollen wir Ihnen deutlich machen, daß Sie vor dem Testtag nicht im mindesten nervös zu sein brauchen. Wir spielen die Situation einmal durch und begleiten Sie zum Test. Wir zeigen Ihnen, daß das Testinstitut, wie schon erwähnt, im Grunde eine Art *Informationsbüro* ist. Außerdem sagen wir Ihnen, was Sie tun können, wenn Sie mit dem Vorgehen des künftigen Arbeitgebers oder des Testinstitus nicht einverstanden sind.

Lassen Sie Herzklopfen und weiche Knie zu Hause!

Viele Menschen sind entsetzlich aufgeregt, wenn der lang erwartete Brief endlich eintrifft: Auf ins Testinstitut!

Grund genug zur Aufregung gibt es natürlich. Sehen wir uns das einmal an.

○ Es steht viel auf dem Spiel. Vielleicht ist dies die Chance Ihres Lebens, eine wesentlich bessere Stelle zu bekommen. Ihr Lebenstraum kann in Erfüllung gehen. Sie sehen den großen Durchbruch in Reichweite vor sich. Doch auch wenn Sie aus anderen Gründen getestet werden, geht es oft um sehr wesentliche und wichtige Dinge.

○ Sie sind noch nie psychologisch getestet worden und haben keinerlei Ahnung, was Sie erwartet.

○ Sie haben allerhand Schauergeschichten über psychologische Tests gehört. Was ist Wahres an diesen Geschichten, werden Sie sich fragen, und was sind nur Sprüche und Ammenmärchen?

○ Man hat Ihnen von allerlei gemeinen Tricks erzählt, mit denen die Psychologen versuchen, Sie aus der Reserve zu locken. Sie fürchten den Tag, an dem Sie ins Gebet genommen werden ...

○ Von Kollegen haben Sie gehört, was am Testtag von Ihnen erwartet wird, und das gefällt Ihnen gar nicht! Sie sind schon etwas älter,

und all die schweren Algebraaufgaben und arithmetischen Reihen – das ist doch schon so lange her ... Jüngere tun sich da leichter, meinen Sie.
○ Vielleicht haben Sie etwas zu verbergen, oder Sie traten bei der Bewerbung ganz anders auf, als Sie wirklich sind. Und jetzt schweben Sie in tausend Ängsten!
○ Sie wissen, daß ein psychologischer Test im Grunde nichts anderes ist als eine Art Prüfung. Aber Sie leiden nun einmal unter Prüfungsangst und sehen sich wieder verkrampft und wie gelähmt am einsamen Tischchen sitzen und sich abmühen.
○ Sie sind der Ansicht, daß Sie mit Ihrer jetzigen Stelle über die Jahre eigentlich großes Glück hatten. Vielleicht hätten Sie sich besser doch nicht um die neue Stelle beworben. Kommt nun der Augenblick der Wahrheit? Wird man Ihnen die Maske vom Gesicht reißen?

Erkennen Sie sich im einen oder anderen dieser ängstlichen Menschen wieder?

Wir möchten hier klarstellen, daß Sie keinen Grund haben, sich vor dem Test zu fürchten. Es sei denn, Sie haben sich um eine Stelle beworben, für die Sie die erforderlichen Papiere, die nötige Erfahrung und Einstellung nicht im entferntesten mitbringen. Dann ist der Schweiß auf Ihrer Stirn gerechtfertigt.

Zahllose menschliche Ängste sind völlig unbegründet. Denken Sie nur an die Höhenangst – mit der man im übrigen gut leben kann. Sie befinden sich mit jemandem, bei dem Höhe Angstzustände auslöst, in der obersten Etage eines Wolkenkratzers. Hinter einer Glasscheibe blicken Sie nach unten auf die Menschen, die wie Ameisen aussehen. Sie sagen Ihrem Begleiter, er brauche wirklich keine Angst zu haben. Was könne schon passieren? Der andere gibt Ihnen recht – aber die Angst bleibt!

Ähnlich ist es oft bei Prüfungs- und Testangst. Wir können Ihnen in diesem Buch nur immer wieder verständlich machen, daß Sie keine Angst zu haben brauchen. Viele Leser werden diesen Rat auch annehmen und ihre Angst trotzdem nicht verlieren! Dieses Risiko müssen wir dann eben in Kauf nehmen.

Sie haben die Wahl: Wollen Sie sich am Testtag und davor das Gehirn zermartern, oder wollen Sie die Zeit nutzen und sich gründlich auf den Test vorbereiten?

Wie Sie sicherlich wissen, empfinden fast alle Schauspieler oder andere Künstler, die vor Publikum auftreten, Lampenfieber. Auch das ist Angst. Diese Künstler werden Ihnen jedoch sagen, daß sie gerade dann besonders gut sind, wenn sie »ein kleines bißchen Angst« haben. Was für Schauspieler gilt, trifft auch auf Menschen zu, die sich einem psychologischen Test oder einer Prüfung unterziehen. Untersuchungen ergaben, daß ein wenig Testangst sich günstig auf das Endergebnis des Testtages auswirkt. Zuviel Angst aber ist abträglich.

Was trägt das Testinstitut dazu bei, Ihnen die Angst zu nehmen?

Im Testinstitut ist man sich natürlich darüber im klaren, daß man einen Menschen, der nervlich völlig überstrapaziert ist, nicht gut testen kann. Testangst ist nicht nur für die Testperson unangenehm, sondern auch für den zukünftigen Arbeitgeber, der ja aus einer Reihe von Bewerbern den besten aussuchen will. Das bedeutet nicht, daß ein nervöser Testkandidat ein *nervöser Typ* ist oder daß er deshalb keine gute Arbeit leisten wird. Daher ist wichtig, dafür zu sorgen, daß auch nervöse Menschen sich wohl fühlen. Wie geschieht das?

Einige Zeit vor dem Testtag erhalten Sie, häufig zusammen mit einem Informationsblatt, einen kurzen Brief des Testinstituts, in dem man Sie darauf hinweist, daß Sie nichts zu befürchten brauchen. Auf Einzelheiten wird nicht eingegangen, so daß Sie sich mit dieser allgemeinen Bemerkung zufriedengeben müssen.

Je mehr freilich ein Test eine gewissermaßen staatliche Angelegenheit ist, um so weniger wird man sich um Ihr Befinden kümmern. Gleichwohl gehen die Tester in der Regel freundlich und geduldig mit den »Opfern« um. Das haben sie als Psychologen gelernt. Sie bemühen sich, fair zu sein und eine entspannte Situation zu schaffen.

Eine Ausnahme besteht allerdings, nämlich dann, wenn es zum Test gehört, Ihr Verhalten unter Druck, bei unverschämtem Verhalten Ihres Gegenüber, in einer Streßsituation und ähnlichem zu beobachten. Da kann Ihnen etwa jemand die Frage an den Kopf werfen: »Warum sind Sie so stark geschminkt und warum tragen Sie Schmuck? Das gefällt uns nicht.« In diesen Fällen ist es richtig, wenn Sie auf Ihrem Geschmack und Ihrer Persönlichkeit bestehen. Mit solchen Brüskierungen will man oft Ihre Selbständigkeit, Ihren »Dickkopf« testen, wenn die betreffende Stelle zum Beispiel solche Personen verlangt.

Im Testinstitut angekommen, wird man Ihnen noch einmal versichern, daß kein Grund zur Aufregung besteht. Sie werden lediglich gebeten, ein paar Aufgaben auszuführen, durch die man unter anderem herausfinden will, ob Sie für die Stelle geeignet sind. Warum sollten Sie also nervös werden?

Während des Tests wird alles mögliche getan, um Sie zu beruhigen. Aber wie schon gesagt, ist es manchmal genau umgekehrt! Für viele Funktionen will man zum Beispiel feststellen, wie gut Sie unter Druck arbeiten können, oder ob Sie leicht nervös werden, wenn Sie im Wettlauf mit der Zeit arbeiten müssen.

Will der Psychologe oder Testassistent Sie bewußt nervös machen, so haben Sie folgendes zu erwarten:

○ er wird Ihnen mit der Stoppuhr in der Hand gegenübersitzen und Ihnen hin und wieder mitteilen, daß Ihnen noch soundsoviele Minuten oder Sekunden bleiben, um die Aufgabe abzuschließen;
○ er wird Ihnen über die Schulter sehen, so daß Sie den Druck sehr stark empfinden;
○ er wird Sie hin und wieder kritisieren, um Sie zu entmutigen.

Will man Sie beruhigen, wird man selbstverständlich nicht so verfahren!

Auch die Tests selbst enthalten Hilfen, um Ihnen eventuelle Ängste und Unsicherheiten zu nehmen. Viele Tests beginnen mit einem oder mehreren Beispielen. Das ist eine gute Übung zum *Aufwärmen*, bevor Sie mit der *eigentlichen Arbeit* beginnen, und Sie werden mit der Art der Aufgaben oder der Fragestellung schon ein wenig vertraut. Es wird Ihnen auffallen, daß viele Tests leicht anfangen und dann zu immer schwierigeren Aufgaben übergehen. Das unterstützt Ihr Selbstvertrauen. (Sollten Sie allgemeine Probleme hinsichtlich der Lösung von Testaufgaben auf sich zukommen sehen, weil Sie zum

Beispiel nie gelernt haben, *wie* man eine Prüfung absolviert, dann empfehlen wir Ihnen, Kapitel 7 aufmerksam zu lesen.)

Ist es angenehm oder unangenehm, getestet zu werden?

Manche Menschen lassen sich gern testen. Endlich können sie zeigen, was in ihnen steckt. Oder sie sind begnadete Puzzlespieler und sehen in einem psychologischen Test im Grunde nichts anderes als ein Puzzle. Andere dagegen fragen sich, warum ein Gespräch mit dem Personalchef oder einem Psychologen nicht genügt. Wozu sich einen ganzen Tag seines Lebens verderben lassen? Wieder andere kennen ihre Prüfungs- und (damit) Testangst und finden den ganzen Aufwand unnötig.

In Kapitel 2 gaben wir einige Meinungen über psychologische Tests wieder. Aus der Vielzahl der Antworten von befragten Personen konnten Sie sich ein Bild mit positiven und auch negativen Aspekten machen. Erscheint es Ihnen unangenehm oder, im Gegenteil, angenehm, getestet zu werden? Wie auch immer: Sie tun gut daran, mit einer *positiven Einstellung* ins Testinstitut zu kommen. Wenn Sie die Gegebenheiten positiv akzeptieren und mit Zuversicht betrachten, werden Sie am Testtag besser abschneiden. (Das heißt natürlich nicht, daß Sie sich jeglicher Kritik enthalten sollten!)

Sind Sie nicht einverstanden mit der Vorgangsweise?

Während des Bewerbungsverfahrens kann es vorkommen, daß Sie mit bestimmten Bedingungen oder Vorgängen ganz und gar nicht einverstanden sind. Das ist unangenehm, denn wie Sie wissen, haben Stellenbewerber nur wenig Rechte! Sehen wir einmal, welche Möglichkeiten Ihnen offenstehen, Ihre Einwände im Zusammenhang mit einem psychologischen Test vorzubringen. (Anders ist es, wenn Sie sich freiwillig testen lassen, zum Beispiel im Rahmen der Bildungs- und Berufsberatung oder der Musterung beim Militär, wo für Einwände eigentlich kein Raum ist.)

1. Angenommen, Sie sind aus bestimmten Gründen gegen die Durchführung von Tests. Wie machen Sie das deutlich, und welche Wege bieten sich dazu an?
   Heißt es in der Stellenanzeige, »eine psychologische Untersuchung« sei »nicht ausgeschlossen«, so können Sie von vornherein von einer Bewerbung absehen. Sie können auch in Ihrem Bewerbungsbrief angeben, Sie ließen sich nicht testen, weil... Besser ist es natürlich, Sie schreiben dem zukünftigen Arbeitgeber, warum Sie so sehr an der Stelle interessiert sind! Vielleicht erhalten Sie ein freundliches Ablehnungsschreiben, vielleicht aber werden Sie auch zu einem Gespräch und einer psychologischen Untersuchung zu einem späteren Zeitpunkt aufgefordert. Dann können Sie immer noch vorbringen, warum Sie nicht getestet werden wollen.
   Begeben Sie sich dabei nicht in Opposition zu Ihrem Gesprächspartner. Man kann nie wissen: Möglicherweise war es seine Idee, das Testinstitut einzuschalten! Sondieren Sie deshalb erst vorsichtig, weshalb man diesen Weg einschlug. Stellt sich heraus, daß es sich um ein Regelverfahren handelt, das keine Abweichungen oder Ausnahmen zuläßt, können Sie immer noch abspringen. Doch wäre es nicht günstiger, gemeinsam nach anderen Möglichkeiten der Bewerberauswahl Ausschau zu halten? Vielleicht sind Sie genau die Frau oder der Mann, die/den der Betrieb sucht, und man kommt Ihnen ein gutes Stück entgegen. Man weiß nie.
2. Sie wurden aufgefordert, das Testinstitut mit Ihrem Besuch zu beehren, und was Sie dort sehen, mißfällt Ihnen. Sie möchten am Test nicht weiter teilnehmen. – Dann haben Sie sich entweder zu früh oder zu spät entschlossen. – Ihrer Beurteilung wird das nicht zuträglich sein, denn offenkundig sabotieren Sie das Verfahren. In diesem Fall können Sie das Bewerbungsverfahren als beendet betrachten.
3. Sie absolvierten am Testtag bereits eine Reihe von Tests und haben nun einen oder mehrere vor sich, bei denen Sie nicht weiterwissen. Sie können einen Testmitarbeiter des Instituts bitten, sich nach Ersatzmöglichkeiten umzusehen. Manchmal geschieht das sofort, manchmal aber auch erst nach Rücksprache mit dem zukünftigen

Arbeitgeber. Denken Sie jedoch immer daran, daß Sie Ihre Einwände oder Ihre Weigerung gut begründen müssen!
4. Sie sind zur Nachbesprechung des Tests eingeladen, und was Sie zu hören bekommen – das Profil Ihrer Persönlichkeit, das Bild Ihrer Fähigkeiten –, entspricht nicht ganz dem, was Sie sich vorstellen. Das Resultat enttäuscht Sie. Was können Sie tun?

Sie haben das Recht zu verlangen, daß Ihr Untersuchungsbericht dem potentiellen Arbeitgeber *nicht* zugesandt wird. Man wird Ihrer Bitte entsprechen, doch damit müssen Sie sich aus dem Bewerbungsverfahren zurückziehen.

Sie können auch um einen erneuten Test beim selben Testinstitut nachsuchen. Das sieht allerdings sehr nach einem »Mißtrauensvotum« aus, es sei denn, es gelingt Ihnen, glaubhaft zu machen, daß Sie am Testtag in schlechter Verfassung waren (durch einen Todesfall in der Familie, Scheidung und andere dramatische Ereignisse). Sie können sich auch über den künftigen Arbeitgeber um einen erneuten Test bei einem anderen Testinstitut bemühen. Sie müssen Ihrer Sache allerdings sehr sicher sein, um ein Testinstitut (aus welchen Gründen?) abzulehnen und die Ergebnisse eines anderen zu akzeptieren.

In Kapitel 14 werden Ihre Rechte im Zusammenhang mit dem Testverfahren ausführlich behandelt.

4
Wofür man getestet werden kann

1. Psychologen untersuchen menschliches Verhalten.
2. Psychologen verwenden Tests als Hilfsmittel der Forschung.

Zwischen diesen beiden Aussagen möchten wir einen Zusammenhang herstellen. Was wird dabei deutlich?

Das Betätigungsfeld des Psychologen ist unübersehbar groß, denn wir Menschen *verhalten* uns immer und überall. Können Sie sich eine Situation oder einen Augenblick vorstellen, in dem Sie kein Verhalten zeigen? Sie vielleicht schon, der Psychologe jedoch nicht. Denn für ihn ist auch Gehen, Einkaufen, Schreiben und Sprechen ein Verhalten, sogar Denken, Schlafen und Träumen!

Der psychologische Test zählt zu jenen Instrumenten des Psychologen, die es ihm erlauben, Ihr Verhalten zu untersuchen und zu prognostizieren. Dieses Instrument läßt sich auf Hunderte von Situationen menschlichen Verhaltens, auf Fähigkeiten, Eigenschaften und vieles mehr anwenden.

Wir machen Sie zunächst mit den vielen Bereichen bekannt, in denen psychologische Tests durchgeführt werden. Danach befassen wir uns mit Berufen und Funktionen, menschlichen Eigenschaften und Fähigkeiten, für die psychologische Tests eine Aussage liefern.

Die Vielseitigkeit psychologischer Tests

Wir fassen kurz zusammen, wofür sich psychologische Tests einsetzen lassen. Wie Sie sehen werden, sind die Möglichkeiten vielfältig.

Psychologische Tests benutzt man in erster Linie für:
1. Psychodiagnostik,
2. wissenschaftliche Forschung,

3. Rechtsfragen,
4. Schul- und Berufswahl,
5. Personalauslese,
6. Militärdienst.

Die Bereiche vier und fünf interessieren Sie vermutlich am meisten. Dennoch wollen wir auch auf die anderen Anwendungsmöglichkeiten kurz eingehen.

1. Psychodiagnostik:
Was bedeutet dieses Wort? Ärzte stellen Diagnosen: Sie erkennen Krankheiten. Wenn Psychologen Störungen, krankhaftes oder unangepaßtes Verhalten feststellen, sprechen sie von *Psycho*diagnostik.

Es bestehen Hunderte von psychologischen Tests, die auf Hirnschädigungen, etwa infolge eines Verkehrsunfalls, hinweisen (mitunter auch auf die Art der Schädigung).

Viele medizinische (neurologische) Tests sind für den Patienten äußerst schmerzhaft. Es ist gewiß nicht angenehm, eine Flüssigkeit in den Rücken gespritzt zu bekommen, und es ist auch kein Vergnügen, für eine Röntgenaufnahme des Schädels kahlgeschoren zu werden. Die Anwendung psychologischer Tests erübrigt solch drastische Eingriffe unter Umständen.

Diese *Gehirntests* sind meist jedoch nicht so zuverlässig wie medizinische Tests. Aber würden Sie nicht lieber erst *ein paar Zeichnungen* (bei einem psychologischen Test zur Feststellung gewisser Hirnschäden) anfertigen, anstatt sich sofort einem schmerzhaften Eingriff zu unterziehen?

Es wurden auch Tests erarbeitet, die leichte Formen von Geisteskrankheiten und mehr oder minder schwere Ängste (Neurosen und Phobien) aufdecken. Bei diesen schmerzlosen Tests muß die Testperson meist schriftliche Fragen beantworten, ihre Einfälle zu einer Reihe von Tintenklecksbildern äußern und ähnliches mehr. Sie selbst können mit dieser Art von Tests bei der Bildungs- und Berufsberatung oder im Zusammenhang mit einer Stellenbewerbung in Berührung kommen. Denn manche dieser Tests eignen sich sowohl für *normale* als auch für solche Menschen, bei denen man bestimmte Störungen oder Krankheiten vermutet.

2. Wissenschaftliche Forschung:

In verschiedenen wissenschaftlichen Forschungsbereichen werden psychologische Tests ebenfalls eingesetzt. Manchmal werden sie eigens für einen bestimmten Forschungszweck entwickelt, häufig aber genügen vorhandene Tests. Durch den Einsatz in der Forschung erfahren die Tests zugleich ihre qualitative Überprüfung.

Ein *Beispiel*. Ein Wissenschaftler möchte herausfinden, ob intelligente Menschen schneller Aseri (die aserbaidschanische Sprache) lernen als weniger intelligente (Wissenschaftler interessieren sich manchmal für die ausgefallensten Dinge). Es wird eine Laboruntersuchung durchgeführt, bei der der Einfachheit halber nur Wörter zu lernen sind. Zu diesem Zweck stellt der Wissenschaftler nach bestimmten, vorher festgelegten Kriterien mit Hilfe eines Tests zwei Gruppen zusammen: eine mit intelligenten und die andere mit weniger intelligenten *Versuchspersonen*, wie sie mit dem Fachbegriff genannt werden.

Der benutzte Test ist ein kleiner Intelligenztest. Anhand einer Wissensprobe wird der Wissenschaftler vermutlich feststellen, daß diejenigen Versuchspersonen, die die meisten aserbaidschanischen Wörter gelernt haben, die intelligentesten sind.

3. Rechtsfragen:

Immer häufiger schalten die Gerichte Psychiater und Psychologen ein, um den Angeklagen bei schwerwiegenden Gesetzesübertretungen zu testen.

Richter und Verteidiger möchten wissen, warum ein Mörder so gnadenlos zugeschlagen hat. Ist er überhaupt *zurechnungsfähig*? Wenn nicht, so kann er für seine Tat nicht verurteilt werden, denn er wußte nicht, was er tat und wessen er sich schuldig machte.

Die eingeschränkte Zurechnungsfähigkeit eines Menschen mag verschiedene Gründe haben:

○ er besitzt eine geringe Intelligenz (Intelligenztest durchführen);
○ er leidet vielleicht unter Verfolgungswahn (klinische und Persönlichkeitstests einsetzen);
○ er ist schwer geisteskrank (auf eventuelle Hirnschäden untersuchen);

○ er war infolge Ehescheidung, Tod eines geliebten Menschen, Drogen, Alkohol und dergleichen zeitweise völlig verwirrt (verschiedene Tests anwenden, um festzustellen, ob er ansonsten »normal« ist).

Der Spezialist muß also untersuchen, welche Störung von Einfluß gewesen sein könnte. Darüber hinaus muß er aber auch Prognosen über die Wahrscheinlichkeit eines Rückfalls vorlegen.

4. Schul- und Berufswahl:
In einem bestimmten Alter müssen Kinder und Erwachsene Entscheidungen treffen, die ihr weiteres Leben grundlegend verändern. Für manche gibt es später vielleicht einen Weg zurück (ein Pilot wird Hirnchirurg, ein Konditor Fußballtrainer), die meisten Menschen aber sehen ihre Möglichkeiten im Lauf der Jahre schrumpfen. Das ist traurig, aber nicht immer zu ändern.

In einem Land wie Japan wirkt sich sogar die Wahl des Kindergartens auf den späteren Zugang des Kindes zu einer Elite-Universität oder zu einer Spitzenposition in der Wirtschaft aus. So schlimm ist es bei uns zum Glück nicht!

Auf jeden Fall gilt es, eine Schul- und Berufsausbildung zu wählen, die den eigenen Interessen und auch Fähigkeiten entspricht. Es ist für niemanden ein Spaß, vierzig Jahre lang entgegen seiner Neigung einen bestimmten Beruf auszuüben.

Psychologen und Eltern sprechen häufig von Schul- *und* Berufswahl. Daß beides gern zu einem Begriff zusammengefaßt wird, hat verschiedene Gründe.

Zum ersten geht es in vielen Fällen um ein Problem (wo liegen meine Fähigkeiten, was will ich werden?), dessen Lösung aus zwei Teilen besteht. Man absolviert zuerst eine bestimmte Ausbildung und muß dann – meist durch eine spezialisierte Weiterbildung – dafür sorgen, daß man im gewählten Beruf Fuß faßt.

Zum zweiten stützen sich Gutachten zur Schul- und zur Berufswahl meist auf die gleichen Tests.

Zum dritten, und das wird Sie nun nicht mehr überraschen, sind Bildungs- und Berufsberater oft (nicht immer!) ein- und dieselbe Person.

Nach Schätzungen werden in der Bundesrepublik Deutschland, Österreich und der Schweiz im Rahmen der Bildungs- und Berufsberatung jährlich um eine Million Menschen getestet. Eigens dafür entwickelte Tests sollen Aufschluß über Berufsinteressen und -fähigkeiten geben. Die Frage der Berufswahl und die dazugehörigen Tests werden daher in einem gesonderten Kapitel (Kapitel 10) behandelt.

5. Personalauslese:

Hier liegt vermutlich das größte und bekannteste Anwendungsgebiet psychologischer Tests. In vielen Stellenanzeigen wird – oft kleingedruckt – darauf hingewiesen, daß »das Bewerbungsverfahren eine psychologische Untersuchung einschließt«. Immer mehr Betriebe und Institutionen fürchten, freiwerdende Stellen falsch zu besetzen, und wenden sich deshalb an einen Fachmann, in diesem Fall den Psychologen, der mit Ausleseverfahren vertraut ist.

Was Sie alles zu erwarten haben und wie Sie verschiedene Tests konkret handhaben müssen, das erfahren Sie in entsprechenden Kapiteln dieses Buches.

Halten wir uns kurz bei der Durchführung psychologischer Tests mit Managern auf, einer großen Gruppe in der »Testlandschaft«. Hier zeigt sich ein merkwürdiges Phänomen. Topmanager in Staat und Wirtschaft werden nur selten getestet. Meist erhalten sie ihre Stelle durch Empfehlung, die Vorarbeiten haben also ihre (politischen) Freunde geleistet. Daß damit (hohe!) Risiken verbunden sind, beweist unter anderem der Zusammenbruch bekannter Organisationen als Folge schlechten Managements.

Angehörige des mittleren Managements werden dagegen fast immer getestet. Eine paradoxe Situation! Nur diejenigen Führungskräfte, die sich den Normen des Betriebs anpassen, können mit ihrer Einstellung rechnen. Kritische, kreative Manager, wie manch ein Betrieb sie dringend bräuchte, werden abgelehnt. Wir kommen hierauf noch zurück.

Bei Untersuchungen im Hinblick auf die Position des Managers oder Verkäufers ist es nicht leicht, durch ein paar Testfragen die Führungs- oder Verkaufsqualitäten eines Menschen zu ermitteln. Ein amerikanischer Verkaufsleiter sagte einmal, jeder gute Verkäufer besitze eine *Faktor-X*-Eigenschaft. Er wolle gar zu gern wissen, was dieses geheimnisvolle X sei und welcher psychologische Test es aufspüren könne. Diese Frage, vor zwanzig Jahren gestellt, blieb bis heute unbeantwortet.

6. *Militärdienst:*
Jahr für Jahr werden Hunderttausende junger Männer für den Wehrdienst gemustert und eingezogen. Sie alle werden ärztlich untersucht und sehr viele von einem Psychologen »angeschaut.«

Die dabei verwendeten Tests sind im Grunde die gleichen wie im zivilen Bereich. Das kann auch gar nicht anders sein, denn die tägliche Arbeit für die Landesverteidigung sieht nicht viel anders aus als in einem Großunternehmen.

Für viele Monteure, Ärzte, Fahrer oder Juristen, um nur einige Berufe zu nennen, ist es ziemlich unerheblich, wer nun genau ihr Arbeitgeber ist.

Die mit der Durchführung von Ausleseverfahren betrauten Psychologen des Verteidigungsministeriums benutzen zwar teilweise andere Tests, diese beruhen jedoch auf denselben Prinzipien wie die sonst gebräuchlichen Tests. So kommt es vor, daß etwa die deutsche Bundeswehr sich eine etwas abgewandelte Version eines *handelsüblichen* Tests anfertigen läßt. Zumeist allerdings wird neu oder unter Verwendung von Teilen üblicher allgemeiner Tests eine Testbatterie erstellt, mit deren Hilfe man Fähigkeiten für bestimmte Positionen und Funktionen ermittelt. So deckt eine bestimmte Testbatterie beispielsweise Eigenschaften ab, die man sich für einen guten Flugzeugmechaniker wünscht: Sorgfalt, Verläßlichkeit, Überblick, räumliches Vorstellungsvermögen, Geschicklichkeit und anderes mehr.

In Deutschland, Österreich und der Schweiz werden Wehrpflichtige bei der Musterung nicht generell und von vornherein psychologisch getestet. In der Bundesrepublik etwa beginnen psychologische Tests erst nach der medizinischen Musterung der mit den Tauglichkeitsstufen eins bis drei bewerteten Wehrpflichtigen. Mit Ausnahme des mehr zufälligen Erkennens psychischer Störungen dienen die Tests aber nur dazu, herauszufinden, in welcher Waffengattung und mit welcher Funktion ein Wehrpflichtiger am besten einzusetzen ist. Wer innerhalb der Armee aufsteigen möchte, muß allerdings beachten, wie man in Tests möglichst gut abschneidet.

Auch beim Anerkennungsverfahren Ihrer Wehrdienstverweigerung werden Sie nicht psychologisch getestet, sondern nur Ihre Argumente gegen den *Dienst mit der Waffe* betrachtet. Dabei können Sie jedoch *Fangfragen* beantworten müssen, etwa der Art: »Würden Sie zur Verteidigung des Lebens Ihrer Mutter jemanden töten?« Und wenn Sie bejahen, meinen die Prüfer natürlich, dasselbe müßte wohl ebenso für die Verteidigung Ihres Vaterlandes gelten.

Wie man in solchen Fällen mit der Pflicht zum Wehrdienst umgehen kann, sei im folgenden näher erläutert.

Nicht zum Militär? – Ausweichen oder Überzeugung? – Einige Tips

Für angehende Wehrpflichtige, die aus ernstzunehmenden Gründen glauben, den Dienst mit der Waffe oder die militärische Arbeitsweise nicht mit ihrer Einstellung vereinbaren zu können, seien nun einige Hinweise gegeben, was sie bei psychologischen Tests zu beachten haben. Ziel dieses Buches ist es allerdings nicht, darüber aufzuklären, wie man sich mit allerlei schlauen Tricks vor dem Militärdienst drückt. Dazu wendet man sich besser an die verschiedenen antimilitaristischen Organisationen und Gruppierungen, die dem Interessierten Mittel und Wege nennen, den Wehrdienst zu umgehen. Sind Sie jedoch entschlossen, von Ihrer bürgerlichen Pflicht (Ihrem Recht?) keinen Gebrauch zu machen, dann tun Sie es stilvoll und mit Hilfe eines psychologischen Tests.

1. Der erste Tip ist der logischste. Diejenigen Ratschläge in diesem Buch, die es ermöglichen, für tauglich erklärt zu werden, dürfen Sie *nicht* befolgen!
2. Von dieser Regel gibt es allerdings eine wichtige Ausnahme: Stellenbewerbern raten wir immer, ausgeschlafen, frisch und munter zum Test anzutreten, und das gilt auch für diejenigen, die einen Test nicht bestehen wollen. Wir werden später noch zeigen, wie in verschiedenen schriftlichen Tests versucht wird, Sie beim

Schwindeln zu ertappen. Und der Psychologe oder sein Assistent, mit dem Sie ein kurzes Gespräch führen, trachtet ebenfalls danach, Sie in die Falle zu locken. Die beiden kennen ihre Pappenheimer und wissen nur zu gut, wer von den jungen Männern Sperenzchen machen wird. Sorgen Sie deshalb dafür, daß Sie ausgeruht und geistig hellwach zum Test erscheinen. Haben Sie eine allzu bewegte Nacht hinter sich, tappen Sie womöglich in die eigens für Sie aufgestellten Fallen.

3. Berücksichtigen Sie, welche objektiven Daten dem Testpsychologen bereits über Sie vorliegen. Wenn Sie beispielsweise Abitur haben oder bereits studieren, dann spielen Sie nicht den Einfaltspinsel; man wird Ihnen sehr schnell auf die Schliche kommen. Machen Sie auch keine falschen Angaben über Familienstand, Alter, Geburtsort und dergleichen, Sie bringen sich nur unnötig in Schwierigkeiten.

4. Studieren Sie die in diesem Buch beschriebenen Tests und unsere Tips, wie Sie die Ergebnisse beeinflussen können. Wie bereits gesagt, müssen Sie dann in den meisten Fällen das *Gegenteil* von dem tun, was wir dort empfehlen.

5. Versuchen Sie stets, sich in den Psychologen, mit dem Sie sprechen, oder in den Verfasser des Tests hineinzuversetzen. Was beabsichtigen diese Leute? Welchen Zweck verfolgen ihre Fragen? Wie versuchen sie mich beim Schwindeln zu erwischen? Kurzum – Sie müssen ihnen ein Schnippchen schlagen!

6. Seien Sie auf der Hut, wenn man Sie freundlich bittet, rasch und spontan zu antworten. Sie verlieren die Kontrolle über das Ganze, und Ihr mühsam errichtetes Gebäude beginnt unter dem Sperrfeuer der Fragen langsam abzubröckeln.

7. Richten Sie es so ein, daß Sie als farblose Gestalt ohne starke Seiten oder besondere Qualitäten und Begabungen aus den Tests und dem Gespräch hervorgehen.

8. Mit etwas mehr Aufwand können Sie sich als ein Mensch mit erheblichen psychischen Problemen und allen möglichen undefinierbaren körperlichen Beschwerden porträtieren lassen (den sogenannten *psychosomatischen Leiden*, wie Kopfschmerzen, Migräne, Rückenschmerzen, Herzrhythmusstörungen und ähnli-

ches, körperlichen Erkrankungen also, die durch psychische Verstimmungszustände, Konflikte, Spannungen, Neurosen und Ängste verursacht werden). Sie betreten damit ein für Ärzte und Psychologen schwer zugängliches Gebiet, denn wie weist man beispielsweise häufig oder nur hin und wieder auftretende starke Kopfschmerzen nach?

In manchen Persönlichkeitstests werden Sie mit der Frage nach Kopfschmerzen und anderen psychosomatischen Beschwerden direkt konfrontiert. Achten Sie immer darauf, daß Sie *konsequent* antworten. Bei den *Kopfschmerzen* antworten Sie also jedesmal, daß Sie *häufig* darunter leiden. Sie werden sich verraten, wenn Sie einmal mit *häufig* antworten, das nächstemal mit *ab und zu* und beim drittenmal mit *sehr selten*.

9. Wie schon gesagt, sind Sie vermutlich nicht der erste und einzige (zukünftige) Wehrpflichtige, der sich nicht für die Landesverteidigung ausbilden lassen möchte. Vielleicht ahnt man bei den Militärbehörden schon, daß Sie mit Hilfe des psychologischen Tests zu *entwischen* versuchen. Stellen Sie sich deshalb darauf ein, daß bei manchen Tests absichtlich ein *anderer als der eigentliche Zweck* angegeben wird. Seien Sie also besonders vorsichtig, wenn Ihnen mitgeteilt wird, welchen Zweck ein Test verfolgt. Nicht nur im Hinblick auf den (unausgesprochenen) Zweck des Tests, sondern auch bei den Testanweisungen, den *Spielregeln* wird man versuchen, Sie irrezuführen. Deshalb unser Rat: Seien Sie immer auf der Hut!

10. In acht nehmen müssen Sie sich auch, wenn Sie es etwa bei einem Persönlichkeitstest mit den Mehrfachwahl-Aufgaben (*multiple-choice items*) zu tun haben (siehe auch Kapitel 7). Fällt Ihnen auf, daß zwei der möglichen Antworten sehr nahe beieinanderliegen, sollten Sie auf die betroffenen Fragen besondere Sorgfalt verwenden. Man fand nämlich heraus, daß Menschen, die ehrlich antworten, eine deutliche Vorliebe für die eine Antwort an den Tag legen und die »Schwindler« oft die andere Antwort wählen!

Berufe und Funktionen

Wie viele Berufe gibt es? Eine einfache Frage, die nur fünf Wörter umfaßt und doch nicht leicht zu beantworten ist – aus drei Gründen. Zum ersten muß ein Beruf genau umschrieben, gewissermaßen definiert werden. Was sich für den einen als klar abgegrenzter Beruf darstellt, braucht es für den anderen längst nicht zu sein. Zum zweiten ist die Trennlinie zwischen Beruf und Funktion nicht immer eindeutig. Nehmen wir nur den Manager: Handelt es sich hier um einen Beruf? Ja, denn es gibt eine entsprechende Ausbildung. Oder handelt es sich um eine Funktion? Ja, denn die Position des Managers existiert unter den verschiedensten Bezeichnungen in jeder Organisation. Und zum dritten: Wie genau muß ein Beruf definiert werden? Kann man zum Beispiel sowohl den Verkäufer von Herrenbekleidung (in einem Geschäft) als auch den Verkäufer von Computern (an Betriebe) unter der Berufsbezeichnung *Verkäufer* zusammenfassen?

Wie auch immer – nach unserer Schätzung gibt es um die 10 000 Berufe. Innerhalb dieser Zahl finden sich vier- bis fünfhundert Berufsgruppen. Die Auswahl für den, der sich für einen Beruf entscheiden muß, ist also reichlich.

In Kapitel 10 werden wir ausführlich auf Beruf, Berufswahl und Berufseignungstests eingehen. Dabei wird unter anderem auch der Unterschied zwischen Beruf und Funktion nochmals angesprochen. Kann man für jeden Beruf getestet werden? Welche Eigenschaften erfordert ein Beruf, und wie werden sie getestet? Außerdem werden wir die wichtigsten Berufseignungstests näher betrachten.

Eigenschaften und Fähigkeiten

Bevor ein Psychologe oder jemand anderer sich über Ihre Chancen in einem bestimmten Beruf oder für eine bestimmte Funktion äußern kann, muß er den Beruf oder die Funktion zunächst *analysieren*. Er muß sich darüber informieren, welche Aktivitäten der Beruf in der Praxis umfaßt. Dann muß er untersuchen, wie wichtig all diese Aktivitäten wirklich sind, und erst daraus ergibt sich, welche Fähigkeiten und Kenntnisse und welcher Persönlichkeitstyp verlangt werden. Zuletzt muß überprüft werden, ob Ihre Eigenschaften den Anforderungen entsprechen, die mit dem betreffenden Beruf oder der Funktion verbunden sind. Im folgenden geben wir zwei Beispiele.

Für den Beruf des *Buchhalters* ist es außerordentlich wichtig, gut zu rechnen (Kenntnis und Fähigkeit). Ein Buchhalter muß aber auch exakt arbeiten (dies ist in hohem Maße eine Persönlichkeitseigenschaft), sich gut konzentrieren können und darf nicht leicht ablenkbar sein (gleichfalls eine Persönlichkeitseigenschaft). Von *besseren* Buchhaltern und Rechnungsprüfern werden teilweise noch andere Eigenschaften erwartet. Sie müssen in der Lage sein, ihren Kunden kreative Lösungen anzubieten (eine Persönlichkeitseigenschaft, ein Talent, wenn man so will), sie müssen – zum Beispiel mit dem Steuerprüfer – verhandeln können (eine Fähigkeit) und vielleicht auch über *kontaktpsychologische Eigenschaften* verfügen. Beide, der Buchhalter und der Rechnungsprüfer, müssen selbstverständlich die nötige Kenntnis des Steuerrechts besitzen (Kenntnis durch Ausbildung). Sie sehen also, schon diese kurze Aufzählung enthält eine Reihe von Fähigkeiten (die meist durch Ausbildung erworben werden) und von Eigenschaften (die meist angeboren sind).

Von einem *Zimmermann* werden etwas andere Eigenschaften und Fähigkeiten erwartet. Er muß über eine gute Auge-Hand-Koordination verfügen, sonst wird sein Hammer zu oft auf dem Daumen landen! Er muß die nötige Materialkenntnis besitzen (durch Ausbildung vermittelte Kenntnis), und vielleicht braucht er manchmal auch eine gute Nase (um die verschiedenen Leimarten voneinander zu unterscheiden). Eine solche Eigenschaft der sinnlichen Wahrnehmung ist größtenteils angeboren, kann aber durch Übung weiterentwickelt (und durch starkes Rauchen zurückentwickelt) werden. Es kann vorkommen, daß ein Betrieb eine Stelle als Zimmermann anbietet, dabei aber einen Interessenten sucht, der ebenfalls verkaufen kann. Ein solcher Fachmann muß natürlich noch über verschiedene andere (zusätzliche) Eigenschaften und Fähigkeiten verfügen.

Die beiden (einfachen) Beispiele machen deutlich, daß ein allgemeines Berufsprofil zwar eine Richtlinie darstellt, der Arbeitgeber aber noch allerlei Sonderwünsche anmelden kann.

Eigenschaften und Fähigkeiten 63

Die nachstehende kleine Liste soll Ihnen einen kurzen Einblick in Persönlichkeitsmerkmale, Fähigkeiten und Kenntnisse geben, die für verschiedene Berufe und Funktionen von Bedeutung sind. Für jeden Beruf werden bewußt nur eine Fähigkeit und eine Eigenschaft genannt. Wir wollen keine umfassende Aufzählung liefern, sondern nur zeigen, wie groß die Unterschiede zwischen Fähigkeit und Eigenschaft sein können.

Beruf/Funktion	*Fähigkeit*	*Persönlichkeitseigenschaft*	*Kenntnis*
Kassiererin in einem Geschäft	Rechnen	nicht aus der Ruhe zu bringen	Warensortiment und Preise
Stenotypistin	Fingerfertigkeit (Auge-Hand-Koordination)	Konzentrationsvermögen	Betrieb, Branche
Klinischer Psychologe	soziale Fähigkeiten (Umgang mit Menschen)	kritisches Denken	Theorien, Namen, Fakten
Berufsoffizier	Menschenführung	Standfestigkeit	Wehrkunde

Wie schon gesagt, wird in der Praxis mit Berufs- und Funktionsprofilen gearbeitet. Jeder Beruf erfordert mehr als eine Eigenschaft oder Fähigkeit. Damit wollen wir es jedoch bewenden lassen, um uns nicht allzu weit von unserem eigentlichen Thema, dem psychologischen Test, zu entfernen.

Die Psychologen haben im Laufe der Zeit zahlreiche Tests für die verschiedensten Fähigkeiten, Eigenschaften und andere Dinge entwickelt. Eine willkürlich zusammengestellte Liste mag dies verdeutlichen:

○ Intelligenz
○ Manager-/Führungsqualitäten
○ Wahrnehmung (Sehen, Hören, Schmecken, Riechen)
○ Kreativität

- Verkaufstalent
- geistige Gesundheit
- Fingerfertigkeit
- Konzentrationsvermögen
- Angst
- Hirnschäden
- politische Überzeugungen
- bürotechnische Fähigkeiten
- mathematisches Wissen
- Unterordnung
- Musikalität
- Ehrlichkeit
- Interessen
- Belastbarkeit (Druck aushalten)
- kritisches/selbständiges Denken.

Einige dieser Eigenschaften und Fertigkeiten können zuverlässig und gültig gemessen werden. Doch nicht jeder Test besitzt diese Gültigkeit. Ein amerikanischer Psychologe formulierte es sehr treffend: »Besteht der Kandidat den Test, kann man den Test vergessen. Besteht er ihn nicht, kann man den Mann vergessen ...«

5
Wie sieht ein Test aus?

Schon zu Beginn des Buches sprachen wir davon, daß der psychologische Test für viele etwas Geheimnisvolles, Mysteriöses an sich habe, für manche sogar etwas Furchteinflößendes. Liegt das an dem imponierenden Wort *psychologisch*? Oder daran, daß es Menschen gibt, Psychologen, die die Gabe besitzen, unsere tiefsten Regungen zu erkunden? Oder ist der Grund einfach der, daß das Gutachten des Testpsychologen solch weitreichende Folgen hat?

Wie kann ein Psychologe einem Arbeitgeber ein Gutachten über die *zukünftigen* Leistungen eines Bewerbers liefern? Ganz einfach, wie wir gesehen haben: Der Psychologe führt eine Reihe von Tests durch. Wie bereits erwähnt, sind diese Tests Hilfsmittel, um Menschen auf objektive Weise miteinander zu vergleichen. Es mag seltsam klingen, aber Psychologen entwickelten den psychologischen Test, um sich selbst teilweise überflüssig zu machen. Sie möchten Zahlen (Testergebnisse) sprechen lassen, damit niemand mehr von dem doch allzu leicht subjektiv gefärbten Urteil eines Psychologen, Personalchefs oder einer anderen Person abhängig zu sein braucht. Die Tests sollen also den Menschen ersetzen. Der Gedanke an sich ist nicht abwegig. Gegner des Tests aber meinen, es sei unmöglich, den Menschen in Zahlen zu fassen. Der Psychologe muß deshalb bei jedem Testverfahren einbezogen bleiben und ein abschließendes Urteil über den Kandidaten abgeben. Diese Beurteilung wird immer weitgehend Menschenwerk bleiben.

Doch wir sind ein gutes Stück vorangekommen. Früher war jeder Psychologe *sein eigener Test*. Damals reichte *ein Gespräch* völlig aus, um einen Kandidaten zu beurteilen. Heute sind – zum Glück für den Kandidaten – an die Stelle des Psychologen großenteils mehr oder weniger neutrale Tests getreten.

Wie aber sieht ein Test aus, der über die zukünftigen Leistungen und das Verhalten eines Menschen Auskunft geben soll?

In diesem Kapitel werden mehrere Testtypen kurz besprochen, ohne jedoch Besonderheiten zu berücksichtigen. Hier sei vor allem gezeigt, daß Tests in unterschiedlicher Gestalt vorkommen. Dabei geht es uns weniger um den Zweck eines Tests als vielmehr um seine äußere Form. Vorgestellt werden unter anderem Tests, die schriftlich und mündlich durchgeführt werden, Beobachtungsverfahren, Geschwindigkeits- und Niveautests. Abschließend werden wir noch kurz auf die Benennung von Tests eingehen und darauf, daß ein guter Test stets aktualisiert und an neue wissenschaftliche Erkenntnisse angepaßt wird.

Die Testbox

Hier sei der Vergleich des psychologischen Tests mit dem Wein erlaubt, denn zwischen beiden bestehen erstaunliche Ähnlichkeiten. Um nur einige zu nennen: In der Regel werden Weine mit den Jahren besser. Das gilt auch für den psychologischen Test. Es gibt einfache, aber schmackhafte Tischweine, ebenso sind einfache Tests auf dem Markt, die ihren Zweck gut und ohne viel Aufhebens erfüllen. Es gibt bekannte Weine, die dennoch enttäuschen, und wir kennen Tests, die ein gewisses Renommee genießen, das jedoch in keinem Verhältnis zu ihrer tatsächlichen Leistung steht.

Manche Weine tragen ein prächtiges Etikett und sind in einer Holzkiste nobel verpackt. Auch das ist vielen psychologischen Tests nicht fremd. Verweilen wir kurz bei der Verpackung eines Tests.

Manche Tests bestehen aus nichts anderem als einem weißen Blatt Papier, einem Bleistift und der Aufforderung: »Zeichnen Sie bitte einen Baum!« (Die Frage, ob ein solcher Test diesen Namen verdient, wollen wir einmal beiseite lassen.) Das andere Extrem ist der Test, der aus einer ganzen *Box* besteht, also einem bequem transportablen Koffer oder einer Schachtel, die das gesamte Testmaterial enthält. In einer solchen Box finden unter anderem Platz:

- sämtliche Hilfsmittel, die die Testperson zur Ausführung der Aufgaben benötigt (Holzklötze, Kärtchen, Figuren und dergleichen);
- Antwortbögen, auf denen der Proband (so heißt die Testperson in der Fachsprache) die richtigen Antworten notieren muß;
- Auswertungsschlüssel, wie Ergebnisschablonen, mit deren Hilfe der Assistent rasch die richtigen Antworten ermitteln und zum Teil in Zahlenwerten ablesen und ausdrücken kann;
- die Testanleitung für den Psychologen;
- Ein Buch mit den Testnormen und Erläuterungen zur Interpretation der Testergebnisse.

Bekommen Sie einen Test in die Hand gedrückt, so sehen Sie ihm nicht an, ob sich dahinter zehn Jahre intensiver wissenschaftlicher Forschung verbergen, oder ob es sich um ein *Prüfstück* des Testinstituts handelt. Ist der Antwortbogen gedruckt, läßt dies auf einen seriösen Test schließen, was aber nicht immer der Fall sein muß. Und Sie sind nicht kompetent genug, einen Test zu beurteilen. Denn Sie wissen ja: Oft trügt der Schein.

Die Testdauer

In Kapitel 3 sprachen wir bereits davon, daß nur selten ein einzelner Test durchgeführt wird. Meist ist es eine ganze Testreihe, mit deren Hilfe man soviel wie möglich über Ihr zukünftiges Funktionieren in einer Organisation (oder wie immer der Auftrag an das Testinstitut lautet) erfahren will. An einem einzigen Tag werden dann Intelligenz, Persönlichkeitsfaktoren, Fähigkeiten und anderes gemessen.

Die Dauer der einzelnen Tests ist sehr unterschiedlich. Ein Intelligenztest mit all seinen Einzelteilen nimmt mehr Zeit in Anspruch als ein einfacher Satzergänzungstest, bei dem Sie kurze Sätze formulieren müssen. (Beide Tests werden später noch ausführlich behandelt.) Allgemein liegt die Dauer eines Tests zwischen fünf bis zehn Minuten und einer halben Stunde.

Testautoren bemühen sich immer um eine *optimale Dauer* ihres Tests. Denn, ist er zu lang, wird er für den Probanden langweilig.

Das kann irritieren und die Motivation schwinden lassen. Ist ein Test aber zu kurz, so ist er nicht aussagekräftig genug. Es bleibt zuwenig Zeit, um beispielsweise die Persönlichkeit zu erfassen. Einem zu kurzen Test gelingt es nicht, die Spreu vom Weizen zu trennen.

Schriftliche Tests

Die häufigste Form des psychologischen Tests ist der *Papier-Bleistift-Test* (*paper and pencil test*). Wie der Name sagt, werden dabei schriftliche Aufgaben ausgeführt. Dieser Testtyp hat also große Ähnlichkeit mit den bekannten schriftlichen Examina, Zwischenprüfungen oder Klassenarbeiten.

Schriftliche Tests werden in drei Kategorien eingeteilt: der *Multiple-choice-* oder *Mehrfachwahl-Aufgaben-Test* (die richtige Antwort wird angekreuzt), Tests, bei denen man schreiben, Sätze ergänzen oder einen Aufsatz verfassen muß (anstelle des *leblosen* Ankreuzens), und alle möglichen Zeichentests, bei denen man aufgefordert wird, einen Menschen, einen Baum oder irgend etwas zu zeichnen.

In diesem Kapitel beschränken wir uns auf den Mehrfachwahl-Aufgaben-Test. Weitere schriftliche Tests werden in Kapitel 9 besprochen.

Mehrfachwahl-Aufgaben sind nicht nur vom theoretischen Teil der Führerscheinprüfung her bekannt, sondern häufig auch von schulischen Prüfungen. Aus den verschiedenen Antworten, die der Testbogen anbietet, soll die richtige ausgewählt (oder eine Meinung geäußert) werden. Diese Form des Tests hat einige wesentliche *Vorteile*:

○ Sie brauchen nicht viel, sondern nur ein Kreuz oder einen Kreis zu schreiben. Das geht leicht und schnell;
○ Schreibfehler können nicht mehr auftreten, und auch
○ Lesefehler desjenigen, der Ihren Antwortbogen in die Hand bekommt, gehören der Vergangenheit an;
○ die Tests lassen sich von vielen Personen gleichzeitig in einem *Prüfungsraum* (Testsaal) absolvieren. Man nennt sie daher auch *Gruppentests*;
○ gerade weil Ihre Leistungen, Meinungen, Emotionen und anderes

Schriftliche Tests 69

in Zahlen ausgedrückt werden können, ist die zeitsparende (= kostensparende) Verarbeitung aller Antworten durch den Computer möglich.
Es spricht viel für den schriftlichen Test, doch hat diese Form auch ihre *Nachteile*. Um nur einige zu nennen:
○ es bleibt kein Raum für *kreative Antworten*;
○ man kann die richtige Antwort einfach raten (bei vier möglichen Antworten mit einer Wahrscheinlichkeit von 25 Prozent);
○ Personen, die die deutsche Sprache nicht gut beherrschen (ethnische/kulturelle Minderheiten), sind deutlich im Nachteil;
○ allzu intelligente Kandidaten denken oft zu gründlich nach und geben dann eine falsche Antwort. (Vielleicht sind sie ja schlauer als der Testautor selbst!)

Gegenüber den Vorteilen und der Effizienz dieser Tests fallen ihre Nachteile jedoch kaum ins Gewicht.

Nun alle Einsatzmöglichkeiten schriftlicher Tests im einzelnen aufzuzählen, würde zu weit führen. Sie können davon ausgehen, daß sich fast alles, was den Testpsychologen interessiert, mit Hilfe schriftlicher Tests untersuchen läßt, ob es sich um technisches Verständnis, Sprachbegabung oder Musikalität handelt. Manche Merkmale werden fast *immer* schriftlich getestet:
○ einzelne Elemente eines Intelligenztests (zum Beispiel Rechnen, Sprachkenntnis);
○ Persönlichkeitszüge (man versucht, Ihre Persönlichkeit zu erforschen, indem man eine Serie kurzer Fragen auf Sie abfeuert);
○ Berufsinteressen (Sie wählen beispielsweise aus vier Berufsgruppen jeweils den Beruf aus, der Sie am meisten interessiert);
○ technisches Verständnis (man zeigt Ihnen zum Beispiel vier Zeichnungen, die Sie durch Numerieren in der richtigen Reihenfolge ordnen sollen;
○ Einstellung oder Meinung (man möchte wissen, wie Sie über verschiedene gesellschaftliche oder politische Phänomene denken, und fragt etwa: »Wie stehen Sie zum Bau weiterer Kernkraftwerke in Westeuropa?« – Sie streichen eine der folgenden möglichen Antworten an: »entschieden dafür«, »dafür«, »vielleicht dafür/vielleicht dagegen«, »dagegen«, »entschieden dagegen«);

○ Schulleistung/allgemeine Entwicklung (damit wird zum Beispiel festgestellt, ob ein Schüler »auf dem laufenden« ist; eine Frage in einem solchen Test kann lauten: »Wie heißt die Hauptstadt von Finnland?« – und der Schüler muß von vier genannten europäischen Hauptstädten *Helsinki* als einzig richtige Antwort ankreuzen);
○ Analogien, auch im Rahmen eines Intelligenztests (auch diese Tests sind mit viel »Ankreuzarbeit« verbunden. Sie enthalten Fragen des folgenden Typs: »Tisch verhält sich zu Stuhl wie Tasse zu ...?« Darunter stehen vier mögliche Antworten, von denen Sie eine auswählen müssen. Mit der Antwort *Untertasse* werden Sie vermutlich wenig Probleme haben. Aber wir versichern Ihnen, daß Sie bei dieser Art des Tests auch auf ganz vertrackte Fragen stoßen!).

Mündliche Tests

Ein mündlicher Test ist ein Test, bei dem Sie dem Psychologen oder Testassistenten, der Ihnen gegenübersitzt, persönlich antworten. Aufgrund der steigenden Testkosten hat die Zahl der mündlichen Tests im Laufe der Jahre immer mehr abgenommen. Mündliche Tests sind ziemlich zeitraubend, denn der Assistent muß sich in eigener Person mit Ihnen befassen. Außerdem ist das Verarbeiten mündlicher Antworten langsame *Handarbeit*, im Gegensatz zum schriftlichen Test, bei dem fast durchweg Computer eingesetzt werden.

Ein bekannter mündlicher Test ist der Formdeutetest von HERMANN RORSCHACH, bei dem Sie dem Testassistenten mitteilen, was Sie in den symmetrischen Klecksbildern sehen. Der *Rorschach-Test* wird in Kapitel 9 ausführlich behandelt.

Wahrscheinlich werden Sie mit mündlichen Tests kaum in Berührung kommen. Dennoch eine kurze Empfehlung: Beim mündlichen Test kommt es nicht nur darauf an, was Sie sagen, sondern auch, *wie* Sie es sagen. Sie müssen also sehr vorsichtig zu Werke gehen, denn »alles, was Sie sagen, kann gegen Sie verwendet werden«! Lassen Sie sich bei dieser Testform vor allem nicht aus der Ruhe bringen und nehmen

Sie sich Zeit, Ihre Antworten sorgfältig zu überlegen. Warum sollten Sie Ihre Worte nicht auf die Goldwaage legen?

Weitere Informationen und Ratschläge finden Sie bei der Besprechung der verschiedenen Beobachtungstests und des persönlichen Gesprächs mit dem Psychologen (Kapitel 12).

Beobachtungsverfahren

Bei diesem Testtyp ist es von Bedeutung, *wie* Sie während des Tests arbeiten. Sie bekommen verschiedene Aufgaben vorgelegt und werden dann bei der Arbeit beobachtet. Vielleicht sitzt Ihnen der Testassistent gegenüber, vielleicht mühen Sie sich aber auch alleine ab, und man beobachtet Sie durch eine Einwegscheibe (für Sie ist an der Wand nichts weiter als ein Spiegel zu sehen, die andere Seite des Spiegels aber ist Glas).

Bei welchen Aufgaben haben Sie mit *Spionage* zu rechnen? Hier einige Beispiele.

Haben Sie technisches Verständnis? Bei dem vielseitigen Würfeltest mit dem *Wiggly-Block* müssen Sie einen in neun Teile zerlegten Quader wieder zusammensetzen. Die Art und Weise, wie Sie das tun, wird von einem Beobachter registriert. Ein anderer Test zum technischen Verständnis ist die *Drahtbiegeprobe*. Ein Stück Eisendraht muß in eine bestimmte Form gebogen werden, die einem vorgegebenen Muster möglichst ähnlich sein soll. Das Ergebnis wird gemessen und Ihr Verhalten genau studiert. Biegen Sie einfach drauflos, oder denken Sie zuerst in Ruhe nach? Wie korrigieren Sie Fehler? Wie arbeiten Ihre Hände? Grob, fein, geschmeidig oder ungelenkig? (Man spricht hier von *motorischem Verhalten*.) Oder man läßt Sie allerlei kleine Würfel oder Karten sortieren, wobei man Ihnen wechselnde Aufgaben stellt.

Unser Rat: Überdenken Sie stets, ob Sie beobachtet werden und was von Ihnen erwartet wird. Führt man Sie in ein *Spiegelzimmer*, dann wissen Sie bereits um dessen Bedeutung. Setzt sich der Testassistent zu Ihnen und macht sich Notizen, wissen Sie ebenfalls, welchen Zweck der Test verfolgt.

Das Gespräch mit dem Psychologen

Dies ist die vierte Form des psychologischen Tests, die für Sie von Bedeutung ist. Hier ist der Psychologe sein eigener Test. Er wird Ihnen eine Unmenge Fragen stellen. Ganz einfache Fragen, aber auch Fangfragen oder solche, die nicht schnell und leicht zu beantworten sind. (Kapitel 12 befaßt sich ausschließlich mit dieser »menschlichen« Seite des psychologischen Testverfahrens.)

Unser Rat lautet einstweilen: Nehmen Sie sich vor dem Gespräch in acht. Der Psychologe wird vielleicht sagen, er wolle bei diesem *mündlichen Teil* auf Ihre berufliche Vergangenheit eingehen. Das klingt durchaus plausibel und neutral, aber die Wirklichkeit kann doch etwas anders aussehen.

Geschwindigkeitstests und Niveautests

Hier handelt es sich um eine andere Kategorie, die für Sie von Bedeutung sein kann.

Bei einem *Geschwindigkeitstest* wird festgestellt, *wie schnell* Sie arbeiten können. Sie müssen möglichst viele Aufgaben in einem bestimmten Zeitraum ausführen. Der *Niveautest* ist, wenn Sie so wollen, das Gegenteil. Hier wird getestet, *wie gut* Sie sind. Die Geschwindigkeit spielt dabei keine Rolle.

Zu wissen, ob es sich um einen Geschwindigkeits- oder einen Niveautest handelt, ist wichtig für Sie, damit Sie sich entsprechend darauf einstellen können. Wie aber können Sie das feststellen, wenn es aus der Testanweisung nicht hervorgeht? Für diesen Fall haben wir die Unterschiede in der folgenden Tabelle einander gegenübergestellt.

Auch hierzu ein guter *Rat*: Prüfen Sie zuerst, ob Sie es mit einem Geschwindigkeits- oder einem Niveautest (oder einer Mischung aus beidem) zu tun haben. Ist es ein Geschwindigkeitstest, dann erledigen Sie die Aufgaben so schnell wie möglich und halten Sie sich nicht bei Fehlern auf, die Ihnen eventuell unterlaufen sind. Denn wie es in der Tabelle steht: Auf Fehler wird nicht oder kaum geachtet. Trachten Sie danach, *alle* Testaufgaben auszuführen. Handelt es sich um

Merkmale Geschwindigkeitstest	Merkmale Niveautest
1. Arbeitsgeschwindigkeit	Arbeitsqualität
2. Alle Fragen sind etwa gleich leicht	Die Fragen werden immer schwieriger
3. Hohe Zahl von Aufgaben	Geringe Zahl von Aufgaben
4. Zeitlich begrenzt	Im Prinzip zeitlich unbegrenzt (man drängt Sie nicht)
5. Es ist völlig unmöglich, alle Aufgaben zu schaffen	Manche Probanden schaffen alle Aufgaben
6. Bei der Beantwortung werden kaum Fehler gemacht	Bei schwierigen Aufgaben werden Fehler gemacht
7. Fehler spielen bei der Beurteilung des Testergebnisses meist keine Rolle	Die Zahl der richtigen Antworten ist für das Testresultat von entscheidender Bedeutung

einen Niveautest, so haben Sie im Prinzip unbegrenzt Zeit; lassen Sie sich daher nicht aus der Ruhe bringen! Konzentrieren Sie sich darauf, die richtigen Antworten zu geben.

Um es noch einmal zu verdeutlichen: Ein schriftlicher Test kann ein Geschwindigkeits- oder ein Niveautest sein, oder eine Mischung aus beidem.

Wir haben Ihnen nun eine Einteilung psychologischer Tests gegeben, die für Sie von praktischem Nutzen sind. Das nächste Kapitel enthält unter anderem eine *offizielle* Einteilung, die für Sie vielleicht weniger hilfreich ist, aber alle psychologischen Tests umfaßt.

Die Benennung von Tests

Natürlich könnte man Tests beliebig mit x oder y benennen. Allgemein erfolgt die Namensgebung jedoch nach verschiedenen Gesichtspunkten.

Die Namen der meisten Tests sind aus verschiedenen Wörtern zusammengesetzt. Weil solche offiziellen Bezeichnungen häufig eine unhandliche Länge erreichen, führte man Abkürzungen ein. Viele Tests sind fast nur noch unter den entsprechenden Abkürzungen bekannt. So spricht man beispielsweise vom *TAT* und kaum vom *Thematischen Apperzeptionstest* oder vom *FPI* anstatt vom *Freiburger Persönlichkeitsinventar*.

Grundsätzlich erfolgt die Benennung von Tests meist nach:
1. dem Ziel, dem er dient (etwa der Intelligenzmessung);
2. seinem Urheber (zum Beispiel HERMANN RORSCHACH: *Rorschach-Test*);
3. dem Ort seiner Entstehung, also seiner Herkunft (so ist ein *Mannheimer Intelligenztest* bekannt, das heißt, er wurde an der Universität Mannheim entwickelt, ähnlich verhält es sich beim *Gießen-Test* oder dem erwähnten *Freiburger Persönlichkeitsinventar*);
4. den Hilfsmitteln für die Untersuchung (Fragen, Karten, Würfel);
5. der Zielgruppe, für die der Test entwickelt wurde.

Als Beispiel für eine Bezeichnung, die die meisten dieser Kriterien in sich vereinigt, sei der von dem amerikanischen Psychologen DAVID WECHSLER konstruierte Intelligenztest *Wechsler Adult Intelligence Scale* (Abkürzung: *WAIS*) angeführt. Für den deutschen Sprachraum wurde der Test von Psychologen in Hamburg bearbeitet und heißt daher *Hamburg-Wechsler-Intelligenztest für Erwachsene*, abgekürzt *HAWIE*. Von Wechslers Intelligenztest besteht auch eine Form für Kinder, der *Hamburg-Wechsler-Intelligenztest für Kinder* oder kurz *HAWIK*.

Tests bleiben nicht konstant

Wir haben Tests mit Wein verglichen. Guter Wein reift mit den Jahren. Ebenso ist es mit vielen Tests. Woran liegt das? Ein neuer Test wirft in der Regel viele Fragen auf. Seine Stärken und Schwächen sind noch so gut wie unbekannt, die scharfen Kanten noch nicht abgeschliffen. Je länger ein Test in der Praxis Anwendung findet, desto eingehender wurde er untersucht. Die Anwender eines Tests (Psychologen) tauschen Erfahrungen aus. Manchmal werden aus einem Test neue Teiltests entwickelt, so zum Beispiel eine Kurzform, eine

Version speziell für Kinder, eigene Versionen für Österreich und die Schweiz und ähnliches mehr.

Die Gesellschaft befindet sich in ständigem Wandel. Daher müssen auch Tests mit diesen Veränderungen Schritt halten. Einige *Beispiele*:
Der Beruf des Computerprogrammierers ist noch relativ neu. In einem vor zwanzig Jahren entwickelten Berufsberatungstest kommt dieser Beruf nicht vor. Umgekehrt gilt das natürlich auch für Berufe, die heute so gut wie ausgestorben sind (Kesselflicker, Platzanweiserin, Bierkutscher).

Vor noch nicht allzu langer Zeit galt Homosexualität als eine heilbare Krankheit. Heute sieht man sie als sexuelle Neigung einer augenscheinlich immer größer werdenden Zahl von Menschen. Testfragen zur Homosexualität und die Interpretation der Antworten müssen daher der neuen Realität Rechnung tragen.

Moden kommen und gehen, und doch bleibt immer etwas »hängen«, das sich auch im Wortschatz und allgemeinen Sprachgebrauch niederschlägt. So zum Beispiel der Begriff des Hippies aus den sechziger oder der des Punk(er)s aus den achtziger Jahren. Solche Erscheinungen muß ein Test berücksichtigen. Und er hat ausgedient, wenn seine Anweisungen nicht mehr verstanden werden, weil ihre Sprache veraltet ist. Oft ist nur ein kleiner Eingriff nötig, aber der ist unabdingbar!

Die Emanzipation der Frau ist eine große gesellschaftliche Bewegung, die noch nicht zum Abschluß kam. Die Konsequenz für viele psychologische Tests bedeutet: Wenn immer mehr Frauen berufstätig sind, und Spitzenpositionen in der Wirtschaft zur Hälfte von Frauen eingenommen werden, dann müssen zahlreiche Tests neu geschrieben werden!

6
Die wichtigsten psychologischen Tests

Die genaue Zahl der psychologischen Tests, die in der Bundesrepublik, in Österreich und der Schweiz täglich zum Einsatz kommen, läßt sich nicht feststellen. Denn außer den veröffentlichten Tests – das sind solche, die zum Beispiel von Verlagen auf den Markt gebracht werden – gibt es noch viele andere, die von Betrieben oder Testinstituten selbst entwickelt und nur dort verwendet werden.

Quantität gibt keine Auskunft über Qualität. Die Qualitätsprüfung gestaltet sich (auch hier) schwierig. Dennoch hat man versucht, »die Spreu vom Weizen zu sondern«, insbesondere bei neueren Tests. Das Resultat ist nicht immer sehr ermutigend, wie wir in diesem Kapitel sehen werden. Hier kurz dessen Hauptthemen:

○ Psychologische Tests existieren in vielerlei Form, und es gibt eine unendliche Vielfalt von Anwendungsmöglichkeiten.
○ Die Qualität psychologischer Tests wird kritisch betrachtet. Allzu kritisch?
○ Wir haben in diesem Kapitel einige der im deutschsprachigen Raum wahrscheinlich am häufigsten verwendeten Tests für Sie zusammengestellt, zum Teil mit Varianten, damit Sie sich, soweit möglich, ein Bild von diesen Tests machen können. Intelligenztests werden aber im besonderen in Kapitel 8, Tests für die Berufsberatung in Kapitel 10 behandelt.

Tests in unübersehbarer Zahl

Die Frage nach der Anzahl psychologischer Tests können wir nur mit »sehr viele« beantworten. Die Gesamtzahl (weltweit, in den deutschsprachigen Ländern, in Europa) ist unbekannt. Überdies kommen täglich neue Tests hinzu. Hin und wieder hört man die spöttische Bemerkung, jeder Psychologe habe mindestens einen Test entwickelt. Allein die *American Psychological Assocation* (APA), der Welt größter Berufsverband der Psychologen, hat um die 50 000 Mitglieder.

Um einen gewissen Eindruck von der Menge an üblichen Tests zu geben:
○ Die Testzentrale des Berufsverbandes Deutscher Psychologen vertreibt nach ihrem Katalog 1988/89 414 Tests.
○ Das Handbuch psychologischer und pädagogischer Tests, von ROLF BRICKENKAMP 1975 herausgegeben und 1983 durch einen ersten Ergänzungsband aktualisiert, beschreibt in beiden Bänden zusammen 440 Tests.

Eine andere Frage ist, wie häufig die vielen Tests verwendet werden. Auch das ist nicht genau zu ermitteln, weil heute vielfach von den käuflich erhältlichen Tests Kopien angefertigt und Testpersonen vorgelegt werden.

Ein Deutscher und ein Schweizer, beide Professoren, die in ihrem Arbeitsbereich speziell mit Tests zu tun haben, gaben eine Schätzung, die nur in drei von zehn erfragten Tests übereinstimmen. Das kann an unterschiedlicher Praxis in der Bundesrepublik und in der Schweiz liegen, aber auch sicher teilweise daran, daß man es eben nicht genau ermitteln kann.

Es wurde deshalb die Verkaufsstatistik der *Testzentrale des Berufsverbandes Deutscher Psychologen* mit herangezogen, um zu entscheiden, welche Tests Ihnen in diesem Kapitel und in Kapitel 8 und 10 vorgestellt werden sollen. Die zehn meistverkauften sind:
○ CFT (Culture Fair Intelligence Test), Grundintelligenztest von CATTELL und anderen,
○ d2-Test (Konzentrationstest) von BRICKENKAMP,
○ FEW (FROSTIGS Entwicklungstest der visuellen Wahrnehmung),
○ FPI (Freiburger Persönlichkeitsinventar) von FAHRENBERG,
○ GT (Gießen-Test),
○ HAWIK-R (Hamburg-WECHSLER-Intelligenztest für Kinder),
○ IST (Intelligenz-Struktur-Test) von AMTHAUER,
○ P-S-B (Prüfsystem für Schul- und Bildungsberatung) von HORN,

○ Progressive Matrizentests von RAVEN,
○ Zürcher Lesetest von GRISSEMANN.
Von diesen Tests dienen einige recht speziellen diagnostischen Zwecken (beispielsweise der Zürcher Lesetest der Erkennung von Lese- und Schreibschwächen), sie wurden deshalb im folgenden nicht berücksichtigt; statt dessen haben wir einige andere hinzugenommen.

Quantität sagt wenig über Qualität aus. Es ist im Grunde nicht schwer, irgendeinen Test zu entwickeln. Etwas anderes ist es, einen Test auf den Markt zu bringen, der gewisse Anforderungen erfüllt. Tatsächlich gibt es auch unter den renommierten nur wenige Tests von hoher Qualität. Wir haben psychologische Tests mit Wein verglichen. Ein Test braucht Zeit, um immer weiter verbessert zu werden, um zu reifen. Deshalb sind alte Tests oft besser als »das neueste Modell«. Psychologen wissen das und richten sich danach. Andererseits müssen aber gute ältere Tests auch immer wieder auf kulturelle und soziale Veränderungen hin überarbeitet werden, um gut zu bleiben.

Einteilungen psychologischer Tests

Im Lauf der Jahre fand man verschiedene Einteilungen für psychologische Tests. Eine bekannte Dreiteilung unterscheidet das *Verhalten der Testperson* (zum Beispiel beim Messen der Höchstleistung eines Probanden), die *Testanweisung und Testdurchführung* (hier wird erklärt, wie Sie im Test vorgehen sollen) und schließlich die *Art der Testfragen* (zum Beispiel offene Fragen und *Multiple-choice*-Fragen). Diese Dreiteilung kennt noch weitere Unterteilungen, auf die wir nicht näher eingehen werden.

Vor einigen Jahren wurde eine neuere Einteilung eingeführt, die auf der sogenannten *Testprätention* beruht. Dabei handelt es sich um den Zweck des Tests, um das, was der Test messen, ermitteln soll. Auch diese Einteilung, die wir hier übernehmen, ist nicht ganz zufriedenstellend, wird aber von den Testspezialisten mehr oder weniger als sinnvoll angesehen und als Standard empfohlen.

Einteilungen psychologischer Tests 79

Das Schema enthält nicht weniger als 38 Testtypen. Die wichtigsten von ihnen werden wir zuerst kurz erläutern. Bei Testtypen, die eine ausführliche Behandlung verdienen, geschieht dies entweder hier oder in einem eigenen Kapitel.

Zur Klarstellung: Manche Tests lassen sich zwei oder mehr Kategorien zuordnen, so zum Beispiel Tests, die sowohl Intelligenz als auch Schulleistung messen. Daher ist auch unsere Einteilung der Tests in diesem Buch nicht endgültig; denken Sie nur an Tests, die bei Stellenbewerbungen ebenso wie bei der Berufsberatung verwendet werden (Kapitel 10).

Und so stellt in nachfolgender Abbildung sich die (große!) Familie der psychologischen Tests dar.

Erläuterung
Die Einteilung weist drei Hauptkategorien auf: Person, Situation und die Kombination beider, also Person und/in der Situation.

Die Person:
Tests, in deren Mittelpunkt die Person steht, sollen Auskunft über die Persönlichkeit eines Menschen geben, über *Charaktereigenschaften* also, von denen angenommen wird, daß sie unveränderlich und von der jeweiligen Situation unabhängig sind. Zu dieser Kategorie gehören Intelligenz- und Persönlichkeitstests.

Die Situation:
Situationstests erstreben gewissermaßen das Gegenteil. Hier sollen unabhängig von der Person Situationen beschrieben werden. Zu dieser Gruppe zählen unter anderem Tests zur Feststellung von Hirnschäden, Tests, bei denen die Person als »Meßinstrument« (Beobachter und Beurteiler) fungiert, und viele andere Instrumente, die über Situation und Umgebung Auskunft geben (so wie das Thermometer etwas über Raum- oder Körpertemperatur aussagt).

Dieser Testtyp ist für uns nicht weiter von Belang, es sei denn, der Test soll ermitteln, wie und in welchem Umfang Manager ihre Mitarbeiter beurteilen.

Einteilungsschema psychologischer Tests

Person – Situationstests	Person – Institution	Fähigkeiten		Kognition Aufmerksamkeit Wahrnehmung
		Andere Strukturfaktoren		Emotion Motivation
	Person – Arbeit			
		Fähigkeiten		Kognition
	Person – Ausbildung	Andere Strukturfaktoren		Emotion Motivation
		Fähigkeiten		Kognition
	Person – Mitwelt	Andere Strukturfaktoren		Emotion Motivation
	Person – Körper			
Persönlichkeitstest		Fähigkeiten		Allgemein oder speziell Kognition Aufmerksamkeit Motorik Wahrnehmung
		Andere Strukturfaktoren		Emotion Motivation
Situationstests	Körper			
	Sonstige Situationen			

Kombination Person – Situation:
Eine bedeutende Gruppe bilden Tests, die aussagen, wie ein Mensch auf eine Situation reagiert, durch sie beeinflußt wird und ähnliches. Dieser Testtyp untersucht zum Beispiel Berufsinteressen, Arbeits- und Schulleistung oder den Lerneffekt bei einem Betriebstraining.

Wenden wir uns nun den Unterkategorien zu, die wir kurz erläutern wollen.

Person – Institution:
Zweck von Tests dieser Kategorie, auf die wir nicht weiter eingehen werden, ist das Erfassen des Verhaltens von Menschen in psychiatrischen Anstalten.

Person – Arbeit:
Diese Tests befassen sich mit dem (zukünftigen) Arbeitsverhalten im Betrieb. Dabei wird zwischen »Fähigkeiten« und »anderen Strukturfaktoren« unterschieden. Mit *Fähigkeiten* ist hier gemeint, daß der Proband in der Lage ist, die für Funktion oder Beruf erforderlichen Handlungen (zum Beispiel Rechnen, Buchführung, Schweißen) *auszuführen*. Kenntnisse bleiben dabei unberücksichtigt.

Die Fähigkeiten werden weiter unterteilt in *Kognition* (das Wissen, wie bestimmte Kenntnisse in der Praxis umzusetzen sind), *Aufmerksamkeit* (Konzentrationsfähigkeit) und *Wahrnehmung* (Sehen, Hören, Riechen, Schmecken). Wahrnehmungstests untersuchen unter anderem Ihre Reaktionsschnelligkeit. Wie schnell erkennen Sie beispielsweise eine Situation (auf einem Dia, das Ihnen nur kurz gezeigt wird)?

Die Gruppe der *anderen Strukturfaktoren* umfaßt unter anderem verschiedene Fragebögen zur Beurteilung der Arbeitssituation und des Chefs oder Vorgesetzten.

Unter *Emotionstests* sind hier solche Tests zu verstehen, die unter anderem Angstreaktionen der Testperson in Unterrichts- und Arbeitssituationen registrieren.

Motivation bedeutet soviel wie Aktivität, Streben, Antrieb, ist also der Impuls zum Hinarbeiten auf Motive (Ziele) und die dafür eingesetzte Energie. Damit hängen verschiedene Arten von Tests zusammen, die darauf abzielen, Fragen der Berufswelt, Berufsinteressen, Bedürfnisse und Erwartungen an einen Tätigkeitsbereich zu klären.

Person – Ausbildung:
Entsprechende Tests ermitteln Begabungen und Talente auf allen Bildungsniveaus, um auf diese Weise Aussagen zur Wahl des Schultyps bereitzustellen. Darüber hinaus wird unterschieden zwischen *Fähigkeiten* und *Kognition*. Fähigkeitstests prüfen, wie gut jemand eine Aufgabe, also etwa Lesen, Rechnen oder Schreiben, ausführt. *Kognitive* Tests messen das Wissen der Testperson. Können ist nun einmal etwas anderes als Wissen! In diese Kategorie gehören manche Tests für Kinder sowie eine Reihe von Intelligenztests.

Zu den *anderen Strukturfaktoren* zählen hier unter anderem Fragebögen zum Unterrichtserleben und Beurteilungsbögen zum Schulverhalten des Kindes.

Emotion verweist hier wiederum auf das Messen von Ängsten, zum Beispiel vor Prüfungen.

Motivation meint hier spezifische Faktoren im Zusammenhang mit Berufswünschen und -träumen.

Person – Mitwelt:
Tests dieser Kategorie messen, wie ein Mensch mit seinen Mitmenschen umgeht. Spezielle Fragebögen erfassen die Beziehung zwischen Eltern und Kindern, Ehepartnern und anderen Personen. Dabei werden auch Aspekte der sogenannten *sozialen Intelligenz* untersucht, der Fähigkeit, sich auf Situationen des täglichen Lebens einzustellen.

Andere Strukturfaktoren sind hier unter anderem die Wertskalen einer Person. Ein Wert ist die Bedeutung oder das Gewicht, das ein Mensch einer meist abstrakten Sache – Demokratie, Vaterlandsliebe und ähnlichem – beimißt.

Die *Emotions*tests verweisen in diesem Fall auf *soziale Ängste*, die Ängste, die ein Mensch im Umgang mit anderen hat.

*Motivations*tests haben auch in der Kategorie Person – Umwelt eine »neue« Bedeutung. Hier wird darunter beispielsweise das Erleben bestimmter Aspekte der Sexualität verstanden, sozial erwünschtes Verhalten oder das Erlangen sozialer Anerkennung.

Person – Körper:
Auf diese Gruppe werden wir nicht weiter eingehen, da sie sich auf das Erleben des eigenen Körpers bei Körperbehinderten bezieht.

Persönlichkeitstests:
Das ist eine sehr wichtige Kategorie für Stellenbewerber. Hierher gehören Tests aller Art, zum Beispiel der Rorschach-Test (siehe Kapitel 9) und andere »berühmte« Tests, die Persönlichkeitsmerkmale (Charaktereigenschaften) ermitteln. *Kognitive* Tests sind hier bekannte Intelligenztests.

Aufmerksamkeitstests untersuchen – der Name sagt es bereits – Aufmerksamkeit oder Konzentrationsvermögen. In diesen Tests bemüht man sich, Sie abzulenken (siehe Kapitel 10).

Motoriktests gehen der Frage nach, wie ein Mensch sich körperlich bewegt, sich ausdrückt, und sie berücksichtigen alles, wozu er seine Muskeln gebrauchen muß.

Die Unterkategorie *Wahrnehmungstests* enthält Methoden, die unter anderem Aufschluß über folgende Faktoren geben: Farbenblindheit, das Unterscheiden von Figuren, allgemeine visuelle Wahrnehmung (Sehen), Gehör.

In der Restkategorie *andere Strukturfaktoren* befassen sich Tests mit der Feldabhängigkeit (die Umgebung des Probanden wird gestört, was seine Wahrnehmung stark beeinträchtigt) und einzelnen Persönlichkeitsmerkmalen, zum Beispiel »Steifheit«, »autoritäre Züge«, Intro- und Extraversion (sind Sie »verschlossen« oder eher »offen«?) und Zwanghaftigkeit.

Die *Emotionstests* dieser Hauptgruppe untersuchen krankhafte Ängste, Wohlbefinden, Depressionen und anderes.

Situationstests:
Wie bereits erwähnt, untersuchen diese Tests Hirnschädigungen und werden daher von uns nicht weiter berücksichtigt.

Die geringe Qualität vieler psychologischer Tests

In den Niederlanden hat man in jüngerer Zeit versucht, durch Expertenbeurteilungen so etwas wie einen *Guide Michelin* für Tests aufzustellen, ähnlich der Hotel- oder Restaurantbeurteilung mit Sternchen.

So etwas gibt es im deutschsprachigen Testbereich nicht. Aber natürlich wird beispielsweise in dem großen »*Handbuch psychologischer und pädagogischer Tests*« von BRICKENKAMP oder auch bei SCHMIDTCHEN »*Psychologische Tests für Kinder und Jugendliche*« (siehe Literaturverzeichnis am Schluß des Buches) die Qualität von Tests nach bestimmten Kriterien angegeben.

In den Niederlanden wurden dabei der Beurteilung folgende Punkte zugrunde gelegt, die natürlich ganz allgemein relevant sind:
1. Prämissen des Tests,
2. Ausführung des Testmaterials und Qualität der Anleitung,
3. Normen,
4. Zuverlässigkeit,
5. Validität.

Jedem dieser fünf Kriterien wurden folgende Bewertungen zugeordnet:

gut – befriedigend – ungenügend – mangelhaft.

Wir möchten zunächst erklären, was die fünf Kriterien beinhalten.

1. Prämissen des Tests:
Hierbei geht es in erster Linie um die bereits erwähnte Meßprätention (Meßabsicht) eines Tests. Wird angegeben, was der Zweck des Tests ist, was er messen soll? Beurteilt wird auch der theoretische Hintergrund des Tests.

2. Ausführung des Testmaterials und Qualität der Anleitung:
Sind Testaufgaben (Fragen), Bewertung und Anweisung standardisiert? Sind sie eindeutig und gut verständlich? Ist das Bewertungssystem objektiv? (Werden die Testergebnisse vom Computer geliefert oder von einem zwangsläufig subjektiven Menschen?)

3. Normen:
Enthält der Test Normen, die es erlauben, die Testperson mit »ihresgleichen« zu vergleichen? (Ein Punktwert, eine Zahl besagt nichts, wenn man nicht weiß, wie viele Punkte andere Testpersonen im sel-

ben Test erreichen. Ist 100 viel oder wenig? Allein durch Normen, die aus anderen Untersuchungen gewonnen werden, erhält der Punktwert einer Testperson Bedeutung.) Der Test muß also an einer repräsentativen Stichprobe geeicht werden.

4. Zuverlässigkeit:
Unter Zuverlässigkeit (im Fachjargon *Reliabilität*) ist zu verstehen, daß der Test bei jedem Messen konstant bleibt. Ein Wert von 100 Punkten bei Herrn A muß das gleiche bedeuten wie 100 Punkte bei Herrn B. Zuverlässigkeit sollte auch bedeuten, daß eine Testperson, wenn sie den Test zweimal macht, beide Male das gleiche Resultat erzielt. Wie wir in den folgenden Kapiteln sehen werden, trifft das in der Praxis nicht ganz zu. Beim erstenmal kann man nämlich so viel lernen, daß man beim zweitenmal etwas besser abschneidet. Zum Glück! Und natürlich: Wenn man beim zweitenmal in schlechter Form ist (krank oder übermüdet), kann man auch schlechter abschneiden.

5. Validität:
Hier geht es darum, ob der Test auch wirklich seinen Zweck erfüllt. Mißt der Intelligenztest wirklich Intelligenz? (Wenn nicht, dann ist er als Intelligenztest wertlos!) Wenn ein Kind zum Beispiel als hochintelligent aus einem Test hervorgeht, dann muß der Lehrer das auch merken – an den Noten.

In der niederländischen Untersuchung wurden insgesamt 278 häufig verwendete Tests von 7 Testpsychologen beurteilt. Wir gehen davon aus, daß in der Untersuchung auch wirklich die meistverwendeten Tests – und auch die besten, die es gibt – erfaßt sind. Diese Annahme ist durchaus nicht abwegig. Aber das Ergebnis ist düster.
  Prämissen und Ausführung der Tests sind einigermaßen zufriedenstellend. Sehen wir uns aber Normen, Zuverlässigkeit und Validität an – was darunter zu verstehen ist, wurde bereits erklärt –, so stellen wir fest, daß diese wichtigen Faktoren, die die Qualität eines Tests ausmachen, enttäuschend schlecht abschließen. Wird die Validität eines Tests zu 63 Prozent als »mangelhaft« beurteilt, so heißt das, daß

der prognostische Wert eines solches Tests mehr als zweifelhaft ist. Wir wissen ja nicht, ob der Test auch wirklich das mißt, wovon wir annehmen, daß er es messe. Die meisten Tests der Untersuchung erfüllen demnach nicht ihren Zweck!

Sehen wir uns die folgenden Zahlen an, so wird das Bild nicht erfreulicher: Beurteilt wurden in der Untersuchung ja 278 Tests, und zwar nach fünf Kategorien, was insgesamt 1390 Beurteilungen ergibt. Die traurige Schlußfolgerung: Fast die Hälfte der Kategorien wird als »ungenügend« beurteilt, nur ein Viertel als gut.

Eine entsprechende Untersuchung im deutschsprachigen Raum würde kaum wesentlich andere Resultate zutage fördern. Das liegt schon daran, daß viele Tests zunächst in den USA entwickelt und dann für andere Länder und Sprachen abgewandelt wurden. Die Mängel von Tests haben zum Teil durchaus verständliche Gründe.

Es ist mühsam, einen Test zu eichen, weil er dann ja bereits bei vielen Personen angewandt worden sein muß. Und am schwierigsten ist es, einen Test zu validieren, also herauszufinden, was er genau mißt. Dazu muß man ihn mit den Ergebnissen anderer Tests in Beziehung setzen, aber für diese gilt unter Umständen das gleiche Problem. Und bekanntlich sind ja auch Schulnoten nicht immer ganz »objektiv«. Also ist es gar keine so unvernünftige Annahme festzustellen, daß ein Rechentest wirklich die Rechenfähigkeit testet, wenn er mit den Schulnoten weitgehend übereinstimmt. Aber umgekehrt ist nicht so sicher, daß er *kein* guter Test für Rechenfähigkeit ist, wenn er *nicht* eindeutig mit Schulnoten »korreliert« (übereinstimmt).

Es ist interessant, die Resultate der niederländischen Untersuchung mit denen einer 1979 unter Testinstituten im selben Lande durchgeführten Befragung zu vergleichen. Es werden hier drei Fragen und ihre Antworten herausgegriffen.

O »Wie viele Arbeitsstunden werden in Ihrem Institut pro Jahr für die Zuverlässigkeitskontrolle der von Ihnen benutzten Testbatterie aufgewendet?« Das Ergebnis: Zwölf der vierzehn Institute befaßten sich zwischen null und zehn Stunden pro Jahr mit der Zuverlässigkeit ihrer Tests, also nicht einmal eine Stunde pro Monat!

O »Wie viele Arbeitsstunden werden in Ihrem Institut pro Jahr für die Validitätskontrolle der von Ihnen benutzten Testbatterie auf-

gewendet?« Zehn der vierzehn Institute meldeten: Null bis zehn Stunden pro Jahr. Zum Glück gab es aber auch vier Institute, die mehr als hundert Stunden dafür aufbrachten.
○ Die Frage nach eigenen Normen ergibt ein ähnliches Bild. Neun der Testinstitute gaben an, sich null bis zehn Stunden pro Jahr damit zu befassen, bei fünf Instituten waren es über hundert Stunden jährlich. Hundert Stunden pro Jahr entsprechen zwei Stunden pro Woche. Alles in allem können wir daraus schließen, daß die Testinstitute wenig Interesse daran haben, ihre Instrumente zu verbessern.

Einige wichtige und oft verwendete Tests

Ich habe am Beginn des Kapitels gesagt, daß ein Teil der gebräuchlichsten Tests in den Kapiteln 8 und 10 behandelt werden, und will mich deshalb hier auf drei geläufige Persönlichkeitstests beschränken. Gerade in diesem Bereich ist es nicht leicht, Tips zu geben, wie Sie Ihre Persönlichkeit in ein »günstiges Licht« rücken können. Die Tests versuchen, aus ganz unverfänglichen Fragen, deren Ziel nicht deutlich ist, Erkenntnisse zu gewinnen. Es sind durchwegs Fragentests; die Fragen zu bestimmten Persönlichkeitsaspekten stehen durcheinander und werden mit Schablonen ausgewertet.

Das Freiburger Persönlichkeitsinventar (FPI)

Es handelt sich um einen Persönlichkeitsstruktur-Test, der wie viele Tests eine faktorenanalytische Grundlage hat. Es werden also viele Verhaltensweisen mit statistischen Rechenverfahren zu Grundmustern zusammengefaßt.

Es gibt den Test in einer kurzen, einer langen und zwei Halbformen. Er gilt als anwendbar für das Alter ab 15 Jahren, die Normgruppen sind: 15–30, 31–50 und über 50 Jahre.

Der Test hat keine Zeitbegrenzung; es werden für die Gesamtform mit 212 Fragen zwischen 20 und 50 Minuten benötigt. Sie sollen ganz spontan ankreuzen und nicht lange überlegen. Es ist gut, wenn Sie das FPI nicht als Test, in dem Sie etwas »leisten« sollen, sondern als unverbindlichen Fragebogen betrachten. Der Test kann einzeln und in Gruppen durchgeführt werden. Er ist eigentlich für die Personalauswahl nicht zu empfehlen, wird aber doch öfters dafür verwendet.

Damit Sie sich ein Bild von der Art der Fragen machen können, zeigen wir Ihnen die letzten »Items« aus der Kurzform.

		stimmt	stimmt nicht
116.	Ich denke manchmal, daß ich mich mehr schonen sollte	O	O
117.	Handtücher in viel benutzten Waschräumen sind mir wegen der Ansteckungsgefahr unangenehm	O	O
118.	Ich arbeite oft unter Zeitdruck	O	O
119.	Ich bin mit meinen gegenwärtigen Lebensbedingungen oft unzufrieden	O	O
120.	Beim Reisen schaue ich lieber auf die Landschaft, als mich mit den Mitreisenden zu unterhalten	O	O
121.	Da der Staat schon für Sozialhilfe sorgt, brauche ich im einzelnen nicht zu helfen	O	O
122.	Die Anforderungen, die an mich gestellt werden, sind oft zu hoch	O	O
123.	Mein Körper reagiert deutlich auf Wetteränderung	O	O
124.	Es fällt mir schwer, den richtigen Gesprächsstoff zu finden, wenn ich jemanden kennenlernen will	O	O
125.	Ich denke manchmal, daß ich zu viel arbeite	O	O
126.	Meine Laune wechselt ziemlich oft	O	O
127.	Auch ohne ernste Beschwerden gehe ich regelmäßig zum Arzt, nur zur Vorsicht	O	O
128.	Alles in allem bin ich ausgesprochen zufrieden mit meinem bisherigen Leben	O	O
129.	Bei meiner Arbeit bin ich meist schneller als andere	O	O
130.	Ich habe häufig das Gefühl, im Stress zu sein	O	O
131.	Meine Partnerbeziehung (Ehe) ist gut	O	O
132.	Lieber bis zum Äußersten gehen als feige sein	O	O
133.	Ich habe manchmal ein Gefühl erstickender Enge in der Brust	O	O
134.	Ich habe schon unbezahlt beim Roten Kreuz, in meiner Gemeinde oder in anderen sozialen Einrichtungen geholfen	O	O
135.	Ich bin leicht aus der Ruhe gebracht, wenn ich angegriffen werde	O	O
136.	Ich nehme mir viel Zeit, anderen Menschen geduldig zuzuhören, wenn sie von ihren Sorgen erzählen	O	O
137.	Es gab Leute, die mich so ärgerten, daß es zu einer handfesten Auseinandersetzung kam	O	O
138.	Meistens blicke ich voller Zuversicht in die Zukunft	O	O

Beim Beantworten dieses Fragebogens haben Sie vielleicht einige der Fragen zunächst zurückgestellt.
Bitte überprüfen Sie deshalb noch einmal, ob Sie wirklich alle Fragen beantwortet haben.

Sie sehen, das geht ganz schön durcheinander. Aber das soll es auch, damit Sie nicht so leicht hinter den Zweck der Fragen kommen.

Was man aus Ihren Antworten dann für Schlüsse zieht, können Sie der folgenden Abbildung des Auswertungsbogens entnehmen. Da finden Sie zunächst einmal neun Persönlichkeitsmerkmale, danach noch drei weitere, von denen zwei (E und N, als Extraversion und Neurotizismus) dem Persönlichkeitsmodell des berühmten deutschenglischen Psychologen HANS JÜRGEN EYSENCK entstammen.

An den Prozentwerten am Kopf der Skala können Sie auch ablesen, welche Werte von wie vielen Personen der Altersgruppe, für die bestimmte Normen gelten, üblicherweise belegt werden.

Einige wichtige und oft verwendete Tests 89

Skala	Rohwert		Prozent	4	7	12	17	20	17	12	7	4	
			Standardwert	9	8	7	6	5	4	3	2	1	Stanine
FPI 1	3	Nervosität psychosomatisch gestört											psychosomat. nicht gestört
FPI 2	19	Aggressivität spontan aggressiv, emotional unreif											nicht aggressiv, beherrscht
FPI 3	4	Depressivität mißgestimmt, selbstunsicher											zufrieden, selbstsicher
FPI 4	15	Erregbarkeit reizbar, leicht frustriert											ruhig, stumpf
FPI 5	17	Geselligkeit gesellig, lebhaft											ungesellig, zurückhaltend
FPI 6	16	Gelassenheit selbstvertrauend, gutgelaunt											irritierbar, zögernd
FPI 7	16	Dominanzstreben reaktiv aggressiv, sich durchsetzend											nachgiebig, gemäßigt
FPI 8	6	Gehemmtheit gehemmt, gespannt											ungezwungen, kontaktfähig
FPI 9	11	Offenheit offen, selbstkritisch											verschlossen, unkritisch
FPI E	16	Extraversion extravertiert											introvertiert
FPI N	13	Emot. Labilität emotional labil											emotional stabil
FPI M	20	Maskulinität typisch männliche Selbstschilderung											typisch weibl. Selbstschildg.

Auswertungsbogen **FPI**

Wenn man die Zahlenwerte nicht zu ernst nimmt, sondern mehr als Tendenzangaben betrachtet, ist dies ein ganz gutes und nützliches Instrument persönlichkeitspsychologischer Erhebung.

Das Minnesota Multiphasic Personality Inventory (MMPI)
Das MMPI entspricht im Prinzip dem FPI, es ist schon älter und wurde an der Universität Saarbrücken für den deutschsprachigen Gebrauch modifiziert und weiterentwickelt.

Es soll alle wesentlichen Persönlichkeitsmerkmale erfassen, die für psychologisch-medizinische Fragestellungen interessant sind, aber auch für die Personalauslese, soweit es darum geht, Verhaltensstörungen zu erkennen, die im Arbeitsbereich erhebliche Schwierigkeiten machen können.

Das MMPI hat wesentlich mehr Fragen als das FPI, nämlich 566, und dauert in der Durchführung deshalb natürlich auch viel länger. Es ist für Probanden ab 16 Jahren einzeln und in der Gruppe verwendbar. Man kann sich allerdings fragen, welcher Sechzehnjährige noch die Geduld hat, so viele Fragen zu beantworten, wenn auch nur durch Kreuzchen.

Auch hier ein Ausschnitt aus den Fragen. Sie sehen schon, daß es anscheinend mehr um körperliche und seelische Probleme geht als beim FPI. Deswegen kann es trotzdem auch bei »Gesunden« Verwendung finden in der allgemeinen Persönlichkeitsdiagnostik.

Ich habe häufig Nachtängste.

Es fällt mir schwer, meine Gedanken bei einer Aufgabe oder einer Arbeit zu behalten.

Ich habe sehr seltsame und fremdartige Erlebnisse gehabt.

Wenn man nicht gegen mich eingestellt gewesen wäre, wäre ich viel erfolgreicher gewesen.

Zuweilen möchte ich am liebsten etwas kaputtschlagen.

Meistens würde ich lieber dasitzen und in den Tag träumen, als irgend etwas anderes tun.

Manchmal habe ich tage-, wochen- oder monatelang nichts Rechtes zustande gebracht, weil ich mich nicht aufraffen konnte.

Ich schlafe unruhig und werde oft wach.

Oft habe ich das Gefühl, als schmerze mir der ganze Kopf.

Ich sage nicht immer die Wahrheit.

Meine Urteilsfähigkeit ist besser denn je.

Wenn ich mit anderen zusammen bin, werde ich dadurch gestört, dass ich sehr seltsame Dinge höre.

Die unterschiedliche Zahl von Testfragen, die eigentlich alle dasselbe herausfinden wollen, mag Sie erstaunen und Skepsis oder Kritik bei Ihnen wecken. Aber andererseits werden Sie wohl folgendes verstehen:

Einige wichtige und oft verwendete Tests 91

Je mehr Fragen man zu einem Aspekt der Persönlichkeit stellt – noch dazu, wenn man die Fragen (es sind ja immer positive Aussagen, die Sie als zutreffend oder nicht angeben sollen – oder als mehr oder weniger zutreffend) stärker und schwächer formuliert –, um so besser kann man auch herausfinden, ob ein Persönlichkeitsmerkmal stark oder mäßig ausgeprägt ist.

Eysenck-Persönlichkeits-Inventar (EPI)
Sie sehen, in dem Namen kommt das Wort »Test« gar nicht vor. Und das ist auch gut so! In diesem Falle handelt es sich um einen Fragebogen, der nur zwei Persönlichkeitselemente in ihrem Ausmaß erkennen soll, nämlich die Stellung der Person in den von HANS J. EYSENCK nicht ohne jeden Grund für zentral gehaltenen zwei Aspekten:
○ *introvertiert* bis *extravertiert*, also: in welchem Maße ist jemand in sich gekehrt und Einzelgänger oder ein nach außen, auf menschliche Gesellschaft gerichteter Mensch;
○ *emotional labil* bis *stabil*, also: in welchem Maße wird jemand von Gefühlen bestimmt, bis hin zum Krankhaften.
Der Test hat zwei Parallelformen mit je 24 »Fragen«, er kann also leicht wiederholt werden, ohne daß die Fragen schon bekannt sind.

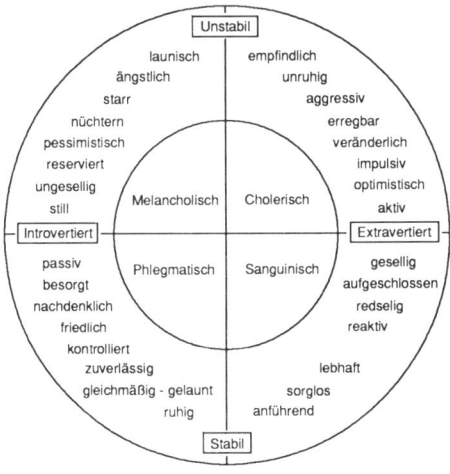

Die Beziehung zwischen EYSENCKs Persönlichkeitsdimensionen und dem antiken Schema der vier Temperamente (GALENUS, KANT, WUNDT)

Er kann bei Probanden ab etwa 14 Jahren, auch als Gruppentest, benutzt werden. Auch dieser Test wurde ursprünglich für seelisch Kranke entwickelt, aber für die normale Persönlichkeitsdiagnostik angepaßt.

Der Gießen-Test (GT)
Auch dieser Persönlichkeitstest ist vor allem für die klinische Psychologie entwickelt worden, er ist aber auch bei anderen Fragestellungen in Grenzen brauchbar.

Er ist darauf gerichtet, daß die Testpersonen ein Bild ihrer inneren Verfassung und ihrer Umweltbeziehungen skizzieren. Mit vierzig Fragen sollen sechs Bereiche erkundet werden:
○ soziale Resonanz,
○ Dominanz,
○ Kontrolle,
○ Grundstimmung,
○ Durchlässigkeit,
○ soziale Potenz.

Dies zusammen soll einen gewissen Aufschluß über das Selbstbild der befragten Person geben, dazu über ein sogenanntes Idealselbstbild, in dem sich die psychoanalytischen (und weitgehend unbewußten) Persönlichkeitsbereiche des Ich-Ideal und des Über-Ich abbilden.

Der Test kann für Probanden ab 18 Jahren benutzt werden, einzeln und in Gruppen, und dauert nur zehn bis fünfzehn Minuten.

Es wurden Ihnen hier einige unterschiedliche Arten von Persönlichkeitsfragebögen kurz vorgestellt. Nicht ganz zu Unrecht werden Sie vielleicht einwenden, daß man auf solche Weise doch wenig über Sie in Erfahrung bringen könne. Und dennoch vermag ein Psychologe daraus mehr über Sie zu erfahren, als Sie glauben. Wenn er seine Arbeit gut macht, wird er sich jedoch nicht allein auf solche Tests verlassen, sondern diese vielleicht dazu benützen, gezieltere Fragen für das persönliche Gespräch daran zu entwickeln.

7
Wie Sie einen psychologischen Test beeinflussen können

Manche Testpersonen versuchen, bei einem psychologischen Test möglichst schlecht abzuschneiden. Das ist ihr gutes Recht, und sie werden ihre Gründe dafür haben. Denken wir zum Beispiel an die schon besprochene Musterung beim Militär. Andere fühlen sich vielleicht gezwungen, ihr »wahres Gesicht« zu verbergen, um eine Unterstützungsleistung nicht zu verlieren.

Es ist immer leichter, bei einem Test schlechter und dümmer zu erscheinen, als möglichst positiv daraus hervorzugehen. Hier geben wir dem Leser nun allgemeine und spezielle Tips, wie er bei einem Test möglichst gut abschneiden kann. Dieses Kapitel ist interessant für alle, die – etwa gegenüber dem zukünftigen Arbeitgeber – ihre Leistungsfähigkeit unter Beweis stellen wollen. Wir erklären, weshalb Ihre körperliche und geistige Verfassung sowie Ihre äußere Erscheinung am Testtag bei Ihrer Beurteilung eine wichtige Rolle spielen können. Wir weisen auf einige Beobachtungstechniken hin und helfen Ihnen bei der Beantwortung von *Multiple-choice*-Fragen und offenen Fragen. Außerdem zeigen wir Ihnen, wie Sie schon jetzt mit Tests üben können, um sich auf »den großen Tag« vorzubereiten. In den folgenden Kapiteln finden Sie dann noch mehr spezifische (testgebundene) Empfehlungen.

Momentaufnahme oder Abbildung der »Persönlichkeit«

Ein Testtag ist eine Momentaufnahme, für die die meisten das Letzte aus sich herausholen müssen. Das gilt in der Regel für den schriftlichen, den mündlichen und den Handlungstest, aber auch für das abschließende persönliche Gespräch mit dem Psychologen. Wesentlich ist eine optimale Verfassung, denn vermutlich wird Ihnen keine zweite Chance gegeben (zumindest für diese Stelle). In dieser Hinsicht gleicht der Testtag einer Prüfung in der Schule. Es ist schlecht, wenn Ihnen die harten Drinks vom Abend zuvor zu schaffen machen, und noch unangenehmer ist es wohl, wenn Sie Prüfungs- oder Testangst haben. Aber die Regeln richten sich nun einmal nicht nach Ihrer persönlichen Verfassung ...

Ein Test ist bis zu einem gewissen Grad Nachbildung der Wirklichkeit. Was ist damit gemeint?

Ihr zukünftiger Arbeitgeber will sicher sein, daß Sie für die offene Stelle die richtige Person sind. Das beste wäre natürlich, Sie zunächst auf Probe einzustellen, zum Beispiel für zwei Monate. Schwierig wird es nur, wenn etwa nach einer ersten Auswahl zehn gute, ernstzunehmende Bewerber übrigbleiben. Um diese Zahl zu verringern, muß der Arbeitgeber sich auf andere Weise Sicherheit verschaffen.

Nehmen wir an, der künftige Arbeitgeber erwartet vom Bewerber unter anderem, daß er sich in kritischen Situationen nicht aus der Ruhe bringen läßt. Sie sollten also, wenn etwas unerwartet schiefgeht, Kaltblütigkeit bewahren und keinen Angstschweiß zeigen. Der beauftragte Psychologe erhält dann die (schwierige!) Aufgabe, eine Methode zu ersinnen, mit deren Hilfe sich innerhalb kurzer Zeit das Verhalten eines Bewerbers in Krisensituationen herausfinden läßt. Das kann auch durch Fragen im persönlichen Gespräch geschehen. Ein entsprechender Dialog würde vielleicht so aussehen:

Psychologe: »Geraten Sie manchmal in Panik?«
Bewerber: »Nein, nie. Ich bin ziemlich belastungsfähig.« (Dieser Bewerber weiß genau, worauf die Frage abzielt. Der Psychologe hat die Stellenanzeige allzu wörtlich genommen.)
Psychologe: »Wie ist das bei Ihrer jetzigen Stelle?«
Bewerber: »In unserem Betrieb kommt es immer wieder zu einem Wettlauf mit der Zeit. Wir haben große Probleme mit Zulieferfirmen, die uns in letzter Minute im Stich lassen. Unsere Kunden müssen wir aber pünktlich beliefern, und ich muß dafür sorgen, daß sie die Waren doch noch rechtzeitig bekommen.«

Psychologe, recht kritisch: »Immer wieder, sagen Sie. Wie oft kommt so etwas vor?«

Der Psychologe kann auch hypothetische Fragen stellen: »Was würden Sie tun, wenn ...« »Angenommen, Sie sind ... Was tun Sie dann?« »Nehmen wir einmal an, daß ... Wie würden Sie sich fühlen?«

Der gut ausgeruhte Kandidat hat schnell begriffen, *welche Antwort der Psychologe hören will*, und gibt diese Antwort auch!

Neben einem solchen Interview wird der Psychologe auch ein Stück Wirklichkeit nachbilden wollen, was vermutlich zuverlässigere Hinweise auf die Belastbarkeit eines Menschen liefert. Er kann den Kandidaten irgendeinen Test absolvieren lassen, bei dem es nicht auf das Ergebnis ankommt. Er setzt den Kandidaten vielmehr unter Zeitdruck – er muß den Test in zehn Minuten erledigt haben, was völlig unmöglich ist. Zusätzlich läßt er den Kandidaten, der ja keine Minute zu verlieren hat, dabei durch seinen Assistenten ablenken.

Der Psychologe geht davon aus, daß diese Methode die zukünftige Arbeitssituation des Bewerbers realistisch wiedergibt. Mehr als eine Annahme ist das allerdings nicht, denn Situationen dieser Art sind vielfach nicht wissenschaftlich erforscht. Dasselbe gilt auch für fast all die schlauen »Tricks«, die Psychologen sich im Laufe der Jahre ausgedacht haben.

Allgemeine Tips

Hier seien zunächst drei allgemeine Tips für die Praxis in bezug auf Stellenbewerbungen gegeben:
1. Was wird von Ihnen als zukünftigem Mitarbeiter erwartet? Diesen Punkt sollten Sie beim Beantworten der Fragen nie aus dem Auge verlieren. Die meisten großen Organisationen suchen loyale Mitarbeiter, Menschen also, auf die sie sich über lange Zeit hinweg verlassen können. Zudem sollen die Mitarbeiter von ihrer Persönlichkeit her in das Unternehmen »passen«. Der neue Arbeitspartner muß also dem übrigen Personal gleichen. (Daß es mitunter gut ist, »frisches Blut« oder »neue Besen« heranzuziehen, ist eine andere Frage, auf die wir hier nicht eingehen.) Es ist daher sehr hilf-

reich, wenn Sie jemanden kennen, der bereits in dem Betrieb arbeitet, für den Sie sich bewerben. Informieren Sie sich bei diesem Bekannten, damit Sie versuchen können, in die Haut des Betriebes zu schlüpfen.
2. Versuchen Sie beim Test oder im persönlichen Gespräch mit dem Psychologen stets herauszufinden, welche persönlichen Eigenschaften erwünscht sind. Denken Sie deshalb immer gut nach, ehe Sie eine (spontane) Antwort geben. Lassen Sie sich nicht darauf ein, wenn man Sie beispielsweise auffordert, »Ihren ersten Eindruck oder Ihre erste Reaktion« zu äußern.
3. Geben Sie stets die Antwort, von der Sie annehmen, daß man sie von Ihnen hören möchte. (Siehe auch das bereits genannte Beispiel der Krisensituation.) Manchmal hilft uneingeschränkte Ehrlichkeit nämlich nicht sehr weiter ...

In einem schon etwas älteren amerikanischen Buch über Manager in großen Organisationen wird unter der (übersetzt etwa so lautenden) Überschrift *Wie man dem Persönlichkeitstest ein Schnippchen schlägt* eine Reihe von Regeln formuliert, die auch heute noch gültig sind und die Sie sich vor Augen halten sollten, wenn Sie einen *Persönlichkeitstest* zu absolvieren haben:

a) Ich liebe meinen Vater und meine Mutter – meinen Vater aber etwas mehr (für Männer).
b) Ich bin im großen und ganzen zufrieden damit, wie mein Leben verläuft.
c) Ich mache mir nie zu viele Sorgen über irgend etwas.
d) Ich interessiere mich nicht übermäßig für Musik oder Bücher.
e) Ich liebe meine Frau (meinen Mann) und meine Kinder (sofern Sie welche haben).
f) Meine Familie steht mir bei meiner Arbeit *nie* im Wege (sehr wichtig!).

Sie sehen: Dieser Mensch ist ruhig und stabil, kein Weltverbesserer und auch kein Revolutionär. Er wird vermutlich »mit dem Herzen bei der Sache« sein.

In Kapitel 9 werden wir verschiedene spezifische Fragen behandeln. Sie erfahren dort im einzelnen, wie Sie Ihre Persönlichkeit »in einen Test legen«.

Aufschub

Natürlich warten Sie mit Spannung auf Nachricht vom Testinstitut. Sie stecken mitten im Bewerbungsverfahren und »fiebern« dem Tag entgegen, der Ihrer Karriere einen kräftigen Schub nach vorn versetzen kann. Der Brief kommt, er enthält einen Termin. Sehr vielen Bewerbern ist dieser Termin heilig, auch wenn er noch so ungünstig liegt. Man teilt ungern mit, daß man verhindert ist. Wir raten aber, dies dennoch zu tun, wenn Ihnen der vorgeschlagene Termin nicht behagt. Vielleicht brauchen Sie mehr Zeit, um sich auf den Testtag vorzubereiten. Dann sagen Sie den Termin beim Testinstitut ruhig ab. Dieser Einfluß Ihrerseits auf den Test wirkt sich möglicherweise positiv aus, wenn Ihnen eine bessere Vorbereitung zu einem anderen Zeitpunkt mehr Sicherheit gibt.

Körperliche und geistige Fitneß

Der Ratschlag körperlich und geistig fit, also ausgeruht und in bester Form zu sein, erscheint Ihnen als etwas Selbstverständliches. Dennoch kommt es nur zu häufig vor, daß jemand verschlafen (wörtlich und im übertragenen Sinne) zu dem so wichtigen Ereignis antritt. Wir geben Ihnen deshalb einige Empfehlungen, die Ihnen für den Testtag eine gute Basis schaffen.

1. Vermeiden Sie am vorhergehenden Abend starke Getränke. Ein Glas Wein oder Bier wird vielleicht nicht schaden, aber wenn der Testtag wirklich so wichtig für Sie ist, sollten Sie nicht das geringste Risiko eingehen, morgens mit einem »dicken Kopf« aufzuwachen.
2. Entspannen Sie sich so, wie es Ihnen angenehm ist: Lesen Sie ein Buch, sehen Sie fern, gehen Sie ins Kino oder treiben Sie Sport.
3. Gehen Sie am Abend vorher früh ins Bett. Wie früh, hängt davon ab, was Sie gewöhnt sind. Der eine braucht nun einmal weniger Schlaf als der andere. Sie müssen gut ausgeschlafen haben.
4. Stehen Sie am nächsten Morgen zeitig auf. Hetzen Sie sich nicht ab.

Sorgen Sie dafür, daß Sie vor dem Test nicht unter Zeitdruck geraten! Sie haben noch genug Zeit, nervös zu werden!
5. Versuchen Sie sich zu entspannen, wenn Sie am Testtag an das Testinstitut denken oder auf dem Weg dorthin sind. Sie haben sich gut vorbereitet – unter anderem mit Hilfe dieses Buches – und wissen in etwa, was Sie erwartet.

Schneiden Sie bei den Tests wider Erwarten weniger gut ab, muß das noch nicht bedeuten, daß der Betrieb Sie ablehnt. Sie wissen ja nicht, wie gut oder schlecht Ihre *Konkurrenten* waren. Und selbst, wenn das auf dem Test beruhende Gutachten, das der Betrieb erhält, negativ für Sie ausfällt, ist nichts verloren. Es gibt immer wieder Stellenangebote, von denen Ihnen einige zusagen werden.

Kleidung und Aussehen

Wenn Sie Eisendraht zurechtbiegen müssen (ein psychologischer Test), kommt es nicht darauf an, wie Sie aussehen, werden Sie denken. Stimmt das? Sie werden von Menschen beobachtet, die über Sie berichten. Sie führen ein persönliches Gespräch mit einem Psychologen, der Ihrem möglichen zukünftigen Arbeitgeber schreiben wird, welchen Eindruck er von Ihnen gewann. Und gewiß widmet er auch Ihrem Äußeren ein paar Zeilen. Wie müssen Sie also am Testtag aussehen? Wir raten Ihnen folgendes:
1. Kleiden Sie sich entsprechend der Funktion, für die Sie sich beworben haben. Handelt es sich um eine ausgeprägt repräsentative Funktion, bei der Sie viel mit Kunden in Berührung kommen oder öffentlich in Erscheinung treten (Verkäufer, Stewardeß), so ist Ihr Äußeres wichtiger (zumindest für die Funktion!), als wäre dies nicht der Fall. Selbst innerhalb ein und derselben Funktion in einer Organisation können große Unterschiede bestehen. So wird man hinsichtlich der Kleidung an den Einkäufer von Bekleidungswaren andere Anforderungen stellen als an den Spielwareneinkäufer, obwohl vielleicht beide um die halbe Welt reisen und in denselben Hotels absteigen.

Wenn Sie nicht wissen, welche Art von Kleidung eine bestimmte

Kleidung und Aussehen

Funktion erfordert, sollten Sie dies bei einer kompetenten Person in Erfahrung bringen. Oder sehen Sie sich (illustrierte) Fachzeitschriften an.

Um die Angelegenheit zu erschweren: In manchen Organisationen kleidet man sich anders als bei der Konkurrenz. So wird in dem einen Unternehmen für Herren gelten: grauer oder blauer Anzug mit dunkler Krawatte. In einer anderen Organisation »darf« die Krawatte rot sein. Aber darum brauchen Sie sich vorerst nicht zu kümmern. Sie werden es schon bemerken, wenn Sie die Stelle erst einmal haben! Wie erwähnt, ist es hilfreich, wenn Sie bereits Mitarbeiter des Betriebs kennen. Fragen Sie sie unter anderem nach der »Kleidungskultur«.

2. Inzwischen dürfte klar geworden sein, daß Sie, was die Kleidung anbelangt, am besten den Mittelweg einschlagen. Gediegen, vielleicht eine Spur modisch, aber für jedermann akzeptabel. (Bei künstlerischen Funktionen dürfen Sie etwas gewagter aussehen!)
3. Natürlich sorgen Sie dafür, daß Ihre Kleidung makellos sauber ist. Sie wollen doch nicht, daß man nur wegen dieses kleinen Flecks auf Ihrer Jacke schreibt, Sie seien schlampig. – Und Sie dachten, kein Mensch würde den Fleck bemerken!
4. Auch ein Besuch beim Friseur kann dazu beitragen, einen guten Eindruck zu erwecken. (Suchen Sie, bevor Sie sich im Testinstitut zur Stelle melden, die Garderobe oder die Toilette auf, um sich zu kämmen, Ihre Kleidung nochmals zu prüfen und gegebenenfalls in Ordnung zu bringen.)

Frauen sollten ein Make-up nicht scheuen (je nach Funktion, aber nicht zu auffallend), Herren tun gut daran, rasiert zum Test anzutreten. Oh, Sie haben einen Bart? Dann lassen Sie ihn in Form schneiden, damit Sie im Bericht nicht als »verwildert« figurieren.

5. Es empfiehlt sich auch, am Testtag nicht nach Knoblauch oder Zwiebeln zu riechen. Das kann vor allem beim persönlichen Gespräch mit dem Testpsychologen von Bedeutung sein, wenn Sie womöglich ganz in seiner Nähe sitzen ...
6. Ihr Gesicht und Ihre Frisur können Sie »verraten«. Aber auch auf Ihre Hände und Ihre Fingernägel wird geachtet. Gartenarbeit ist ein erholsames Hobby für einen schwer arbeitenden Manager.

Das heißt aber nicht, daß dieser Manager dem Psychologen mit Trauerrändern unter den Fingernägeln mitteilen müßte, was er an seinem Beruf interessant findet. Das gilt natürlich auch für Autobastler. Überzeugen Sie sich davon, daß nicht der kleinste Schmutzfleck an Ihren Händen zurückgeblieben ist. Für die weibliche Bewerberin dürfte der Zustand der Hände und Fingernägel noch wichtiger sein.

Kurzum – unterschätzen Sie Ihre Hände und Fingernägel nicht. Sie sagen etwas über Ihre Persönlichkeit aus, und damit beziehen wir uns auf das Lesen Ihrer Handlinien.

Bleiben Sie stets dieselbe Person

Ihr Ziel am Testtag ist es, den Grundstein dafür zu legen, daß Sie die Stelle erhalten. Um dieses Ziel zu erreichen, ist es manchmal gut, sich eine Persönlichkeit »maßzuschneidern«, die weitgehend dem entspricht, was der zukünftige Arbeitgeber offenbar erwartet. (Wir setzen voraus, daß Sie die *technischen Anforderungen* für die Funktion erfüllen.)

Es wäre jedoch unvernünftig, sich ganz anders zu geben, als Sie sind. Damit würden Sie Ihrer Persönlichkeit zu sehr Gewalt antun und sich später, wenn Sie die Stelle haben, doch verraten. Und das ist weder für Sie noch für den Betrieb angenehm.

Das bedeutet aber nicht, daß Sie sich nicht besser darstellen könnten, als Sie sind! Wie schon gesagt, müssen Sie sich in den gesuchten Mitarbeiter einfühlen. Wir haben grob skizziert, was für eine *Person* Sie sein müssen (wir kommen später noch im einzelnen darauf zurück).

Wenn Sie sich von Ihrer besten Seite zeigen sollen, müssen Sie ganz in die Haut der Person schlüpfen, die Sie gerne sein möchten – wie ein Schauspieler, der sich für seinen Auftritt auf der Bühne in die entsprechende Rolle einlebt. Die goldene Regel hierbei lautet: *Bleiben Sie stets dieselbe Person!* Nehmen wir ein *Beispiel*: Wenn Sie sagen oder schreiben, Sie seien ein eifriger Partygänger oder Sie täten nichts lieber, als sich, versehen mit der nötigen Flüssigkeit, in einer Bar zu entspannen, so müssen Sie auch weiterhin den extravertierten (*offenen*) Menschen spielen. Dann dürfen Sie es sich nicht erlauben, eine halbe Stunde später zu erklären, Sie läsen so gern Bücher oder hörten zu Hause stundenlang klassische Musik, dabei könne man so herrlich allein sein ...

Testautoren (insbesondere Autoren von Persönlichkeitstests) sorgen sich nicht allzusehr darum, daß Sie den Test *schönen* wollen. Aber sie haben natürlich ihre Vorsichtsmaßnahmen getroffen. Deshalb verfügen viele Persönlichkeitstests über sogenannte *Lügenskalen*, mit deren Hilfe man herausfindet, wie *konsequent* Sie die Testfragen beantworten. Wenn Sie häufig *lügen*, geraten Sie in Schwierigkeiten. Es ist also Vorsicht geboten!

Zur Klarstellung: Lügenskalen haben nichts mit einem Lügendetektor zu tun, jenem Gerät, das über Elektroden auf Ihrer Haut körperliche (physiologische) Reaktionen registriert. Lügen ist bei vielen Menschen eine emotionale Angelegenheit. Der Lügendetektor mißt diese Emotionen: Ein Zeiger schlägt aus. Kein psychologischer Test kann gegen gutes und konsequentes Lügen etwas ausrichten.

Multiple-choice-Fragen

Immer mehr Tests werden so konstruiert (oder umgeformt), daß sie sich in Gruppen durchführen lassen. Damit reduziert sich die Schreibarbeit für den Probanden auf das Ankreuzen von Antworten oder das Einkreisen von Zahlen. Wie schon (in Kapitel 5) gesagt, hat das den großen Vorteil der Zeit- und Kostenersparnis, weil sich die Ergebnisse vom Computer verarbeiten lassen. Am Testtag werden Sie überrascht sein, wie viele *einfache* Tests Sie ausfüllen müssen. Deshalb ist es wichtig, daß Sie gut vorbereitet sind.

Mehrfachwahl-Aufgaben werden vor allem bei Intelligenz- und Eignungstests angewandt. Anders als beim Persönlichkeitstest, bei dem Antworten nicht im Sinne von *richtig* oder *falsch* bewertet werden, bestehen bei solchen Tests nur diese beiden Alternativen. Einige Ratschläge mögen Ihnen helfen, Ihre Leistungen zu verbessern.

Die *Multiple-choice*-Frage verlangt, daß Sie unter den vorgegebenen Antworten die richtige auswählen (wir werden gleich Beispiele bringen). Der Vorteil für Sie ist, daß Sie die richtige Antwort *nur* zu *erkennen* brauchen. Das ist sicherlich leichter, als sich eine Antwort auszudenken und sie zu formulieren.

Wir geben zunächst Beispiele für verschiedene Arten von *Multiple-choice*-Fragen und danach einige Hinweise zum Ausfüllen eines solchen Tests.

Verschiedene Arten von Multiple-choice-Fragen

Der Wahltest
Sie erhalten meistens vier Antwortmöglichkeiten, von denen eine die richtige ist. Zum Beispiel:
»Bei welchem der nachstehenden Wörter handelt es sich *nicht* um eine Automarke?«
a) Ford   c) Volvo
b) Sabo   d) Suzuki

Der Ordnungstest
Jetzt wird es etwas schwieriger, denn Sie müssen die Antworten in die richtige Reihenfolge bringen!
»Ordnen Sie die folgenden Länder nach ihrer Fläche (von groß nach klein):«
a) China   d) Grönland
b) Japan   e) Großbritannien
c) Griechenland   f) Mexiko

Der Zuordnungstest
Es wird noch schwieriger! Sie müssen nun die Wörter der linken und der rechten Spalte richtig miteinander kombinieren:
1. Regensburg   a) Steiermark
2. Chur   b) Baden-Württemberg
3. Hannover   c) Bayern
4. Graz   d) Niedersachsen
5. Karlsruhe   e) Kanton Graubünden

Sonstige Arten
Neben den angeführten bekannten Haupttypen gibt es auch noch andere, weniger häufig vorkommende Arten von Tests mit *Multiple-choice*-Fragen. So zum Beispiel Tests, deren Fragen aus zwei einzelnen Aussagen bestehen. Sie müssen dann angeben, ob beide Aussagen richtig sind, ob beide Aussagen falsch sind, ob die erste Aussage richtig und die zweite falsch oder ob die erste Aussage falsch und die zweite Aussage richtig ist.

Tips zum Ausfüllen von Fragebögen mit Mehrfachwahl-Aufgaben

Die folgenden Ratschläge zum Ausfüllen von Fragebögen mit Mehrfachwahl-Aufgaben sollen Ihnen mehr Sicherheit geben und ein wenig auf diese Testsituation vorbereiten.

1. Lassen Sie sich nicht durch die oft sehr große Zahl der Fragen aus der Fassung bringen. Sie wissen ja nicht, wie viele Fragen Sie auf jeden Fall innerhalb der angegebenen Zeit beantworten müssen. Manchmal geht es um die Geschwindigkeit, mit der Sie arbeiten, und nicht um richtige Antworten! (Siehe auch Kapitel 5, in dem Geschwindigkeits- und Niveautests behandelt werden.)
2. Lesen Sie jede Frage *genau* durch. Achten Sie auf Wörter wie *nicht* oder *kein*: Hier müssen Sie im entgegengesetzten Sinn arbeiten, also nach der Ausnahme suchen. Das gilt auch für Wörter wie *immer*, *manchmal*, oder *gelegentlich*. Lesen Sie nicht darüber hinweg; Sie können sicher sein, diese Wörter haben eine bestimmte Funktion!
3. Wenn Sie eine Frage nicht verstehen, lesen Sie sie noch einmal in Ruhe durch. Vielleicht klappt es jetzt!
4. Versuchen Sie, die Frage zunächst selbst zu beantworten, und überzeugen Sie sich dann, ob Ihre Antwort mit aufgeführt ist. Das ist besonders bei Rechenfragen von Bedeutung. Befindet sich Ihre Antwort unter den vorgegebenen Wahlmöglichkeiten, dann ist sie mit großer Wahrscheinlichkeit richtig.
5. Geraten Sie nicht in Panik, wenn Sie eine Frage nicht beantworten

können. Lassen Sie sie aus und gehen Sie in aller Ruhe zur nächsten über. Sollten Sie auch hier die Antwort schuldig bleiben müssen, ist auch das kein Beinbruch. Sie werden sich doch nicht aus der Fassung bringen lassen?! Wenn Sie diesen Rat befolgen, verlieren Sie Ihr Selbstvertrauen nicht, und das ist sehr wichtig.
6. Bleibt noch Zeit, so nehmen Sie sich die Fragen wieder vor, die Sie ausgelassen haben. Vielleicht gelingt es diesmal!
7. Haben Sie auch die ausgelassenen Fragen beantwortet, und ist immer noch Zeit? Dann können Sie Antworten, bei denen Sie nicht ganz sicher waren, überprüfen. Oder Sie sind ganz einfach fertig mit dem Test!
8. Wenn Sie eine Antwort nicht wissen, müssen Sie in jedem Fall *raten*. Es ist ungünstig für Sie, eine Frage ganz unbeantwortet zu lassen. Dazu zwei Anmerkungen: Wenn Sie irgend etwas, und sei es noch so wenig, zu der Frage wissen, so besteht eine gute Chance, die richtige Antwort zu erraten. Im Englischen nennt man das *educated guess*, auch *informed guess* (Raten aus Kenntnis). Vielleicht werden Sie fürs Spekulieren belohnt. (Schließlich braucht jeder von uns Glück im Leben!) Andererseits wird bei manchen Tests von vornherein mit einkalkuliert, daß Antworten nur geraten werden. Besteht beispielsweise ein Rechentest aus zwanzig Aufgaben mit je vier Lösungsmöglichkeiten, von denen eine richtig ist, so zählen (aufgrund der an anderer Stelle schon genannten Chance von 25 Prozent, die richtige Antwort zu erraten) fünf Antworten bei der Beurteilung nicht mit. (Achtung: Diese Chance besteht nur *statistisch*, das heißt, Sie können durch Raten bei allen zwanzig Fragen die richtige Antwort treffen, ebensogut aber auch zwanzigmal die falsche.)

Haben Sie es mit einem Test zu tun, der aus sogenannten *Fünfpunkteskalen* besteht (siehe nachstehendes Beispiel), so sollten Sie die beiden folgenden Punkte beachten:
a) Geben Sie nicht zu viele extreme Antworten, also solche Antworten, die ganz links oder ganz rechts auf der Skala stehen – seien Sie sparsam mit Kreuzchen an den beiden Extremen. Wenn Sie die Kreuzchen gleichmäßig über die fünf Spalten verteilen, wird man Sie (in der Regel) als ausgeglichenen Menschen einschätzen.

b) Vermeiden Sie das Ankreuzen der Mittelkategorie (dritte Spalte), der »Verkehrsinsel«. Es kann darauf hindeuten, daß Sie unsicher sind, sich keine Blöße geben wollen, eine *Nicht-Fisch-nicht-Fleisch*-Mentalität besitzen, keine eigene Meinung haben und ähnliches. Ein paarmal dürfen Sie die mittlere *Weiß-nicht*-Spalte natürlich ankreuzen. Aber tun Sie es sparsam!

Beispiel einer Fünfpunkteskala
»Wie beschreiben Sie sich selbst?«

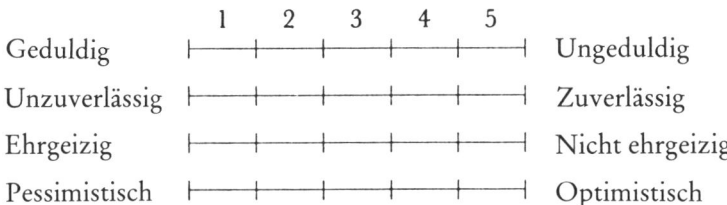

Offene Fragen

Manche Tests verlangen, daß Sie Antworten selbst formulieren, was natürlich mehr Aufwand bedeutet als das Ankreuzen. Es handelt sich dabei um *Aufsatzfragen*, wie Sie sie von der Schule her kennen. Die obigen Empfehlungen gelten teilweise auch für diese offenen Fragen. Darüber hinaus können Sie sich an die neun folgenden Tips halten.

1. Erwartet man von Ihnen eine *kreative* oder im wesentlichen eine Standardantwort? Wird an Ihre schöpferischen Fähigkeiten appelliert, so lassen Sie sich Zeit. Auch hier gilt: Lesen Sie die Frage aufmerksam durch, ehe Sie übereifrig zu schreiben beginnen. Sollen Sie etwas erörtern, beschreiben oder erklären? All dies sind verschiedene Arten von Aufgaben.
2. Verwenden Sie viel Sorgfalt auf die Formulierung. Drücken Sie sich klar aus. (Das ist vor allem dann wichtig, wenn Sie im Rahmen Ihrer künftigen Tätigkeit häufig Berichte abzufassen haben.) Gliedern Sie Ihren Test gut und beschränken Sie sich auf das Wesentliche.

3. Achten Sie auf die Rechtschreibung und vermeiden Sie Grammatikfehler.
4. Schreiben Sie sauber und leserlich. Auch damit können Sie einen guten Eindruck erwecken.
5. Gehen Sie sorgsam mit dem Schreibpapier um. Halten Sie es frei von Brand-, Asche- oder Kaffeeflecken und zerknittern Sie es nicht.
6. Benutzen Sie, wenn möglich, Konzeptpapier, dann brauchen Sie kein unleserliches Gekritzel abzugeben. Das würde Negatives über Ihre Arbeitsweise und Ihre Persönlichkeit aussagen, nämlich unsystematisches Arbeiten und Schlamperei.
7. Vergewissern Sie sich stets, ob Sie Ihre Antwort auch wirklich verstehen. Ist das nicht der Fall, sind Sie nicht der einzige, der damit Schwierigkeiten hat.
8. Teilen Sie Ihre Zeit gut ein. Halten Sie sich nicht zu lange bei einer einzelnen Frage auf (über die Sie zufällig viel wissen).
9. Versuchen Sie, etwas Zeit übrigzubehalten, um Ihre Antworten zu überprüfen. Vielleicht können Sie hier und da noch Verbesserungen anbringen.

Es ist möglich, daß Ihre Handschrift graphologisch analysiert wird. Dieses Thema wird in Kapitel 9 behandelt.

Der Lerneffekt

Es ist eine bekannte Tatsache, daß man bei psychologischen Tests um so besser abschneidet, je häufiger man sie absolviert – bis zu einem gewissen Grad jedenfalls, denn über seine eigenen Grenzen gelangt niemand hinaus. Ähnlich ist es beim Fußball. Sollten Sie den Ehrgeiz haben, zum Spitzenfußballer aufzusteigen, benötigen Sie eine Vielzahl von Fähigkeiten. Sie müssen schnell laufen (hauptsächlich sprinten), den Ball bei sich behalten, kräftig schießen, das Spiel überblicken können und vieles mehr. Dies sind Fertigkeiten, die sich (bis zu einem gewissen Grad) erlernen lassen. Es ist zum guten Teil eine Frage der Ausdauer und des Trainings. Nun weiß aber jeder von uns aus Erfahrung, daß manche Menschen jahrzehntelang tagaus, tagein trainieren, ohne es jemals zum Spitzenfußballer zu bringen. Woran liegt das? Es liegt an ihrem Mangel an Talent, Veranlagung, Eignung, Fähigkeiten und ähnlichem. Was dies genau beinhaltet, wissen wir nicht, doch handelt es sich um eine angeborene Begabung – die der eine hat (von den Eltern ererbt) und der andere eben nicht. Dieses Talent bestimmt im wesentlichen Ihren Möglichkeitshorizont, die Obergrenze Ihres Könnens und Wissens.

Was für das Fußballspielen gilt, trifft auch für den psychologischen Test zu. Bis zu einem *gewissen Grad* können Sie Ihre Ergebnisse durch *viel Übung* verbessern!

Absolvieren Sie zum erstenmal einen psychologischen Test, so ist alles fremd und ungewohnt für Sie, so gut Sie sich auch vorbereitet haben und so sehr Sie sich an die Regeln und Empfehlungen in diesem Buch halten.

Wenn Sie sich wirklich ernsthaft (vielleicht auch längerfristig) nach einem Arbeitsplatz umsehen, für den Sie mit Sicherheit getestet werden, dann geben wir Ihnen einen Rat, der aus nur zwei Wörtern besteht:

ÜBEN SIE!

Wir empfehlen Ihnen folgendes:
1. Bewerben Sie sich um eine Stelle, die – und sei es auch nur annähernd – in Ihrem zukünftigen Arbeitsbereich liegen könnte. Dabei geht es nicht darum, die Stelle zu bekommen – daran sind Sie nicht interessiert –, sondern darum, zur Teilnahme an einem psychologischen Test aufgefordert zu werden. (Wird in der Stellenanzeige oder im Gespräch davon nichts erwähnt, so vergessen Sie die Sache!) Versuchen Sie, an einem solchen Testtag soviel wie möglich zu erfahren. Da für Sie nichts von dem Test abhängt, besteht keinerlei Grund zur Aufregung! Und wenn es später wirklich darauf ankommt, brauchen Sie ebenfalls nicht nervös zu werden, denn dann wissen Sie bereits, wie ein Testtag abläuft.
Der Zeitaufwand lohnt sich in jedem Fall. Daß der Arbeitgeber ein solches *Training* weniger schätzt, ist etwas anderes.
2. Sollten Sie, was ja verständlich wäre, vor einem solchen Schritt zurückschrecken, bietet sich eine gute Alternative. Melden Sie sich

zur Berufsberatung an. Hier werden zum Teil die gleichen Tests durchgeführt wie bei der Auswahl von Stellenbewerbern, und Sie lernen psychologische Tests in einer Umgebung kennen, die Ihnen nicht im mindesten Angst einzuflößen braucht. Der einzige Nachteil im Vergleich zur ersten Methode ist, daß Sie die Kosten der Untersuchung selbst tragen müssen. Eine solche Untersuchung lohnt sich jedoch. Sie gewährt Ihnen Einblick in neue Berufe und Funktionen, die Sie vielleicht interessieren und die von Ihrer Ausbildung und Ihren Fähigkeiten her auch für Sie in Frage kämen.

3. Manche Zeitschriften drucken regelmäßig Tests ab. Meist sind es nur Spielereien, die mit einem ernsthaften psychologischen Test nichts gemeinsam haben. Mitunter aber findet man erstaunliche Ausnahmen (wenn zum Beispiel Managerqualitäten getestet werden). Das Ausfüllen eines solchen Tests dauert nur wenige Minuten. Warum sollten Sie sich nicht die Zeit dafür nehmen? Das ist natürlich keine gründliche Vorbereitung, doch auch der kleinste Schritt hilft Ihnen weiter ... Gute Puzzlespieler sind bei manchen Tests im Vorteil. Sie haben Erfahrung in der Lösung von Problemen, die auch in psychologischen Tests vorkommen.

4. Noch besser ist es natürlich, sich mehrere Bücher zu beschaffen, die sich mit psychologischen Tests befassen. Es ist wichtig zu wissen, welche Testtypen es gibt und was Sie bei einem Test erwartet. Noch wichtiger aber ist das *Handeln*, das *Üben* mit Hilfe entsprechender Testbücher: Ganz besonders empfehlenswert ist »*Der Intelligenzquotient – So werden Sie besser als Ihr IQ*« von Dr. ALBERT LANG (Ariston Verlag, Genf/München, 5. Auflage 1989). Und in den USA sind ältere Ausgaben des jährlichen *College-Entrance*-Tests im Buchhandel erhältlich. Sie stellen eine ausgezeichnete Methode dar, sich vorzubereiten, und sind vielleicht ein guter Tip für Manager, die für höhere Funktionen getestet werden und die englische Sprache beherrschen müssen.)

5. In verschiedenen Kapiteln dieses Buches lesen Sie, welche Tests und Teiltests für Sie von Bedeutung sein können. Wird beispielsweise ein Intelligenztest durchgeführt – bei höheren Funktionen mit hoher Wahrscheinlichkeit –, so ist damit zu rechnen, daß auch

Ihr Wortschatz überprüft wird. Dies ist Teil eines solchen Tests, mit dem ermittelt werden soll, wie umfangreich das Vokabular eines Probanden ist. Nach einfachen Wörtern zu Beginn des Tests steigert sich die Schwierigkeit bis hin zu Begriffen, die im Deutschen kaum gebraucht werden und daher fast unbekannt sind! Zur Vorbereitung auf den Test wäre es gut, ein Fremdwörterbuch gründlich zu studieren.
Ist das unfair gegenüber dem Testinstitut und den Mitbewerbern? Ganz und gar nicht! Jeder hat das Recht, sich vorzubereiten. Und warum sollten Sie nicht schlauer sein dürfen als andere?
Freilich: Bei der erlangten Tätigkeit ist es kaum möglich, sich stets auf das Lexikon zu berufen. Die Vorspiegelung von Kenntnissen und Fähigkeiten ist für die Praxis von geringem Nutzen. Denn das bloße »Durchmogeln« hat seine Grenzen. Sie müssen schon wirklich etwas können. Es kommt aber auch vor, daß Sie über bessere und wichtigere Kenntnisse verfügen, als ein Test abfragt. Sie vermögen also trotz schlechter Testergebnisse sehr qualifiziert für eine Tätigkeit zu sein, die sich durch Tests gar nicht oder nur teilweise erfassen läßt.

6. Haben Sie den Test für eine Stelle nicht bestanden, so versuchen Sie, die Sache positiv zu sehen. Vielleicht war es bei näherem Hinsehen das Beste für Sie und für den ehemaligen zukünftigen Arbeitgeber.

Was können Sie überhaupt tun, wenn Sie abgelehnt werden? Versuchen Sie, Ihre starken und schwachen Seiten, die das Testinstitut ermittelt hat, zu analysieren. Welche Punkte müssen Sie verbessern, und wie können Sie dies vor der nächsten »Testrunde« bewerkstelligen? Vielleicht beruhigt es Sie zu wissen, daß fast alle Kandidaten abgelehnt wurden (denn nur einer kann eine einzige freie Stelle besetzen). Versuchen Sie, den Testtag vor allem als eine Vorbereitung für das nächste Mal anzusehen!

Motivation

Bislang gingen wir davon aus, daß Sie motiviert sind, also den festen Willen haben, erfolgreich an einem psychologischen Test zur Personalauslese teilzunehmen. Diese Motivation ist äußerst wichtig. Menschen, die immer ein wenig mehr geben als andere, ob im Sport, als Verkäufer in einem Geschäft oder als Vorgesetzter in einem Büro, haben mehr Erfolg. Dieses kleine Mehr an Einsatz kann Wunder wirken. (Manche sprechen vom *Plus-x-Effekt*.) Motivieren Sie sich selbst deshalb fortwährend, bei der Vorbereitung auf den Testtag, aber auch an dem Tag selbst. Denn wenn Sie es nicht selbst tun …

8
Intelligenz und Intelligenztests

Gerhard war neunzehn Jahre alt, hatte soeben das Abitur bestanden und wußte nicht, was er mit dem Rest seines Lebens beginnen sollte. Studieren? Eine Stelle suchen? In Frankreich Trauben lesen? Er konnte sich zu nichts entschließen. Sein Vater riet ihm, die Berufsberatungsstelle aufzusuchen. Vielleicht würde Gerhard dort das Richtige finden. Er wurde einen Tag lang getestet, doch das war bald vergessen. Ein paar Wochen später ging Gerhard zur Besprechung nochmals in das Testbüro. So vieles wurde ihm gesagt... Als er nach Hause kam und seine Eltern und Geschwister ihn nach dem Ergebnis fragten, wußte er eigentlich nur noch, daß sein Intelligenzquotient (IQ) bei 130 lag und er sich deswegen keine Sorgen zu machen brauchte...

Anders war es bei *Nathalie*, die auf Veranlassung ihres Lehrers in bezug auf Schulleistung und Intelligenz getestet wurde. Der Lehrer dachte mit etwas Besorgnis an den Bericht des Psychologen. Nathalies IQ lag bei nur 90 Punkten... Was sollte aus dem Mädchen werden? Wie konnte er es ihren Eltern sagen?

Hohe intellektuelle Leistungsfähigkeit bedeutet in unserer Gesellschaft einen großen Wert. Ist das gut so? Zum Teil. Die beiden Beispiele zeigen, wie Menschen mit den Ergebnissen eines Intelligenztests *umgehen*, und das tun sie nicht immer in der richtigen Weise. Manche Menschen leiden ihr ganzes Leben darunter, und das kann keinesfalls der Sinn eines psychologischen Tests sein.

Die Begriffe *Intelligenz* und *Intelligenzquotient* (das Maß für intellektuelle Leistungsfähigkeit) sind so wichtig geworden, daß wir ihnen ein eigenes Kapitel widmen. Über Intelligenz wurde und wird viel diskutiert, in der Wissenschaft, aber auch im sozialen, politischen und schulischen Bereich. Immer wieder erhitzen sich die Gemüter über die verschiedenen Theorien dazu. Glaubt man der früheren Auffassung, Intelligenz werde (zu 80 Prozent) vererbt, so bedeutet diese Aussage: Man wird mit einem bestimmten Intelligenzniveau geboren und muß sehen, wie man für den Rest seines Lebens damit zurechtkommt. Die Gegner dieser Theorie meinen, Intelligenz sei wesentlich von den Umweltbedingungen abhängig, könne also erlernt werden. Für Kinder besteht demnach noch Hoffnung ...

Auf diese Frage werden wir nun aber nicht weiter eingehen. Interessierte Leser seien auf die Fachliteratur verwiesen, nicht zuletzt auf das bereits erwähnte Buch von Dr. ALBERT LANG »*Der Intelligenzquotient*« (Ariston Verlag).

Niemand hat Intelligenz je gesehen!

Psychologen werden leicht mit Tests identifiziert. Viele Menschen haben die Vorstellung, ein Psychologe tue nichts anderes, als Menschen auf ihre Intelligenz zu testen. Das ist ganz gewiß falsch, macht aber die feste Verbindung deutlich, die Psychologe und Intelligenztest im Laufe der Jahre eingingen.

Um es gleich vorweg zu sagen: Niemand auf dieser Erde hat Intelligenz je gesehen, gehört, gefühlt, gerochen oder geschmeckt. Intelligenz ist nicht greifbar. Und doch wird täglich das Intelligenzniveau vieler Hunderter von Menschen ermittelt. Was ist Intelligenz?

Bevor wir zu den Tests kommen, möchten wir zuerst einen kleinen Ausflug in die Geschichte machen und einige Aspekte des Begriffs *Intelligenz* behandeln.

Ein wenig Geschichte

Schon in der Vorzeit war bekannt, daß die Menschen verschieden sind. Die einen sind größer als die anderen, haben eine markantere Nase, laufen schneller, können besser rechnen und anderes mehr. Die Griechen der Antike wußten bereits, daß es Menschen mit wachem Verstand gab, aber auch solche, die weniger gut zu denken vermochten. Doch bis zum Beginn unseres Jahrhunderts führte diese Erkenntnis lediglich zu der ungenauen Feststellung, daß »Peter klüger ist als Paul«.

Man wollte jedoch mehr über die Intelligenz wissen. (Wir werden den Begriff noch definieren.) »Ich finde, Peter ist klüger als Paul«, sagt der eine. Der andere aber ist anderer Meinung: »Nein, Paul ist klüger.« Vor allem bei der Vergabe eines Arbeits- oder Studienplatzes möchte man, was Peters oder Pauls Klugheit anbelangt, doch gern sichergehen.

Im Jahre 1905 war es dann soweit, daß der französische Psychologe ALFRED BINET gemeinsam mit THEODORE SIMON den ersten Intelligenztest für Pariser Schulkinder entwarf. Nun konnte man erstmals mit Hilfe eines schriftlichen Tests beweisen, daß Paul klüger war als Peter. Damit hatte man viel Unsicherheit überwunden.

Erst 1912 begann man – und das verdankte man dem Deutschen WILLIAM STERN – die Ergebnisse von Intelligenztests in Zahlen (dem Intelligenzquotienten) auszudrücken. Man erhielt Zahlenwerte, mit deren Hilfe sich Peter und Paul vergleichen ließen. Unter Berufung auf den IQ konnte man von nun an sagen: »Paul ist doppelt so klug wie Peter – hier sind die Zahlen. Sehen Sie selbst!«

Wie Sie den vorangegangenen Kapiteln schon entnommen haben, gelangt der psychologische Test vor allem in den USA zu großer Blüte. Dort wollte man mit seiner Hilfe Neueinwanderer »kennenlernen«, um ihnen eine passende Anstellung oder – während der beiden Weltkriege – einen Posten in der Armee vermitteln zu können. Noch heute ist Amerika im Bereich der Testentwicklung führend. Der Grund dafür liegt unter anderem darin, daß das Erstellen eines Tests langwierig und daher kostspielig ist. Und ein möglicher Verkauf an tausend (amerikanische) Testinstitute deckt die Kosten eher als an nur zehn (deutsche). In den USA kennt man schätzungsweise zweihundert Arten von Intelligenztests.

Der Glaube an die Intelligenz und ihre Meßbarkeit

Intelligenztests werden sehr unterschiedlich beurteilt, und der Glaube an sie zeigt starke Unterschiede. Ein hoher Beamter des amerikanischen Verteidigungsministeriums schlug sogar einmal vor, jeder Bürger solle eine Identifikationsplakette mit eingraviertem IQ um den Hals tragen. Alle Personen mit hohen IQ sollten im Ernstfall in die (wenigen) Atombunker aufgenommen werden. Der Staatsdiener definierte allerdings nicht, was ein hoher IQ ist ...

Soweit bekannt, war Venezuela das einzige Land der Welt, das wahrhaftig ein *Ministerium für Intelligenzförderung* besaß. Vor einigen Jahren mußte dieses Ministerium infolge Geldmangels aufgelöst werden. War Intelligenz den Venezolanern nicht mehr so wichtig ...?

Intelligenzuntersuchungen dienen noch immer dazu, den Erfolg im Leben eines Menschen vorherzusagen. Es hat sich jedoch gezeigt, daß der Wohlstand der Eltern ein besserer Indikator ist als die Intelligenz ..., sofern man etwas so Vages wie gesellschaftlichen Erfolg überhaupt prognostizieren kann!

Was ist Intelligenz?

Das Wort *Intelligenz* geht auf das Lateinische zurück und bedeutet soviel wie Verstehen, Information, Kenntnis, Verständnis, Denkvermögen, Klugheit. Ersetzt man nun Intelligenz durch Klugheit, weiß man noch immer nicht, was Intelligenz ist!

Hier einige Definitionen:
○ Intelligenz ist die Fähigkeit, Probleme zu lösen;
○ die Fähigkeit, Wissen/Sachverhalte zu formulieren und umzusetzen;
○ die Fähigkeit, sich durch Lernen an die Umgebung anzupassen;
○ die Fähigkeit, rational (logisch) zu denken.

Der berühmte britische Physiologe SIR CHARLES SHERRINGTON formulierte es (1950) anders: »Im Chaos hätte Intelligenz keinen Überlebenswert.« Denn sie hängt mit dem Durchschauen von Ordnungen, Mustern zusammen.

Viele Psychologen bekennen, damit wenig anfangen zu können, und halten sich lieber an die folgende Definition: Intelligenz ist, was ein Intelligenztest mißt!

(Sie gibt die eine Hälfte einer wissenschaftlichen Definition wieder, nach der Intelligenz eine Dimension der Persönlichkeit ist, die sich in Leistungen offenbart und durch Intelligenztests messen läßt.)

Allein auf den Test muß sich die Intelligenz allerdings nicht verlassen, denn sie hängt mit Faktoren zusammen, die mit dem Test nichts gemein haben. So muß ein Intelligenztest beispielsweise prognostizieren können, welche Schüler von ihren Schulleistungen her zu den zwanzig besten gehören werden und welche zu den zwanzig schwächsten. Diese Prognosen müssen im Prinzip weitgehend mit der Beurteilung der Lehrer übereinstimmen. Bestünde kein oder nur ein vager Zusammenhang zwischen (einem hohen) IQ und (guten) Schulleistungen, wäre der Intelligenztest längst von der Bildfläche verschwunden! Wir haben aber in Kapitel 6 schon angemerkt, daß nun auch nicht immer eine gerade »lineare« Entsprechung von Lehrerbeurteilung und Testergebnis besteht. Lehrer urteilen auch manchmal ein wenig nach subjektiven Eindrücken. Das ist einfach menschlich. Es gibt da den berühmten »Halo-Effekt«: Da das Kind ordentlich, sauber, aufmerksam und brav ist, kann es eben ein bißchen mehr als bei objektiver Betrachtung.

Intelligenz setzt sich aus Einzelelementen zusammen

Der berühmte amerikanische Psychologe LOUIS LEON THURSTONE erkannte bereits in den zwanziger Jahren, daß der Begriff der Intelligenz unbrauchbar geworden war. Er distanzierte sich von dem Begriff und sprach von *primary mental abilities*, übertragen: *Primärfähigkeiten*. Er vertrat auch die Auffassung, Intelligenz setze sich aus mehreren, voneinander weitgehend unabhängigen Teilen zusammen. So besteht der *Verstand* eines Menschen nach Thurstone aus mehreren Faktoren:
1. Sprachverständnis;
2. Rechenfähigkeit;
3. räumliches Vorstellungsvermögen;
4. Wortflüssigkeit;
5. Gedächtnis;
6. Wahrnehmungs- und Auffassungsgeschwindigkeit;
7. schlußfolgerndes Denken.

Im Jahr 1938 machte Thurstone die Welt mit der ersten Fassung seiner *Tests of Primary Mental Ability* bekannt. Die Testbatterie wird noch heute verwendet, um Intelligenz und Schulleistungen bei Kindern zu ermitteln. Natürlich erfuhr sie im Laufe der Jahre die nötigen Modifikationen und erhielt ein modernes Gewand. Viele Intelligenztests oder diesen ähnliche beruhen auf dem Faktorenansatz von Thurstone.

Ein ganz besonderes Intelligenzmodell entwickelte der ebenfalls amerikanische Psychologe GUILFORD. Er testete im Zweiten Weltkrieg junge Amerikaner bei der Pilotenauswahl und fragte sich, welche Fähigkeiten diese unter den vielen möglichen wohl für ihre Aufgabe haben müßten. Er kam mit der Zeit zu einem Strukturmodell von Intelligenz, bei dem Denkinhalte, -operationen und -ergebnisse ein dreidimensionales System bilden. Aber für viele der auf diese Weise theoretisch entwickelten »Einzelzellen« gibt es bisher keine Tests. Guilford war auch ein Pionier auf dem Gebiet der Kreativitätsforschung. Kreativität und Intelligenz sind nicht dasselbe.

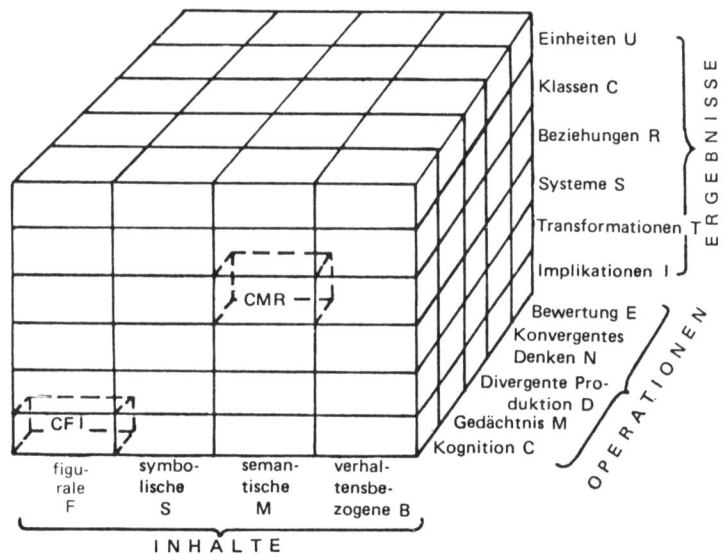

Guilfords Strukturmodell der Intelligenz

Das Intelligenzprofil

THURSTONE hatte zahlreiche Nachfolger, die Intelligenz ebenfalls als Kombination von Einzelelementen sahen. Aus wie vielen Teilen aber besteht Intelligenz? Darüber gingen die Ansichten weit auseinander. Der Psychologe JOY PAUL GUILFORD sprach von nicht weniger als 120 Faktoren, von denen sich (bislang?) jedoch nur etwa 80 empirisch aufspüren ließen.

Das führte dazu, daß man begann, Intelligenz in Profilen auszudrücken. Die allgemeine Zahl (IQ) sagt bei einem Intelligenztest also nicht allzuviel aus. Es wird Ihr Profil erstellt, aus dem hervorgeht, wo Ihre Stärken und Schwächen liegen. Bei der Besprechung der Ergebnisse Ihres Intelligenztests wird man Ihnen erklären, wie sich Ihre Intelligenz im einzelnen zusammensetzt. Sie erfahren etwa, daß Ihre Rechengewandtheit im Verleich zu Ihrem räumlichen Denken schwach entwickelt ist, aber auch, wie Ihre *geistigen Fähigkeiten*, gemessen an vergleichbaren Personengruppen (vergleichbar in bezug auf Alter, Beruf, Ausbildung und dergleichen), eingeschätzt werden. Die Tests bestehen aus beispielsweise zehn Teilen, die unterschiedliche »Intelligenzfaktoren« betreffen. Die einzelnen Punktwerte werden dann in ein Schema eingetragen, wie Sie es im Kapitel 6 für das FPI sehen können.

Der Intelligenzquotient (IQ)

Das Wort *Quotient* verweist auf das Ergebnis der Division zweier Zahlen – und genau das ist der Intelligenzquotient (abgekürzt: IQ).

Erinnern wir uns, daß Intelligenztests ursprünglich dazu bestimmt waren, die geistige Leistungskraft französischer Schulkinder zu ermitteln. Endergebnis eines solchen (damaligen) Tests war eine Zahl, die das sogenannte *Intelligenzalter* (Abkürzung: IA) eines Kindes angab. Doch man interessierte sich nicht nur für das absolute Testresultat eines jeden Kindes. Man wollte auch wissen, welche Kinder ihren Altersgenossen »voraus« und welche »ins Hintertreffen« geraten waren. Um dies zu berechnen, mußte man das tatsächliche Alter, das *Lebensalter* (abgekürzt: LA) des Kindes kennen. Um Kommastellen zu vermeiden, beschloß man, das Ergebnis der Division des Intelligenzalters durch das Lebensalter (den Quotienten also) mit der Zahl Hundert zu multiplizieren. Die Formel lautet also:

$$IQ = (IA/LA)100.$$

Erstes Beispiel: Den Eltern eines neunjährigen Jungen wird mitgeteilt, ihr Sohn habe einen IQ von 130. (In Wirklichkeit wird man sich etwas anders ausdrücken, aber das soll uns hier nicht weiter kümmern.) Wenn die Eltern nun 130 durch neun Jahre teilen, erhalten sie das Intelligenzalter ihres Kindes: etwa vierzehn Jahre. Mit anderen Worten: Das Kind ist seinen Altersgenossen weit voraus. Das könnte in der Klasse zu Problemen führen!

Zweites Beispiel: Janine hat, so erfahren die Eltern, ein Intelligenzalter von sechs Jahren. Besteht Grund zur Sorge? Wenn das Mädchen acht Jahre alt ist, ja, denn Janines IQ beträgt dann 6 : 8 x 100 = 75. Vielleicht muß Janine zu einer anderen Schule überwechseln, eine spezielle Förderung erhalten oder – ein zweites Mal untersucht werden.

Bei Erwachsenen ergibt es wenig Sinn, von Lebensalter und Intelligenzalter zu sprechen. Man kann sich schwer vorstellen, daß ein Siebenunddreißigjähriger einem Altersgenossen »voraus« ist.

Was bedeutet es für Sie als Erwachsenen, wenn Sie im Testinstitut erfahren, daß Ihr IQ bei 130 liegt? (Man wird Ihnen hoffentlich einiges mehr mitteilen, als nur diese Zahl.) Zunächst einmal müssen Sie wissen, welcher *Durchschnittswert* im betreffenden Test erreicht wurde. Liegt er bei 80, stehen Sie ganz oben auf der Liste, liegt er jedoch bei 140, sieht es weniger gut für Sie aus.

Führte die Einführung des IQ zu einem Wettkampf? Wo ist das Ziel? Dennoch wollte man den IQ beibehalten, denn es ist so einfach, Menschen anhand von Zahlen zu vergleichen!

Die praktische Psychologie erkannte schon vor langer Zeit, daß man den Durchschnittswert eines Intelligenztests am besten auf 100 festlegt. Mit dieser Zahl kann man gut operieren, und sie ist jedermann verständlich. Die meisten IQ-Tests gehen von einem Durchschnitt von 100 für die Gesamtbevölkerung aus. Mit 130 haben Sie also, gemessen am Rest der Bevölkerung, einen hohen Intelligenzquotienten. Um es noch genauer zu formulieren: Sie sind *um 30 IQ-Punkte besser* als die Gesamtbevölkerung Ihres Landes. Ob Sie damit auch ein besserer Mensch sind, ist natürlich eine andere Frage ... (Die Psychologen ziehen es vor, von *Abweichungen vom Durchschnitt* zu sprechen. Näher wollen wir auf diese technischen Details nicht eingehen). Ganz nebenbei: Es ist natürlich recht problematisch, einen Wert 100 als Durchschnitt für die Bevölkerung etwa der Bundesrepublik anzunehmen. Es würde allenfalls Sinn machen, alle Personen einzubeziehen, die mittels eines bestimmten Tests untersucht werden.

Angenommen, Sie sind Rechtsanwalt und haben sich um eine Stelle als Jurist in einem Unternehmen beworben. Sie wissen, daß Sie *um 30 IQ-Punkte besser* sind als der Bevölkerungsdurchschnitt, doch das wird Ihren zukünftigen Chef kaum interessieren. Er möchte Klarheit darüber, ob Sie intelligenter sind als andere (Betriebs-)Juristen!

Erreichen Juristen bei *diesem* Test im Durchschnitt 145 Punkte, so gehören Sie zu den weniger intelligenten Juristen. Liegt der Durchschnitt aber bei 120, fallen Sie natürlich angenehm auf! Sie sehen jetzt, warum Testnormen so wichtig sind (siehe auch Kapitel 15).

Wir möchten aber darauf hinweisen, daß es dennoch gefährlich ist, Intelligenz in einer einzelnen Zahl auszudrücken. Das würde bedeuten, daß wir genau wissen, was Intelligenz ist und wie sie einwandfrei gemessen werden kann. Beides aber ist leider nicht der Fall.

Bandbreiten des IQ

Wir haben bereits gesagt, daß der Test Ihnen ein Profil Ihrer Intelligenz liefert. Es handelt sich dabei um ein Schema, das Ihre geistigen Fähigkeiten nennt. Zusätzlich wird jede Ihrer Fähigkeiten mit derjenigen der Gesamtbevölkerung in dem betreffenden Test verglichen (zumindest theoretisch, denn natürlich wird nicht jede Einzelperson untersucht; es werden lediglich Stichproben durchgeführt), in manchen Fällen auch mit genau definierten Gruppen, mit denen man Sie gut vergleichen kann (siehe das Beispiel des Betriebsjuristen).

Auf keinen Fall wird das Testinstitut Ihnen sagen: »Ihr IQ ist genau 120.« Das ist unmöglich, denn es besteht immer eine gewisse

Bandbreite. Meist beträgt der Spielraum 15 Punkte nach oben und unten. Ein IQ von 120 liegt also im Grunde irgendwo zwischen 105 und 135. Ihr Intelligenzniveau wird *geschätzt*.

Warum läßt sich nicht *genau* angeben, wie hoch Ihr IQ ist? Das hat verschiedene Gründe. Der Intelligenztest ist ein relativ grobes Instrument. Wenn der Arzt bei der Musterung Ihre Körpergröße mißt, dann wissen Sie, daß 1,70 Meter auch 1,70 Meter ist. Kein Zentimeter mehr und keiner weniger. Ein Psychologe würde Sie auf 1,55 bis 1,85 schätzen. Ein beträchtlicher Unterschied! Ein Test liefert eine Momentaufnahme. Vielleicht würden Sie zu einem anderen Zeitpunkt (ohne die quälenden Kopfschmerzen, gut gelaunt, entspannt) viel besser abschneiden ... (Aber wann erhalten Sie schon eine zweite Chance?)

Wie stabil ist der IQ?

Bei einem Zweiundzwanzigjährigen wird ein IQ von 118 (innerhalb der oben genannten Bandbreite) ermittelt. Behält er diesen IQ sein ganzes Leben, oder bestehen noch *Wachstumschancen*?

Und wie verhält es sich bei einem zwölfjährigen Kind? Können die Eltern darauf vertrauen, daß sein IQ noch steigt, weil es noch so viel zu lernen hat?

Wir heben den IQ eines Erwachsenen bewußt von dem der Kinder ab, denn beide unterscheiden sich wesentlich voneinander. Betrachten wir zunächst den IQ des Kindes.

Der IQ bei Kindern

Junge Kinder sind »dümmer« als ältere Kinder, die ihrerseits wiederum »dümmer« sind als Erwachsene. Das ist nur logisch, denn was psychologische Tests in der Regel messen, also Rechenfähigkeit, sprachliches und technisches Verständnis und anderes, ist bei Kindern noch nicht entwickelt. Das Kind hatte noch *keine Zeit zum Lernen*! Je älter das Kind wird, desto mehr weiß es und desto besser wird es aus einem Intelligenztest hervorgehen.

Hat es also keinen Sinn, den IQ junger Kinder zu ermitteln?

Für die ganz Kleinen (bis zu zwei Jahren) wurden einige Tests erarbeitet, mit deren Hilfe man jedoch lediglich herausfinden kann, wie weit das Kind im Vergleich zu seinen Altersgenossen entwickelt ist. Es zeigte sich, daß diese Tests keine Prognosen über die spätere Intelligenzentwicklung zulassen. Neugierige Eltern erhalten daher wenig Information in bezug auf die Zukunft, wenn sie ihr Kind testen lassen. (Anders verhält es sich, wenn bei einem Kind ernste Störungen oder Entwicklungsverzögerungen festgestellt werden.)

Und wie steht es mit älteren Kindern? Man nimmt an, daß die Intelligenz des Kindes bis zu einer Altersstufe zwischen dem fünfzehnten und siebzehnten Lebensjahr zunimmt. Bei manchen Kindern hält dieses Wachstum auch noch länger an (Hochbegabte), bei anderen endet es früher (Minderbegabte). Mit anderen Worten: Der um das fünfzehnte Lebensjahr ermittelte IQ-Wert begleitet Sie im wesentlichen Ihr weiteres Leben.

Nach Ansicht mancher Experten steht der IQ bereits bei Sechsjährigen fest. Aber man trifft auch auf Berichte über Kinder, die ihren IQ-Wert immer wieder verbessern konnten, insbesondere nach Veränderungen des schulischen oder häuslichen Milieus.

Man muß also das Alter der Testperson kennen (und auch einige Lebensumstände: Soeben geschiedene Eltern? Tod eines Elternteils? Emotionale Umstellungen?), da dieses etwas über Wert und Grenzen der IQ-Messung aussagt.

Der IQ des Erwachsenen
Nach anfänglichem Anstieg sinkt der IQ mit zunehmendem Alter wieder ab, beim einen früher, beim anderen später. Nach Ansicht von Experten wird der Höhepunkt etwa im dreißigsten Lebensjahr erreicht; danach setzt der Rückgang ein. Von großem Einfluß ist dabei die Bildung eines Menschen, aber auch Beruf und Interessen fallen ins Gewicht. Menschen, die sich ständig weiterentwickeln (*éducation permanente*), bemerken von diesem Rückgang wenig. Andere Experten – wie es bei Experten nun einmal so ist – widersprechen dieser Auffassung. Sie gehen davon aus, daß das Intelligenzniveau nicht absinkt. In ihren Augen ist eine Verringerung des IQ Meßfehlern und unzureichenden wissenschaftlichen Methoden zuzuschreiben ...

Es ist sicherlich wichtig für Sie zu wissen, wie intelligent Sie sind. Aber man darf diese eine Zahl, die Ihre *Klugheit* mißt, nicht überbewerten. Denn sie sagt nichts über Ihre (angeborenen) Anlagen, Ihre Erziehung und Ihre Lebenserfahrung aus. Andere Tests verraten Ihnen, welche besonderen Begabungen Sie möglicherweise haben: Kreativität, Musikalität, Kunstsinn, buchhalterische Begabung und dergleichen mehr. Der Intelligenztest gibt jedoch nur einen *allgemeinen* Hinweis. Der IQ eines Menschen läßt keine Rückschlüsse auf dessen Chancen zu, beispielsweise ein guter Hubschrauberpilot, Herzchirurg, Automechaniker, Maler, Verkäufer oder Buchbinder zu werden. In dieser Hinsicht ist der Nutzen eines solchen Tests recht begrenzt. (Natürlich benötigt man einen hohen IQ, um Herzchirurg zu werden, ebenso wichtig aber sind Durchhaltevermögen und die Motivation, der Wille, sich durch den umfangreichen Lehrstoff durchzuarbeiten.)

Einige häufig verwendete Intelligenztests

Nachdem wir den wichtigen Begriff der Intelligenz und die IQ-Zahl erläutert haben, lassen wir Sie nun wieder einen Blick auf die Tests werfen, die Ihnen im Testinstitut möglicherweise vorgelegt werden. Manche erleben einen Intelligenztest als eine Art vergnügliche Hirngymnastik, andere als eine frustrierende Serie seltsamer Puzzlespiele.

Auf »Kinderintelligenztests« wird hier verzichtet, denn es wurde ja gerade erklärt, daß damit nicht sehr viel Sinnvolles anzufangen ist, außer eben, wenn ein Kind ganz klar beobachtbare Fähigkeitsmängel zeigt. Zum Testen von Kindern siehe auch Kapitel 11.

Der Hamburg-Wechsler-Intelligenztest für Erwachsene (HAWIE)
Der HAWIE (Schweizer Form ZÜWIE) wie auch seine Form für Kinder (HAWIK) ist bestimmt durch die Intelligenzdefinition des amerikanischen Psychologen WECHSLER, der den Test zuerst entwickelt hat: »Intelligenz ist die zusammengesetzte oder globale Fähigkeit des Individuums, zweckvoll zu handeln, vernünftig zu denken und sich mit seiner Umgebung wirkungsvoll auseinanderzusetzen.«

Das Testmaterial besteht aus Protokollbögen und Materialkästen mit Bildkarten, Holzwürfeln und Zusammensetzspielen.

Der Test hat auch Kurzformen und ist für das Alter von 10 bis über 75 Jahre vorgesehen und normiert. Er soll sprachliche Intelligenz, Rechenfähigkeit, Merkfähigkeit, Abstraktion, psychomotorische Geschwindigkeit und analytische sowie synthetische Fähigkeiten messen.

Der Test hat in einigen Teilen Höchstzeiten, manchmal gibt es auch Punkte für Geschwindigkeit. Die Fragen werden mündlich gestellt. Das ist auch deshalb erforderlich, weil Zeiten gestoppt werden müssen. Der HAWIE besteht aus einer Reihe von Untertests:

1. Allgemeines Wissen
Es werden Fragen gestellt wie: Wer ist der Bundespräsident? Welche Funktion hat die Schilddrüse? Wer schrieb »*Vom Winde verweht*«?

2. Allgemeines Verständnis
Fragen wie: Was tun Sie, wenn Sie von außen einen Banküberfall beobachten?

3. Zahlennachsprechen
Zahlenreihen mit 3 bis 9 Zahlen werden Ihnen vorgelesen. Sie müssen diese nachsprechen; dann dasselbe mit 2 bis 8 Zahlen, die Sie rückwärts aufsagen sollen.

4. Rechnerisches Denken
Da geht es um Aufgaben wie: Karl hat DM 6,50. Er möchte Mohrenköpfe kaufen, die 60 Pfennig das Stück kosten. Wie viele kann er sich leisten?

5. Gemeinsamkeiten finden
Was haben ein Gehirn und ein Computer gemeinsam? (Das wird wohl noch nicht gefragt, das Thema ist zu neu.)

Das ist der sogenannte »Verbalteil«, für den es auch eine Punktsumme gibt.

Dann kommt ein Wortschatztest, in dem über 40 Wörter ansteigender Schwierigkeit zu erklären sind, etwa so: Was bedeutet *Allergie*?

Es folgt der »Handlungsteil«, der auch als Unterbereich eine Punktsumme bekommt. Darin sind folgende Untertests:

6. Zahlensymboltest
Darin sind in Kästchen die Zahlen 1 bis 9 abgedruckt, darunter jeweils für jede Zahl ein Zeichensymbol, das etwas einem Buchstaben ähnelt, aber keiner ist. Dann kommen 3 Reihen mit je 25 Zahlen. Ihre Aufgabe ist es, in maximal 90 Sekunden möglichst viele Symbole richtig unter die Zahlen zu schreiben.

7. Bilderordnen
Bei sieben Aufgaben sind jeweils Bilder so zu ordnen, daß eine logische Abfolge in Form eines Handlungsablaufs, einer Geschichte entsteht. Es fängt mit 3 Bildern an und endet mit 6.

Hier zeigen wir Ihnen ein echtes Beispiel, »Flirt« genannt, weil es zwar albern und altmodisch ist, aber genau erkennen läßt, worum es geht.

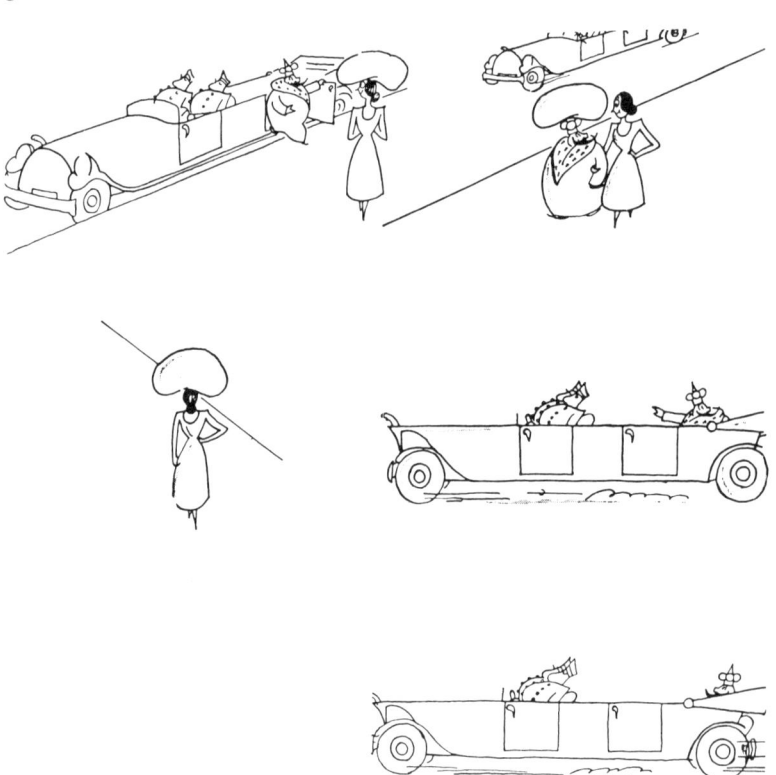

8. Bilderergänzen

Es werden Ihnen hintereinander 15 Kärtchen mit nicht ganz vollständigen Bildern vorgelegt, wobei jeweils die von Ihnen benötigte Zeit genommen wird, um den Mangel zu erkennen.

Auch hier präsentieren wir ein echtes Beispiel: Dem abgebildeten Mann fehlt die Krawatte. Heutzutage wird viel weniger Krawatte getragen, man könnte also auch die Hemdknöpfe als fehlend bezeichnen.

9. Der Mosaiktest

Darin sollen Sie mit einem Satz von 16 auf ihren Außenflächen verschiedenfarbigen Klötzchen 9 vorgegebene Muster legen. Die ersten zwei Beispiele werden vom Testleiter mit Ihnen gemeinsam gelegt.

10. Figurenlegen

Aus 6 oder 7 Teilen müssen Sie eine zusammenhängende Figur legen (umseitig ein Beispiel), wobei Sie 2 oder 3 Minuten Zeit haben.

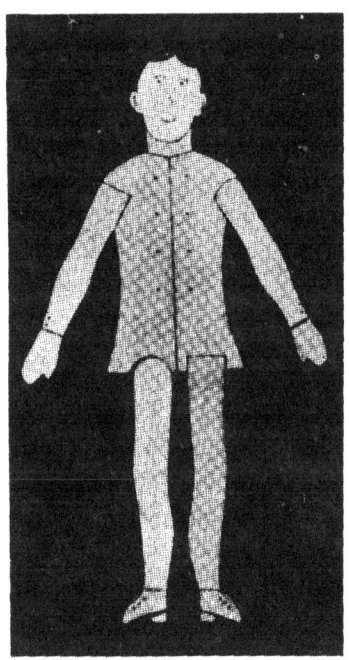

11. Zahlensymboltest

Bei diesem Untertest werden Ihnen neun Symbole vorgelegt, die Sie mit neun Zahlen – entsprechend der Vorlage – in unregelmäßig wechselnder Folge verbinden müssen. Dafür haben Sie 90 Sekunden Zeit. Sie erhalten einen Punkt für jede zutreffende Zuordnung. Hier ein Beispiel:

1	2	3	4	5	6	7	8	9
—	T	⊐	L	⊔	O	∧	×	=

2	1	3	1	2	4	3	5	3	1	2	1	3	2	1	4	2	3	5	2	3	1	4	6	3

1	5	4	2	7	6	3	5	7	2	8	5	4	6	3	7	2	8	1	9	5	8	4	7	3

6	2	5	1	9	2	8	3	7	4	6	5	9	4	8	3	7	2	6	1	5	4	6	3	7

Es werden Punktwerte für jeden der Untertests ermittelt, ein Testprofil hergestellt und der IQ berechnet. Dabei liegen Normen für 10- bis 59jährige Testpersonen vor.

Es soll noch angemerkt werden, daß der HAWIK, also der Test für Kinder, sich nicht grundsätzlich vom HAWIE unterscheidet; natürlich sind die Aufgaben leichter, und es steht mehr Zeit zur Verfügung. So werden beim Zahlensymboltest für die Kinder von 6 bis 7 Jahren keine Zahlen und Zeichen verwendet, sondern kleine Figuren, Sterne, Kreise und dergleichen, in die Striche und Kringel gemalt werden sollen. Für die Kinder ab 8 Jahren gibt es die Zahlenreihen, doch sind die zugehörigen symbolischen Zeichen einfacher und Buchstaben unähnlicher. Der Test wurde nicht als richtiger Kindertest entwickelt, der frühkindliche Intelligenz mit ihren noch speziellen Operationen anvisiert. Da geht es eher um kleine Erwachsene.

Der Intelligenz-Struktur-Test (IST 70)
Dieser von RUDOLF AMTHAUER 1955 entwickelte und inzwischen revidierte Intelligenztest (daher IST 70) ist heute vielfach beliebter als der HAWIE.

Amthauer betrachtet Intelligenz als eine strukturierte, mit der Person integrierte geistige Leistungsdisposition. Für ihn ist Intelligenz hierarchisch, es gibt also eine Stufenfolge von Intelligenzleistungen, bei der manche über andere vorherrschen.

Der Test ist für Personen von 12 bis 60 Jahren einzeln und in Gruppen brauchbar, die Testzeit beträgt etwa 90 Minuten. Auch das ist also ein recht langer Test. Er hat für die Aufgaben Zeitgrenzen.

Der IST 70 umfaßt acht Aufgabenarten:
1. Satzergänzung (SE)
»Ein Kaninchen hat am meisten Ähnlichkeit mit ... (Katze, Fuchs, Igel, Hase, Eichhörnchen).«
2. Wortauswahl (WA)
Wir zeigen Ihnen das Original des Beispielbogens des IST 70, damit Sie sich ein Bild von der Art machen können, wie die Aufgaben erklärt sind.

(Weiter auf Seite 129.)

Beschreibung und Beispiele für die Aufgabengruppe 02
(Aufgaben 21—40)

Von 5 vorgegebenen Wörtern sind 4 in einer gewissen Weise einander ähnlich. Sie sollen das fünfte Wort finden, das den anderen in dieser Weise nicht ähnlich ist, z. B.:

02   a) Tisch b) Stuhl c) Vogel d) Schrank e) Bett

a, b, d und e sind Möbelstücke, c ist kein Möbelstück. Deshalb ist c auf Ihrem Antwortbogen unter Beispiel 02 markiert.

Ein weiteres Beispiel:

a) sitzen b) liegen c) stehen d) gehen e) knien

Bei a, b, c und e befindet man sich in Ruhe, bei d dagegen in Bewegung. Deshalb ist d die richtige Lösung.

Warten Sie bitte, bis das Zeichen zum Umblättern und Anfangen gegeben wird!

3. Analogien (AN)
Das sind Aufgaben wie: »Wald verhält sich zu Bäume wie Wiese zu ...« Zur Wahl stehen 5 Wörter, hier; Heu, Gräser, Futter, Grün, Weide.
4. Gemeinsamkeiten (GE)
Von je 6 Wörtern sollen immer die zwei gefunden werden, die einen gemeinsamen Oberbegriff haben.
5. Merkfähigkeit (ME)
»Sie haben 3 Minuten Zeit, folgende Wörter auswendig zu lernen ...« Dann: »Das Wort mit dem Anfangsbuchstaben Z war: Blume, Werkzeug, Vogel, Kunstwerk, Tier?«
6. Rechenaufgaben (RA)
7. Zahlenreihen
Zahlen sind in systematischen Reihen angeordnet. Sie sollen angeben, welche Zahl jeweils als nächste folgen muß.
8. Figurenauswahl (FA)
In jeder Aufgabe gibt es Stücke und 5 ganze Figuren. Sie sollen herausfinden, welche Figur man aus den Teilen machen kann.
9. Würfelaufgaben (WÜ)
Diese an sich letzte Aufgabe wird häufig als Nummer acht gegeben. Auch hier zeigen wir Ihnen die Testinstruktion (siehe nächste Seite).

Beschreibung und Beispiele für die Aufgabengruppe 08
(Aufgaben 141—160)

Jetzt werden Ihnen 5 Würfel vorgegeben, die Würfel a, b, c, d, e. Auf jedem Würfel sind sechs verschiedene Zeichen. Drei davon kann man sehen.

Jede der Aufgaben 141—160 zeigt einen der vorgegebenen Würfel in veränderter Lage. Sie sollen herausfinden, um w e l c h e n der vorgegebenen Würfel es sich handelt. Der Würfel kann gedreht, gekippt oder gedreht und gekippt worden sein. Dabei kann natürlich auch ein neues Zeichen sichtbar werden.

Dazu noch der Hinweis, daß die vorgegebenen Würfel a, b, c, d, e verschiedene Würfel sind. Sie tragen zwar die gleichen Zeichen, aber in verschiedener Lage.

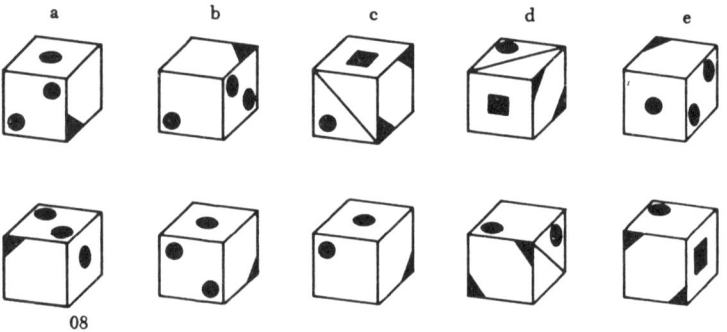

08

08 Dieses Beispiel zeigt den Würfel a in veränderter Lage, deshalb ist auf Ihrem Antwortbogen unter Beispiel 08 das a markiert. Bei dem zweiten Beispiel handelt es sich um den Würfel e, bei dem dritten Beispiel um den Würfel b. Das vierte Beispiel zeigt den Würfel c, das fünfte den Würfel d.

Warten Sie bitte, bis das Zeichen zum Umblättern und Anfangen gegeben wird!

Einige häufig verwendete Intelligenztests

Der Test hat Altersnormen gestaffelt für 12- bis 60jährige Personen. Es gibt auch Testprofile für 47 Berufsgruppen und 7 Schulgruppen. Hier ein Beispiel für die Ähnlichkeit der Testprofile vergleichbarer Tätigkeiten auf unterschiedlichem Niveau.

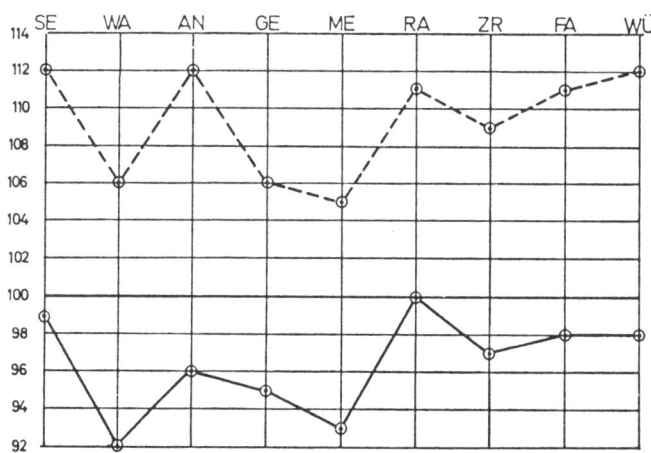

Vergleich zwischen Diplom-Ingenieuren und technischen Handwerkern

Es gibt im deutschsprachigen Raum reihenweise Intelligenztests. Zum Beispiel:
○ *Grundintelligenztest* (Culture Fair Intelligence Test CFT) von RAYMOND D. CATTELL. Es wird nur Bildmaterial verwendet, der Test ist also zum Beispiel günstiger für Gastarbeiterkinder, die noch nicht so gut Deutsch können, weil in der Familie die Heimatsprache gebraucht wird. Der Test bevorzugt Bildungsbürger deutlich weniger als etwa der HAWIE. Es gibt den CFT in mehreren Skalen.
○ Der *Mannheimer Intelligenztest* MIT. Hier werden verbale und figürliche Elemente (Würfel, Mosaik) gemischt.
○ Das *Prüfsystem für Schul- und Bildungsberatung* P-S-B hat sehr interessante Aufgaben. So soll in ganz schlecht gedruckten Wörtern der Druckfehler gefunden werden. Es sollen Zahlenreihen addiert werden. Für die Richtigkeit ist nur eine Ziffer aus einer Auswahl als letzte Stelle anzustreichen.

○ Der *Wiggly-Blocktest* ist ein Test für praktisch-technische Intelligenz, bei dem Klötzchen zusammengefügt werden müssen.
○ Zuletzt die *Progressive Matrices* (PM) von RAVEN, die es in mehreren Schwierigkeitsstufen, auch in Farbe, gibt. Der Test ist für das Alter von 11 bis 40 Jahren gedacht und kann als Einzel- und Gruppentest verwendet werden. Er dauert 20 bis 45 Minuten.

In diesem Test muß in abstrakten Bildern (Matrizen) jeweils ein fehlendes Teil ergänzt werden. Die folgende Abbildung zeigt Ihnen zwei Beispiele unterschiedlicher Schwierigkeit (für Kinder). Erwachsene erhalten noch schwerere Aufgaben!

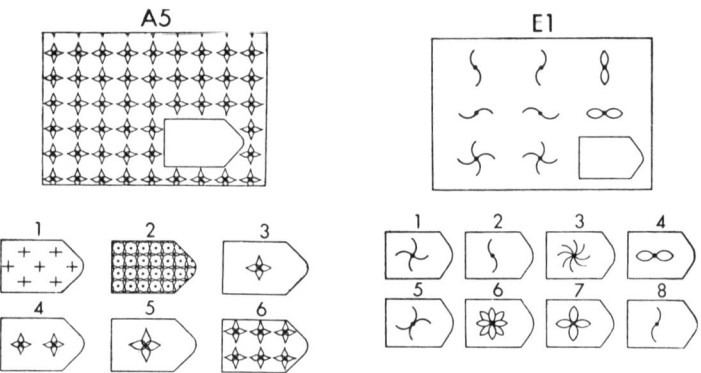

Zwei einfache Beispiele der Matrizentests von Raven

Müssen Sie Ihren IQ kennen?

Psychologen beschäftigen sich oft mit der Frage, ob sie der Testperson ihren IQ mitteilen sollen. Doch ist er kein Geheimnis, und jeder hat das Recht auf Information über die von ihm erzielten Testleistungen. Andererseits kennen die meisten Menschen die Hintergründe des Intelligenztests nicht, und der IQ-Wert beginnt nach und nach ein *Eigenleben* zu führen. Mancher wird von seinem IQ enttäuscht sein. »Ich dachte immer, ich sei so intelligent ...« Vielleicht entstehen auch Minderwertigkeitsgefühle. Personen mit hohem IQ könnten hingegen »übermütig« werden und sich Dinge zumuten, die ihre Fähigkeiten übersteigen. Denn wie erwähnt sagt Intelligenz beispielsweise nichts darüber aus, wie gut Sie mit anderen Menschen umgehen, Mitarbeiter führen, Versammlungen leiten können und ähnliches.

Noch schwieriger wird es, wenn Kinder getestet werden. Der IQ ist lediglich ein relativer Wert. Wenn viele Erwachsene ihn schon so wichtig nehmen, um wieviel schwerwiegender ist seine Bedeutung dann für Kinder! Und wie wird der Lehrer darauf reagieren? Wird er das Kind anders behandeln? Wir müssen auch bedenken, daß jüngere Kinder noch »unentwickelt« sind.

Wie erhöhen Sie Ihren IQ? – Einige Hinweise

Auf den ersten Blick mag es scheinen, als könnten Sie wenig dazu beitragen, Ihre Intelligenz zu steigern. Sie sind nun einmal, wie Sie sind! Bei näherem Hinsehen aber könnte es doch Möglichkeiten geben ...

Wir beschreiben Intelligenz als etwas Abstraktes, das mit Hilfe eines Intelligenztests gemessen wird.

Nun lesen Sie, daß Sie Ihre Testresultate bis zu einem gewissen Grad zu beeinflussen vermögen. Ein wenig bestimmen Sie das Endergebnis mit.

Intelligenztests ermitteln Ihre *maximale Leistung*, das Maximum Ihrer geistigen Befähigung allgemein. Das bedeutet, daß Sie sich nicht besser machen können, als Sie wirklich sind. Aber Sie sind in der Lage, Ihre *Spitzenleistung* noch zu verbessern. Wie müssen Sie also vorgehen, um Ihren IQ am Testtag etwas anzuheben?

1. Geistige Arbeit ist oft sehr ermüdend. Erinnern Sie sich noch an Ihre Prüfungen in der Schule?
In Kapitel 7 gaben wir Ihnen Tips zur körperlichen und geistigen Fitness am Testtag. Wenn Sie sie befolgen, werden Sie mit klarem Kopf zum Test erscheinen. Es wäre schade, wenn Ermüdung Ihre Ergebnisse beeinträchtigte.
2. Wenn Sie dieses Kapitel lesen, ehe Sie getestet werden, dann sind Sie schon ein wenig auf das vorbereitet, was Sie erwartet, und haben einen Vorsprung gegenüber Ihren *Konkurrenten*. Ohne Angst oder Nervosität können Sie sich auf den Text einstellen.

3. Anders als bei den meisten Persönlichkeitstests lassen sich bei Intelligenztests (für Erwchsene) bestimmte Teile nicht durch vorheriges Üben beeinflussen.
4. Auf manche Testteile können Sie sich jedoch gut vorbereiten. (Ob Sie die Zeit dafür opfern wollen, ist eine andere Frage.) Verschiedene Intelligenztests enthalten eine *Wortliste*, um Ihre Sprachkenntnis zu ermitteln. Sie können sich darauf vorbereiten, indem Sie beispielsweise schon geraume Zeit vorher ein Fremdwörterbuch studicren. Wir wollen nicht behaupten, das sei leicht. Doch Sie sollten sich vor Augen halten, daß dies eine der wenigen Möglichkeiten ist, Ihre Testleistung zu verbessern.
Möchten Sie sich auf die Rechenaufgaben vorbereiten, die in vielen Intelligenztests vorkommen, so sollten Sie unter anderem Ihre alten Schulbücher hervorholen und das Kapitel *Reihen* aufschlagen. Versuchen Sie, es wieder zu verstehen, denn in vielen Tests läßt man Sie Reihen aufstellen! Kopfrechnen ist wieder gefragt.
Der Subtest *Zahlen nachsprechen* bietet ebenfalls Möglichkeiten zur Verbesserung des Resultats. Üben Sie dafür im Kreis Ihrer Familie. Sie werden sehen: Je mehr Sie das Nachsprechen von Zahlen üben, auch in umgekehrter Reihenfolge, desto leichter fällt es Ihnen im Test. Sicherlich läßt sich ein lustiges Familienspiel daraus machen ...
Das Aufzählen möglichst vieler Tiernamen binnen einer Minute und das Zusammensetzen von Puzzles können Sie ebenfalls üben. (Vor allem, wenn Sie jahrelang kein Puzzlespiel mehr vor sich hatten, sollten Sie eines anschaffen, um ein wenig in Übung zu kommen!)
5. Wenn Sie die Durchführung von Intelligenztests »trocken« üben wollen, tun Sie gut daran, sich ein entsprechendes im Buchhandel erhältliches Werk zu besorgen. Damit können Sie in aller Ruhe zu Hause einen Intelligenztest absolvieren und Ihren IQ selbst ausrechnen, doch das ist nicht das Wesentliche. Sinn dessen ist es, Sie auf die Art der Aufgaben vorzubereiten, die das Testinstitut Ihnen stellen wird.
6. Wie viele andere Tests, sind auch die meisten Intelligenztests so aufgebaut, daß sie sich in Gruppen absolvieren und vom Compu-

ter erfassen lassen. Eine große Zeitersparnis! Psychologisches Testen ist zur Massenproduktion geworden. Deshalb bestehen diese Tests vielfach aus *Muliple-choice*-Fragen. Die richtige Antwort steht bereits da, Sie müssen sie nur unter mehreren Antwortmöglichkeiten herausfinden. Das Beantworten dieser Art von Fragen ist oft eine Kunst für sich, die Sie jedoch leicht erlernen können. Sehen Sie sich noch einmal Kapitel 7 an.

7. Wenn Sie die richtige Antwort nicht wissen, so raten Sie einfach. Vielleicht haben Sie Glück und raten richtig!
Ganz so leicht aber macht man es Ihnen nun nicht ... Manchmal besteht eine kleine Chance, eine Antwort zu erraten, manchmal werden Sie aber im weiteren Testverlauf fürs Raten »bestraft«.

8. Ein allgemeiner Hinweis: Lesen Sie jede Testanweisung in aller Ruhe durch. Wenn Sie etwas nicht verstehen, so fragen Sie den Testassistenten, bevor Sie zu arbeiten anfangen. Jeder Test beginnt mit einem oder mehreren Beispielen oder einer Demonstration. Lesen Sie die Fragen auch immer *genau* durch. Ein sehr wichtiges Wort, das oft übersehen wird, ist das Wort *nicht*. Zum Beispiel: »Welches Wort paßt nicht in diese Wortreihe?« Es geht also um die eine Ausnahme. Passen Sie hier gut auf!

9. Sprechen Sie mit Freunden, Bekannten, Kollegen, die schon einmal (für eine vergleichbare Funktion) getestet wurden. Versuchen Sie, sich deren Erfahrungen zunutze zu machen. Weitere allgemeine Tips finden Sie in Kapitel 7.

Der Einblick, den Ihnen dieses Kapitel in die Zusammenhänge um *Intelligenz* und *IQ* gab, und die abschließenden Tips ermöglichen es Ihnen nun, ohne Angst (aber nicht ganz ohne Spannung!) zum Testinstitut zu gehen und einige Teiltests besser auszuführen, weil Sie sich die Zeit und Mühe nahmen, sich darauf vorzubereiten.

Wir konnten Ihnen vieles über (Intelligenz-)Tests sagen, wenn auch leider nicht alles, denn damit würden wir der Sache schaden und gewisse Abmachungen verletzen. Wenn jeder alles bis ins kleinste wüßte, könnten wir die Tests gleich in den Papierkorb werfen. Und davon hat niemand etwas. Auch Sie nicht!

9
Handschrift, Klecksbilder und projektive Persönlichkeitstests

Jeder Mensch ist einmalig. Trotz gleicher »Bauweise« sieht kein Mensch wie der andere aus. Jemand errechnete einmal, wie viele Möglichkeiten des Aussehens es auf der Erde geben kann. Er kam zu dem Ergebnis, daß die Zahl der Möglichkeiten fast unbegrenzt ist (große Ohren, kleine Ohren, lange Nase, kurze Nase, krauses Haar, schütteres Haar und so weiter). Doch auch unsere Persönlichkeiten sind verschieden. Jeder von uns besitzt seinen eigenen Charakter und ist damit anders als andere.

Inwiefern unterscheidet sich unser Charakter von dem anderer Menschen? *Wieviel* anders sind wir? Wie läßt sich das feststellen? Solchen Fragen wollen wir in diesem Kapitel nachgehen.

Ein Arbeitgeber hat meist nicht allzu viel Mühe, Stellenbewerber aufgrund ihrer fachlichen Fähigkeiten auszuwählen. Manchmal stellt sich schon im Verlauf eines kurzen Gesprächs heraus, ob der Bewerber, der von sich behauptet, Buchhalter zu sein, auch wirklich ein präziser Rechner ist. Hat er den Unterschied zwischen Soll und Haben nicht mehr so recht im Kopf, erübrigt sich der nächste Schritt, die psychologische Untersuchung. Anders sieht es aus, wenn mehrere Bewerber für eine Stelle vorhanden sind, die alle die gleiche Fachkompetenz und die gleichen Gehaltsvorstellungen mitbringen. In diesem Fall wird der Arbeitgeber die Position an denjenigen vergeben, der *von seiner Persönlichkeit her* in den Betrieb paßt. Mitunter ergibt schon ein kurzes Gespräch, wer die richtige Mentalität und Einstellung hat. Meist aber ist es etwas schwieriger herauszufinden, welcher Bewerber sich in dem Betrieb heimisch fühlen wird und welcher nicht. Dann entschließt man sich, von einem Fachmann Aussagen über die Persönlichkeit eines Menschen einzuholen.

Nun sollen Sie erfahren, wie *Experten* in der Regel zu ihrem Urteil gelangen und wie Sie versuchen können, die Meinung eines solchen Fachmannes zu beeinflussen.

Wir beginnen mit dem Handschriftendeuter (dem Graphologen), der unter anderem Ihr handgeschriebenes Bewerbungsschreiben genauer betrachtet. Dann stellen wir verschiedene psychologische Tests vor, deren bekanntester das Klecksdeute-Verfahren von HERMANN RORSCHACH (*Rorschach-Test*) ist, und abschließend werden noch andere sogenannte *projektive Persönlichkeitstests* besprochen.

Handschrift und ähnliche Äußerungen der Persönlichkeit

Die *Graphologie*, die Lehre von der Deutung der Handschrift als Ausdruck des Charakters, ist nicht unumstritten, sondern teilweise heftiger Kritik ausgesetzt und durch wissenschaftliche Untersuchungen als unhaltbar erklärt. Darauf sei nun jedoch nicht ausführlicher eingegangen. Wir wollen uns im wesentlichen auf eine Darstellung graphologischer Methoden hinsichtlich Stellenbewerbungen beschränken. Denn viele Betriebe nehmen die Hilfe eines Graphologen in Anspruch.

Zu Beginn des Kapitels haben wir gesagt, daß jeder Mensch einmalig ist. Das gilt auch für seine Handschrift. Keine Handschrift gleicht der anderen. Überdies zeigte sich, daß eine Handschrift sich im Lauf der Jahre kaum verändert. Ihre Schrift bleibt so, wie sie ist. Also lag es nahe, daß man dazu überging, Handschriften zu untersuchen, um etwas über die Persönlichkeit des Schreibers aussagen zu können.

Graphologen bedienen sich einer Analysemethode, die unter anderem folgende Merkmale der Buchstaben Ihrer Handschrift einbezieht:
○ groß oder klein
○ breit oder eng
○ schnell oder langsam
○ dick oder dünn
○ starker oder schwacher Druck

○ scharf oder unscharf
○ Buchstabenabstand
○ Regelmäßigkeit
○ Starrheit
○ Einfachheit oder Schnörkel
○ Striche.

Weshalb die Beliebtheit der Graphologie trotz der Gegenargumente kaum nachließ, mag verschiedene Gründe haben:

Erstens bekommt der Auftraggeber *schnell* und *preisgünstig* einen Bericht ins Haus geliefert.

Zweitens verspricht die Graphologie über viele Charakterzüge, Eigenschaften, Fähigkeiten und auch über die Intelligenz Auskunft zu geben.

Drittens ist die Graphologie eine jahrhundertealte *Tätigkeit*, die sich einen gewissen Platz erobert hat.

Nun aber zu dem, was Ihr handgeschriebener Brief alles über Ihre Persönlichkeit und Ihren Lebensstil verraten kann. Das sind Schlußfolgerungen, die Sie auch selbst ziehen können.

Briefpapier: Schreiben Sie Ihre Bewerbung auf Briefpapier mit eigenem (gedrucktem) Briefkopf? Das wirkt in jedem Fall sehr ordentlich, sehr reif, und auf den Leser (Personalchef, Abteilungsleiter, Direktor) macht es einen guten, sachlichen Eindruck. (Sollten Sie kein eigenes Briefpapier besitzen, lassen Sie welches drucken! Große Kaufhäuser erledigen das manchmal sehr preiswert.)

Haben Sie Ihre Bewerbung auf Konzeptpapier oder auf billiges Umweltpapier geschrieben? Ist das Briefpapier sauber oder weist es Fett- oder Weinflecken auf?

Welche Schlüsse daraus gezogen werden, ist klar. »Der Bewerber ist schlampig, möglicherweise auch faul, und an der angebotenen Stelle nicht übermäßig interessiert.« Versuchen Sie einmal, das Gegenteil zu beweisen!

Handschrift: Um es gleich vorweg zu sagen: Mit Schreibmaschine geschriebene Briefe wirken professioneller und sind leichter zu lesen als handgeschriebene. Schreiben Sie Ihre Bewerbung, wenn irgend möglich, mit der Schreibmaschine oder lassen Sie sie tippen!

»Aber«, so werden Sie fragen, »wie kann der Graphologe etwas über meinen Charakter aussagen, wenn er meine Handschrift gar nicht sieht?« Sie haben ganz recht. Wir werden darauf noch zurückkommen.

Sprachgebrauch und Ausdrucksweise: Wer (als Chef) öfter einen Stapel Bewerbungsbriefe bekommt, weiß, wie groß die Unterschiede zwischen den Briefschreibern sind. Das erleichtert dem Arbeitgeber die Auswahl: Er kann die schlecht formulierten Bewerbungen sehr schnell aussortieren. Die Ausdrucksweise des Schreibers sagt viel über dessen Persönlichkeit und Erziehung und manchmal auch über dessen Herkunft aus.

Rechtschreibung: Enthält der Brief Rechtschreibfehler? Schreiben Sie »detailliert« mit einem oder zwei »l«? Richten Sie sich nach dem Rechtschreib-Duden?

Formulierung/Stil: Besteht der Brief aus langen oder aus kurzen, abgehackten Sätzen? Ist die Formulierung logisch? Gebrauchen Sie viele Fremdwörter? Verrät die Formulierung einen reifen Menschen?

Aufbau/Länge: Hat der Bewerber sich um logischen Zusammenhang und guten Aufbau bemüht? Drückt er sich kurz und bündig aus, oder erzählt er umständlich seine ganze Lebensgeschichte (die den Personalchef überhaupt nicht interessiert)?

Bewerben Sie sich als Sekretärin um eine Stelle, und Ihr Brief ist gespickt mit Rechtschreibfehlern und obendrein stilistisch dürftig, so wird er schnell zur Seite gelegt. Ist das unfair? Vielleicht. Doch gesucht wird nun einmal eine Sekretärin, der die Rechtschreibung keine Schwierigkeiten bereitet und die bei der Arbeit nicht zuviel Zeit damit verliert. Bewerben Sie sich um eine Managerposition, in der Sie häufig Berichte schreiben müssen? Wenn Ihr Brief unlogisch aufgebaut ist und Wörter enthält, die niemandem geläufig sind, wird man es sich zweimal überlegen, ehe man Ihnen eine Einladung zum persönlichen Gespräch schickt. Zu Unrecht? Vielleicht. Aber würden Sie anders handeln, wenn Sie eine solche Stelle zu besetzen hätten?

Einem Bewerbungsschreiben läßt sich also schon viel wertvolle Information entnehmen, wenn man es mit offenen Augen betrachtet. Und so kann man aus der Vielzahl der Briefe bereits eine Vorauswahl treffen.

Sollten Sie sich noch nie um eine Stelle beworben haben oder sich unsicher fühlen, so beschaffen Sie sich ein Exemplar der zahlreichen Bücher und Broschüren, die der Buchhandel, Arbeitsämter oder auch große Zeitungsunternehmen anbieten.

»Wir erwarten Ihren handgeschriebenen Brief«

Wir haben Ihnen geraten, Ihre Bewerbung mit der Schreibmaschine zu schreiben. Was aber, wenn in der Stellenanzeige, auf die Sie reagieren möchten, ausdrücklich ein handgeschriebener Brief verlangt wird? Es bedeutet mit Sicherheit, daß Ihr Brief einem Graphologen vorgelegt wird. Dagegen können Sie Einspruch erheben, und zwar mit folgender Begründung:
1. Sie haben kein Vertrauen in die Graphologie. Sie halten sie nicht für kompetent, Ihre Persönlichkeit zu beurteilen. Dabei können Sie sich auf Veröffentlichungen berufen, nach denen die Graphologie wissenschaftlicher Prüfung nicht standhält. Eines der Hauptargumente, die aus Untersuchungen hervorgingen, lautet: Die Zuverlässigkeit graphologischer Gutachten ist gering. Sowohl die Wiederholungszuverlässigkeit mit dem eigenen Urteil als auch die intersubjektive Übereinstimmung zwischen verschiedenen Graphologen ist bedenklich gering und liegt unter dem Niveau zuverlässiger Tests. Oder anders ausgedrückt: Zwischen den Aussagen verschiedener Graphologen über ein und dieselbe Handschrift besteht nur in beschränktem Umfang Übereinstimmung.

Ein weiterer Einwand bringt vor, daß Aussagen der Graphologie weder zu beweisen noch zu widerlegen, also nicht nachprüfbar sind.
2. Es handelt sich um einen Eingriff in Ihre Privatsphäre. Der Graphologe versucht, Ihre »geheimsten Regungen« zu ergründen. Das tun psychologische Tests auch, aber dort sind Sie durch zahlreiche berufliche Vorschriften (siehe unter anderem Kapitel 14) geschützt und können sich wehren. Hat man Sie um Ihre Zustimmung gebeten, daß Ihr persönlicher Brief einem Graphologen vorgelegt wird?

Was nun? Das Beste ist, Sie rufen den künftigen Arbeitgeber an und teilen ihm Ihre Bedenken gegen die Graphologie mit. (Haben

Sie keine Angst. Kein Arbeitgeber wird es Ihnen übelnehmen, wenn Sie telefonisch weitere Auskünfte einholen!) Vielleicht hat man Verständnis für Ihren Standpunkt, und Sie können Ihre Bewerbung mit der Maschine schreiben. Aber es mag auch sein, daß der Personalchef auf einem handgeschriebenen Brief besteht. Dann müssen Sie sich entscheiden! Möchten Sie die Stelle erhalten? Oder haben Sie wenig Lust, in einem Betrieb zu arbeiten, der sich auf die Graphologie einläßt – und wer weiß, worauf sonst noch? Vielleicht beruht Ihre Skepsis aber auf unzulänglicher Kenntnis der seriösen graphologischen Arbeitsweise? Dann wird die Beschäftigung mit einem zuverlässigen Buch wie dem folgenden Ihnen sicherlich weiterhelfen: »*Graphologie für Einsteiger – Handschriftendeutung leichtgemacht*« von ALFONS LÜKE (Ariston Paperback, Ariston Verlag, Genf/München 1986).

Tintenkleckse

Wir kommen nun zum *Persönlichkeitstest*, der zwischen der Graphologie und dem modernen Fragebogentest angesiedelt ist.

Wir beginnen mit dem bekanntesten Test dieser Art: dem *Rorschach-Test*.

Der Schweizer Psychiater HERMANN RORSCHACH entwickelte im Jahr 1921 eine einfache Methode, Aufschluß über die Persönlichkeit eines Menschen zu erlangen. Er konnte nicht ahnen, daß sein Test das werden sollte, was der Kreuzschlüssel für den Automechaniker und das Stethoskop für den Arzt ist: *das* Instrument des Psychologen.

Rorschach erlebte nicht mehr, wie sein Test die Welt eroberte. Er starb etwa ein Jahr nach dessen Erscheinen im Alter von achtunddreißig Jahren.

Der Rorschach-Test besteht aus zehn teils grauen bis schwarzen, teils farbigen Tafeln, die dadurch entstehen, daß man ein Blatt Papier mit einem Tintenklecks in der Mitte zusammenfaltet. Die eine Hälfte ist das Spiegelbild der anderen, die Bilder sind symmetrisch. Die Vorlagen für einen solchen Test ließen sich also ohne weiteres selbst herstellen und deuten, wenn man die notwendige Vergleichbarkeit nicht berücksichtigt.

Hinter diesem Test steht der Gedanke, daß der Proband sich um so besser entfalten, um so freier äußern kann, je weniger konkret Zeichnungen oder Formen sind, je mehr er im Sinne der Psychoanalyse *frei assoziieren* kann. Die Richtung der Antwort ist damit in keiner Weise vorgegeben. Die Grenzen werden von der eigenen Kreativität gezogen.

Der Rorschach-Test gilt für alle Altersstufen (ab vier Jahren) und nimmt etwa eine Dreiviertelstunde in Anspruch. Dieser alte Test, den Experten als qualitativ unzureichend ablehnen, wird noch heute verwendet, um verschiedene Seiten der Persönlichkeit zu beleuchten.

Bei diesem Test wird Ihnen eine einfache Aufgabe gestellt. Der Tester erklärt Ihnen zunächst, wie die Tafeln entstanden sind (Tintenkleckse auf einem in der Mitte gefalteten Papier), und fährt dann etwa folgendermaßen fort: »Die Leute sehen alles mögliche in einem solchen Bild; können Sie mir sagen, was Sie darin sehen, womit es Ihrer Meinung nach Ähnlichkeit hat, woran es Sie erinnert?« Und er fügt hinzu, daß die Karten nach allen Richtungen gedreht werden dürfen. Kurzum: Sie bekommen sehr vage Bilder zu sehen, zu denen Ihnen sehr vage Fragen gestellt werden.

Beim Rorschach-Test gibt es keine *richtigen* oder *falschen* Antworten. Wie aber kann der Test anhand willkürlicher Antworten etwas über Ihre Persönlichkeit aussagen?

Angenommen, ein Proband sieht auf allen Tafeln Menschen, der andere sieht überall nur Gegenstände (Autos, Bücher, Lampen), dann liegt es nahe, daraus den Schluß zu ziehen, daß der eine mehr auf Menschen ausgerichtet (soziale Kontakte, Gemütlichkeit, Geselligkeit), der andere dagegen kühl, unpersönlich, vielleicht sogar menschenscheu ist. Das ist an sich kein übermäßig origineller Gedanke.

Die Antworten beurteilt der Rorschach-Test nach einer ausgeklügelten Codierung. Dabei wird berücksichtigt, ob Sie etwas über die Tafel als Ganzes sagen oder nur ein Detail ansprechen. Kommen in Ihren Antworten Farben vor oder *denken* Sie schwarzweiß? Sehen Sie in den Klecksbildern häufig vorkommende Tiere (Affe, Hund, Pferd) oder bizarre Monster? Sehen Sie darin Dinge, die sonst kaum jemand sieht, oder geben Sie die gängigsten Antworten?

Tintenkleckse

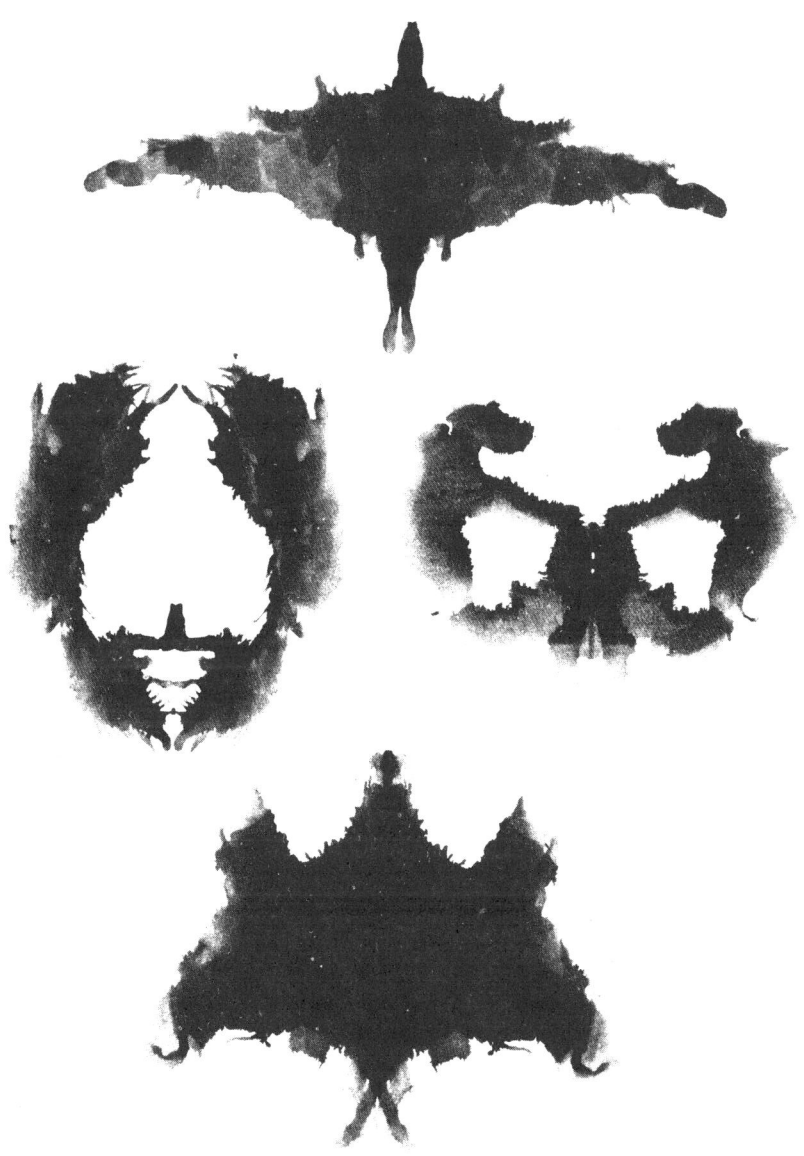

Vier der zehn Schwarzweißtafeln des Rorschach-Tests. Schreiben Sie auf, was Sie in den vier Bildern sehen.

Hier einige Beispiele häufiger Antworten:

○ Auf dem ersten Bild sehen viele Menschen ein geflügeltes Tier, zum Beispiel einen Schmetterling oder eine Fledermaus.
○ Beim zweiten Bild wird oft der Kopf eines Tieres genannt, zum Beispiel der eines Hundes, eines Bären oder eines Stiers.
○ Eine häufige Antwort beim letzten Bild ist ein vielfüßiges Tier: Tintenfisch, Krabbe oder Spinne.

Wie kann man daraus nun Aussagen über die Persönlichkeit ableiten? Folgendermaßen: Die Reaktionen auf die Tafeln werden gesammelt und mit denen einer großen Zahl anderer Menschen verglichen (Normen). Dann folgt die *Interpretation* der Antworten durch den Psychologen, für die wir Ihnen Beispiele nennen werden.

Gehen Sie auf den gesamten Tintenklecks und nicht nur auf ein Detail ein, wird dies mit Ihrer Fähigkeit, Dinge gut analysieren und abstrakt denken zu können, in Verbindung gebracht. Auch Ihr Interesse für alltägliche Dinge und ein gesunder Menschenverstand werden daraus abgeleitet.

Ihren *Formantworten* kann man entnehmen, ob Sie bestimmte Hemmungen haben, ob Sie spontan sind, es an Selbstkritik mangeln lassen und einiges mehr.

Farbantworten werden mit Ihren Emotionen und Gefühlen (zum Beispiel Impulsivität) in Zusammenhang gebracht.

Bewegungsantworten lassen unter anderem auf Intelligenzniveau, Angepaßtheit, Stabilität und Reife schließen.

Dem Inhalt Ihrer Antworten entnimmt der Psychologe Hinweise auf die Breite Ihrer Interessen.

Originelle Antworten verweisen auf Kreativität und Phantasie.

Nun können Sie sich ein Bild davon machen, wie der Rorschach-Test aussieht und was mit Ihren Antworten geschieht. Natürlich können wir Ihnen nicht alles über den Test sagen, sonst verlöre er an Wert.

Der eigentliche Einsatzbereich des Rorschach-Tests ist die Klinik. Woanders – vor allem auch in der Leistungs- und Eignungsdiagnostik – sollten Sie ihn ablehnen. Dennoch einige Tips.

Worauf müssen Sie achten? Wichtige Tips

Hier ein paar Tips in bezug auf den Rorschach- oder Formdeutetest. Zum Teil gelten diese Tips auch für ähnliche Tests, mit denen wir uns anschließend befassen werden.

1. Fragt der Tester Sie, was Sie auf einer Tafel sehen, und Sie antworten: »Einen Tintenklecks«, oder »Nichts«, so nützt das nicht viel. Man wird auf eine Antwort drängen. Bleiben Sie bei Ihrer *unergiebigen* Aussage, gelten Sie als Mensch, der etwas zu verbergen hat, ängstlich ist oder keinerlei Phantasie besitzt. Wollen Sie das?
2. Die Tafel, die man Ihnen anbietet, dürfen Sie nach allen Richtungen drehen. Sie muß nicht auf dem Tisch liegenbleiben. Nehmen Sie sie in die Hände und geben Sie einige Antworten. Drehen Sie sie dann und fügen Sie noch ein paar ergänzende Anmerkungen hinzu. Das Drehen kann für Risikobereitschaft und Kreativität sprechen. Der Antworten*reichtum* wird positiv interpretiert. Er deutet darauf hin, daß Sie Dinge vertiefen können und nicht an der Oberfläche bleiben!
3. Wie bereits gesagt, verweisen originelle Antworten auf Ursprünglichkeit, Kreativität und Phantasie. Für manche (künstlerische) Berufe sind dies notwendige Eigenschaften. Geben Sie immer ein paar originelle Antworten. Nicht zu viele, denn sonst könnte man Sie für einen »komischen Kauz« halten oder es als Ausdruck einer leichten Störung werten. Und das entspricht nicht Ihrer Absicht! Wie wissen Sie nun, was eine kreative und was eine populäre, häufig vorkommende Antwort ist? Einige Beispiele haben wir ja schon genannt. Außerdem besteht eine einfache Methode, dies herauszufinden. Betrachten Sie eine Tafel nur flüchtig, so sehen Sie in der Regel das, was die meisten Menschen darin sehen. Wenn Sie aber länger hinsehen, die Tafel drehen und Ihre Phantasie spielen lassen, dann sehen Sie viel mehr.
Sie tun gut daran, im Gesamttest mindestens drei *normale*, ansonsten aber phantasievolle Antworten zu geben.
4. Die Zeit spielt bei diesem Test eine untergeordnete Rolle, obwohl der Testleiter eine Stoppuhr in der Hand hält. Darum brauchen Sie sich nicht zu kümmern. Sie haben etwa eine Dreiviertelstunde

Zeit, das sind vier Minuten pro Tafel. Genug Zeit also, um gute Antworten zu formulieren.
5. Nehmen Sie sich systematisch eine Tafel nach der anderen vor. (Systematisches Arbeiten ist schon an sich eine gute Eigenschaft!) Sehen Sie sich zuerst die Tafel als Ganzes an und reagieren Sie darauf. Nehmen Sie danach einige Details unter die Lupe. (Nicht zu viele, sonst sind Sie ein »Haarspalter«.) Gehen Sie als nächstes auf die Farben oder Schwarzweiß-Schattierungen der Tafel ein. Können Sie da noch etwas herausholen? Wenn Sie allerdings überwiegend eine einzige Farbe nennen, Rot etwa, denken Sie daran, daß entsprechende Deutungen nicht ausbleiben werden (Rot: Blut, Gefahr, Emotionen, Angst). Zum Schluß könnten Sie sich noch etwas zur Struktur der Tintenkleckse einfallen lassen (fein, grob, ineinanderfließend, einander überlagernd).
6. Menschen und Gegenstände: Möchten Sie als ein sozialer Mensch, als extravertierte Persönlichkeit und so weiter aus dem Test hervorgehen oder als ein eher verschlossener Charakter? Je häufiger Sie Menschen in den Tafeln *sehen*, desto eher werden Sie als eine Person beschrieben, die gern/viel/gut mit Menschen umgeht. Wird *Kontaktfreudigkeit* gewünscht, so ist es gut, die nötigen *Mensch-Antworten* und nur begrenzt *Ding-Antworten* zu geben.
7. Bewegungsantworten sind im allgemeinen positiv. Sie verweisen, wie gesagt, auf Intelligenz und Phantasie und auf die Fähigkeit, sich in andere Menschen einzufühlen. Das sollten Sie wissen.
8. Tiere: *Tier-Antworten* werden häufig gegeben. Nennen Sie nicht zu viele seltene oder ausgestorbene Tiere. Einige Ihrer Tiere sollten sich bewegen (siehe siebter Punkt).

Andere projektive Tests

Den Rorschach-Test nennt man in der Fachsprache einen *projektiven* (oder *Projektions-*)Test. Indem Sie auf Tintenklecksfiguren reagieren, *projizieren* Sie Teile Ihrer Persönlichkeit auf das Material und legen gleichsam Ihre Persönlichkeit in die Tintenkleckse. Sie verraten etwas über sich. Warum sieht der eine einen Schmetterling, der andere einen Apfel im selben Klecks? Hat es doch irgend etwas zu bedeuten? Ihre Antworten sind charakteristisch für Sie.

Der Rorschach-Test ist nur einer von vielen projektiven Tests, die alle auf demselben Prinzip beruhen. Je nach Art und Umfang läßt sich jedoch eine Vielzahl von Varianten unterscheiden, die oft aber kaum voneinander abweichen. Darunter finden sich gute Tests (wir werden sie hier besprechen), aber auch recht absonderliche. Was halten Sie beispielsweise von einem »Test«, bei dem Sie einen Aufsatz zu dem Thema *Was ich täte, wenn ich einen Tag lang ein Pferd wäre* schreiben müssen? Das Beste, was *Sie* in diesem Fall tun können, ist, den Test beiseite zu legen und zu erklären, sie gedächten nur an seriösen Tests teilzunehmen! Da es unmöglich wäre, alle projektiven Tests aufzuführen, werden wir nur die wichtigsten Tests jedes Typs kurz beschreiben, damit Sie wissen, was Sie zu erwarten haben, wieweit Sie sich öffnen müssen und wie Sie sich gegen »Katastrophen« absichern können.

Der TAT

Die Abkürzung *TAT* steht für *Thematischer Apperzeptions-Test*, ein sogenannter *Interpretationstest*, der um 1935 von dem amerikanischen Psychologen HENRY ALEXANDER MURRAY entwickelt wurde (und von dem WILHELM JOSEF REVERS 1958 eine deutsche Ausgabe besorgte).

Dieser Test dürfte für viele etwas *leichter* sein als der Rorschach-Test. In der Regel wird man Ihnen zwanzig Tafeln in Serien zu je zehn vorlegen, auf denen verschiedene eindrucksvolle Situationen abgebildet sind. Diese Skizzen sind (absichtlich!) sehr undeutlich gezeichnet. Auf diese Weise kann jeder etwas anderes darin sehen, und den Bedeutungsgehalt ganz subjektiv interpretieren – das Ziel des Tests. Bei jeder Tafel dieses Tests, der ein bis zwei Stunden dauern kann, werden Sie aufgefordert, eine dazu passende Geschichte zu erzählen. Es gibt verschiedene Serien für Frauen und Männer beziehungsweise Mädchen und Jungen ab vierzehn Jahren.

Aus praktischen Gründen wird die Testdauer auf ein für alle Beteiligten annehmbares Maß reduziert. Zeit ist schließlich Geld ... Für jede Tafel stehen Ihnen fünf Minuten zur Verfügung, Sie brauchen sich also nicht zu beeilen. Die Tafeln muten übrigens recht altmodisch an. Lassen Sie sich dadurch nicht aus der Fassung bringen.

Eine der TAT-Tafeln. Was sehen Sie in der rechten Person? Mann oder Frau?

Der TAT kann schriftlich oder mündlich durchgeführt werden. Der mündliche Test ist etwas schwieriger, denn hier müssen Sie auch darauf achten, *wie* Sie etwas sagen. Es wird beobachtet, wie Sie auf die Tafeln reagieren (selbstsicher oder verlegen, zögernd, stotternd oder in flüssiger Rede, nach langem Überlegen oder spontan).

Möglicherweise müssen Sie hier noch mehr auf der Hut sein als beim Rorschach-Test! Man kommt bei den verschwommenen Zeichnungen so leicht ins Reden …

Wenden wir uns nun einigen der Tafeln zu. Auf einer von ihnen sehen Sie einen jungen Mann mit geschlossenen Augen auf einem Bett sitzen. Ein alter Mann steht über ihn gebeugt und hält eine Hand über sein Gesicht. Was stellt diese Szene dar?

Mögliche Antworten:
○ Ein Vater tröstet seinen Sohn (Kind);
○ ein Arzt behandelt (hypnotisiert) einen Patienten;
○ ein jüngerer Homosexueller wird von einem älteren Mann verführt.

Eine andere Tafel zeigt einen Jungen, der auf der Türschwelle einer Holzhütte sitzt. Wie erklärt sich diese Situation?

Manchen wird die Einsamkeit des Jungen betroffen machen. Haben seine Eltern ihn bestraft? Oder sitzt er nur da und gibt sich seinen (Tag-)Träumen hin? Ist er vielleicht von zu Hause fortgelaufen, oder schwänzt er die Schule?

Anderen Probanden mag sich ein sonnigeres Bild bieten. Der Junge befindet sich zusammen mit seiner Familie, die einkaufen gegangen ist, in den Ferien.

Es gibt also zahllose Deutungsmöglichkeiten. Denken Sie daran, daß der TAT ebenso wie der Rorschach-Test keine *richtigen* oder *falschen* Antworten kennt. Doch der Psychologe interpretiert Ihre Antworten. Unsere Antwortbeispiele sind recht unterschiedlich, wie Sie gesehen haben. Der Psychologe kann beispielsweise zu dem Schluß kommen, daß der Proband, der in dem Bild eine homosexuelle Verführungsszene sieht, homosexuelle Neigungen hat oder möglicherweise homosexuell ist. (Natürlich wird der Psychologe nicht nach einer einzigen Äußerung zu einer Tafel urteilen, sondern das Ganze im Auge behalten.) Manche Arbeitgeber haben Schwierigkeiten mit *anderen* sexuellen Präferenzen angehender Mitarbeiter.

Wichtige Elemente für die Interpretation – dafür also, wie sich Ihre Persönlichkeit letztlich darstellt – sind unter anderem:

○ Wer ist der Held des Tests? Sind Sie es selbst, oder ist es immer eine andere Person? (Stellen Sie sich in den Mittelpunkt oder sind Sie ein Mensch, der stets im Hintergrund bleibt?)
○ Mit welchem Geschlecht identifizieren Sie sich (siehe die vorstehenden Antworten)?
○ Sind Sie leistungs-, arbeitsorientiert?
○ Sind Sie aggressiv?
○ Haben Sie bestimmte (geheime) Ängste?

○ Schenken Sie Ihrer Umgebung, Ihrem Gegenüber Aufmerksamkeit? (Sind Sie ein sozialer Mensch?)
○ Wie verkraften Sie Kritik von seiten Ihrer Umgebung?
○ Dominieren Sie andere gern, oder ordnen Sie sich lieber unter?
○ Sehen Sie vorwiegend die Schattenseiten der Dinge, oder sind Sie Optimist?

Was auch wichtig ist:
○ Hat Ihre Geschichte ein Hauptthema, und wenn ja, wie führen Sie es aus? (Gehen Sie in einer detaillierten Antwort auch auf Geschlecht, Alter, Beruf, Hobbies und andere Merkmale der Personen ein?)
○ Wie lang sind Ihre Geschichten?
○ Beschränken Sie sich auf einige Grundzüge, oder bringen Sie alle möglichen (wichtigen, unwichtigen) Details ins Spiel?
○ Geben Sie *populäre* oder eher abwegige, ausgefallene oder kreative Antworten?
○ Nennen Sie die Dinge beim Namen, oder umschreiben Sie sie ausweichend (Angst, Scham, Verleugnung der Wirklichkeit und dergleichen)?

Baumtests (verschiedene Formen)
Der Baumtest ist im Grunde ein Kinderspiel. Sie erhalten die Anweisung, innerhalb von etwa zehn Minuten einen Obstbaum zu zeichnen. Das ist alles. Dieser Test, der etwa fünfunddreißig Jahre alt ist, erinnert ein wenig an die Graphologie, denn auch hier wird unterstellt, daß die Art, wie Sie den Baum zeichnen, einmalig und für Sie charakteristisch ist. Der Test gehört nicht zu den *starken* Tests.

Sollen Sie am Testtag einen Obstbaum (oder einen anderen Baum) zeichnen, so denken Sie an folgendes:
○ Stamm: Zeichnen Sie ihn dick und stark (stabile Persönlichkeit) oder dünn und schwach (was auf Unsicherheit und Schüchternheit hindeuten kann)?
○ Äste: Dick oder dünn? Viele oder wenige?
○ Früchte: Viele/wenige? Detailliert oder grob skizziert?
○ Grob/detailliert: Ein Buchhalter etwa oder ein Techniker sollte an die Details denken und präzise arbeiten. Bei künstlerischen Beru-

fen sollte man – Sie ahnen es bereits – die nötige Kreativität und Phantasie walten lassen (auch ein ganz verrückter Baum ist hier willkommen!). Ein Manager sollte sich nicht durch Einzelheiten ablenken lassen, sondern sich an die großen Linien halten. Achten Sie in jedem Fall darauf, daß Sie *reif* (wohldurchdacht) arbeiten und allzu spielerische und ausgefallene Formen vermeiden.

Im *Dreibäumetest*,
einer Weiterentwicklung des Baumtests, sollen Sie drei verschiedene Bäume zeichnen. Ganz ähnlich sind Tests, bei denen Sie aufgefordert sind, Personen zu zeichnen.

Entsprechende Interpretationen und Empfehlungen gelten auch für die anderen Tests in diesem Kapitel. Es ist nicht möglich, für jeden Test im einzelnen anzugeben, bei welchen Berufen und Funktionen Sie was zeichnen/erzählen/ausfüllen sollten, und wie dies gedeutet wird.

Mosaiktest
Der 1930 entstandene Mosaiktest ist etwas anders angelegt als die bisher beschriebenen Tests. Ihnen stehen zwanzig Minuten Zeit zur Verfügung, um aus nicht weniger als 456 Holzklötzchen verschiedener Formen (viereckig, dreieckig und so weiter) und Farben eine Figur zusammenzusetzen.

Hier werden Sie ebenfalls danach beurteilt, wie Sie arbeiten. Überlegen Sie zuerst und gehen dann ans Werk? Oder stürzen Sie sich Hals über Kopf ins Abenteuer? Welche Rolle spielen Farben bei Ihnen? Behalten Sie die große Linie im Auge, oder sind Ihnen Details wichtig? Zeigt die Figur, die Sie bauen, eine gewisse Ausgewogenheit? Imitieren Sie (zum Beispiel) ein bestimmtes Bauwerk, oder schaffen Sie sich Ihre eigene Welt?

Der Satzergänzungstest
Dieser Test ist leicht. Auf einem bedruckten Blatt Papier stehen angefangene Sätze, die Sie vervollständigen sollen. Das ist alles.

Wie würden Sie diesen Satz ergänzen: »Meine Mutter ist ...«? Wenn Sie schreiben »ein unberechenbares Ungeheuer«, wirkt dies auf den Psychologen wie ein Signal. »Aha«, denkt er, »der Mann verbrachte eine schwere Kindheit – er wird eine Menge Probleme haben.«

»Was ich sehr gerne tue, ist ...« Ergänzen Sie: »Bücher lesen«, oder »in freier Natur seltene Vögel beobachten«, so wird man Sie schnell mit dem Etikett *in sich gekehrt, verschlossene Persönlichkeit* oder *einzelgängerisch* versehen. Entspricht das Ihrem Wunsch?

Lautet Ihre Ergänzung: »in Gesellschaft anderer Menschen sein«, »auf Parties gehen«, »auszugehen« oder ähnliches, dann werden Sie zu einem lebendigen, offenen, sozialen Menschen, zumindest in den Augen des Psychologen. Und genau diese Beschreibung brauchen Sie vielleicht, um den Managerposten zu erhalten!

Weitere Beispiele solcher Sätze:
»Ich fühle mich ...«
»Was mich so ärgert, ist ...«
»Wenn es nach mir ginge, ...«
»Frauen/Männer ...«
Ihre Antworten werden in drei Kategorien eingeteilt, zu denen wir Ihnen nun Beispiele geben:

1. Konfliktantworten:
Mit einer solchen Antwort verraten Sie Unangepaßtheit oder abweichendes Denken. Einige Beispiele: Pessimismus, Selbstmordwünsche, leidvolle Erfahrungen, Anpassungsschwierigkeiten.

2. Positive Antworten
Sie erwecken einen *gesunden* Eindruck und zeigen, daß Sie dem Leben positiv gegenüberstehen und sich seinen Anforderungen gewachsen fühlen. *Beispiele:* a) Humorvolle Antworten, b) Verwendung von Wörtern wie *angenehm, schön, glücklich,* c) Sätze, die zu einer negativen Wendung zwingen, lassen sich etwa durch »daß der Tag so schnell vorbei ist« ergänzen.

3. Neutrale Antworten
Sie sind oft wertlos, weil sie weder eine positive noch eine negative Interpretation erlauben. So zum Beispiel zu »Mädchen sind ...« die

ausweichende Ergänzung »junge Frauen«, aber auch (nichtssagende) Sprichwörter und Redensarten.

Sind Sie als Ergebnis eines Bewerbungsgesprächs in ein psychologisches Testverfahren hineingeraten, so werden Sie gewiß als positiver Mensch daraus hervorgehen wollen. Deshalb hier einige Tips für Sie.
1. Verwenden Sie möglichst viele optimistische, positive Wörter.
2. Zeigen Sie Humor, legen Sie menschliche Wärme in Ihre Antworten.
3. Geben Sie hin und wieder eine neutrale, farblose Antwort.
4. Vermeiden Sie negative Antworten der oben beschriebenen Art.
5. Seien Sie in Ihren Ergänzungen ein wenig konservativ. Geben Sie keine politischen oder gesellschaftsbezogenen Antworten.

Hier einige *Beispiele*. Vor den Pünktchen (…) steht der Satzbeginn, dahinter Ihre positive Antwort.

- »Ich …« finde die Schule sehr schön / meine Arbeit sehr angenehm.
- »Ich mag …« Sport / Fußball / Menschen um mich / meine Frau / meinen Mann.
- »Die meisten Menschen sind …« nett zu mir / interessant / angenehm im Umgang.
- »Das beste ist …« echte Freundschaft / Liebe / ein Mensch, der mich mag.
- »Die Zukunft ist …« sehr spannend / wichtig für mich / rosig.
- »Meine Mutter ist …« das Schönste, was ich habe / ein wunderbarer Mensch / meine beste Freundin.
- »Ich fühle mich …« ausgezeichnet / toll / prima / ruhig und entspannt.
- »Die meisten Frauen …« (für Männer:) sind hübsch / lieb / nett.
- »Zu Hause …« habe ich reizende Kinder / eine wunderbare Frau / einen wunderbaren Mann.
- »Die glücklichste Zeit meines Lebens …« liegt noch vor mir / ist meine bevorstehende Ehe / beginnt mit meiner neuen Stelle.
- »Verheiratet zu sein, ist …« herrlich / phantastisch / schön.
- »Ich hasse …« Cola ohne Kohlensäure / Haut auf gekochter Milch.

Auf populäre/häufig vorkommende sowie seltene/ausgefallene Antworten haben wir bereits hingewiesen. Behalten Sie diesen Unterschied auch hier im Auge.

Ebenso kann man Ihnen mündlich alle möglichen Antworten entlocken. Der Tester fordert Sie auf, so rasch wie möglich auf die kurzen Fragen oder Stichwörter zu reagieren, die er nennt. Was antworten Sie auf *Stuhl*? *Tisch* ist die Antwort, die man fast immer hört. Und auf *Rot*? *Blau* oder *Schwarz* sind häufige Antworten. Wäre es gut für Sie, mit *Blut*, *Leiche* oder *Tod* zu reagieren?

Natürlich läßt sich diesem Typ des Tests ein Schnippchen schlagen. Wir wollen Ihnen aber nicht verhehlen, daß Sie dabei leicht in die Falle geraten können:

1. Welchen Zweck der Test verfolgt, ist Ihnen in der Regel nicht bekannt – wenn wir auch hoffen, mit diesem Buch das eine oder andere geklärt zu haben! (Beim TAT wird man Ihnen beispielsweise sagen, es gehe um Ihre Phantasie – das Wort *Persönlichkeit* fällt nicht!)
2. Das gilt auch für das Erfassen Ihrer Antworten und deren Interpretation. Doch auch hier haben wir ein Ende des Schleiers gelüftet (siehe insbesondere die Anmerkungen zum Rorschach-Test).
3. Vielleicht lassen Sie sich rasch vom Test »gefangennchmen« und vergessen darüber, worum es geht: Ihre Persönlichkeit zu diagnostizieren. Seien Sie immer auf der Hut, so anstrengend es auch sein mag!

Einige kritische Anmerkungen

Das Klecksdeuteverfahren von RORSCHACH und die übrigen sogenannten *projektiven* Tests gehören zum Handwerkszeug der meisten Testpsychologen. Viele Menschen bringen eine psychologische Untersuchung unwillkürlich mit dieser Art von Test in Verbindung. Nicht ganz zu Recht, wie wir gesehen haben.

Der Rorschach-Test und ähnliche Tests sprechen die Phantasie in hohem Maße an. Der Proband findet sie interessant (und geheimnisvoll ...), und auch für den Psychologen stellen sie eine faszinierende Methode der Persönlichkeitserfassung dar.

Doch nicht jeder ist mit dieser Art von Test so glücklich. Mit einigen Einwänden machten wir Sie bereits bekannt. Einige weitere Kritikpunkte wollen wir kurz zusammenfassen:
1. Die Versuchsperson wird erheblich irregeführt. Der genaue Zweck des Tests wird nicht genannt, es wird bewußt falsch informiert. Man kann sich so gut wie gar nicht wehren.
2. Die Privatsphäre wird verletzt. Es werden *Persönlichkeitsmerkmale* entdeckt, von denen Sie bislang womöglich keine Ahnung hatten. Hier kommen *Schlafzimmerspionage* und Voyeurismus ins Spiel. (Dieses Argument wurde bereits mehrfach angesprochen.)
Die obigen Einwände betreffen sehr viele psychologische Tests, nicht nur die projektiven. Die beiden folgenden Kritikpunkte beziehen sich in erster Linie auf die Tests, die dem Rorschach-Test ähneln.
3. Diese Tests sind sehr subjektiv, das heißt von dem Psychologen abhängig, der die Testergebnisse interpretiert. Hier kommt es in hohem Maße auf dessen Wissen, seine Erfahrung und seine momentane Stimmung an. Das ist einerseits gefährlich und bedeutet andererseits auch, daß zwei verschiedene Psychologen zwei völlig verschiedene Persönlichkeiten sehen können. (Mehr zu diesem Problem in Kapitel 13.)
4. Der *prognostische* Wert der Tests wird von der Wissenschaft stark angezweifelt. Oft findet man in der Testinterpretation eher die Lieblingstheorie des Psychologen wieder als einen Abriß der Persönlichkeit des Probanden. Für die Leistungs- und Eignungsprognose ging die Verwendung projektiver Tests daher auch zurück, besonders in den letzten zehn Jahren.
5. Es ist schwierig, Menschen miteinander zu vergleichen, wenn die Testresultate so gut wie keine Zahlen (Normen und Standards) enthalten. (Man denke zum Vergleich etwa an die zahlenmäßigen IQ-Werte.)

Wenn auch einiges gegen projektive Tests einzuwenden ist, sind die Psychologen doch sehr glücklich über dieses Instrument. Spöttisch heißt es allerdings, ein auf einem projektiven Test beruhender Bericht sage mehr über die Persönlichkeit des Psychologen aus als über die des Probanden ...

Moderne Persönlichkeitsmessung für Manager

Der Rorschach-Test und ähnliche Projektionstests gehören, wie die Übersicht zeigt, der »modernen Antike« an. Der projektive Test stößt auf einige Kritik, wie wir soeben festgestellt haben. Gibt es denn, werden Sie sich fragen, keine anderen, besseren Methoden, meine Persönlichkeit zu erfassen? Eine berechtigte Frage! Neuere Richtungen erübrigen die Verwendung projektiver Tests. Wir werden uns kurz mit ihnen befassen und dabei besonders auf die Persönlichkeitsdiagnose bei Managern eingehen.
1. Auf manche Persönlichkeitstests treffen die gegen den projektiven Test erhobenen Einwände nicht zu.
2. Zu den modernsten Methoden der Bewerberauswahl zählt die *Assessment-Center-Technik* (siehe dazu Kapitel 2). Beurteilt wird hier, inwieweit vor allem die Fähigkeiten und Fertigkeiten des Bewerbers den Wünschen der Mitarbeiter des Betriebes entsprechen, mit denen der Bewerber später zusammenarbeiten wird. Die Mitarbeiter schreiben ihre Forderungen an *die neue Frau/den neuen Mann* auf und überprüfen in persönlichen Gesprächen, ob der Bewerber ihnen entspricht.
Die *Assessment-Center-Technik* ist sehr zeitraubend, daher kostspielig und wird bislang nur wenig praktiziert. Auch bedarf sie noch der Validierung. Mit dem *klassischen* psychologischen Test hat sie natürlich nicht mehr viel zu tun ...
3. Für Manager und Führungskräfte wurden verschiedene Persönlichkeitstests entwickelt, und zwar meist von privaten Testinstituten für ihre eigenen Auftraggeber. Es handelt sich vielfach um *Skalentests*, bei denen der Manager darüber befragt wird, wie häufig er bestimmte Handlungen ausführt oder wie er über dies und jenes denkt. Hier ein *Beispiel*. Eine Testanweisung lautet: »Die nachstehenden Fragen beziehen sich auf bestimmte Aspekte von Führung. Geben Sie auf jede Frage die Antwort, die auf Sie selbst zutrifft, wenn Sie eine Arbeitseinheit, Arbeitsgruppe, Abteilung und dergleichen leiten. Kreisen Sie jeweils eine der folgenden Antwortkategorien ein:
I = immer   O = oft   M = manchmal   S = selten   N = nie

Moderne Persönlichkeitsmessung für Manager

»Wenn ich eine Gruppe leite ...«
- trete ich wahrscheinlich auch
  als Gewährsmann der Gruppe auf   I   O   M   S   N
- sporne ich die anderen zu
  größerem Einsatz an   I   O   M   S   N
- sorge ich für ein hohes
  Arbeitstempo   I   O   M   S   N
- entwickeln sich die Dinge meist
  so, wie ich es prognostiziert habe   I   O   M   S   N
- handle ich ohne vorherige
  Absprache mit der Gruppe   I   O   M   S   N

Solche und ähnliche Tests stellen dem Manager relativ direkte Fragen in bezug auf Arbeit und Menschenführung. (Freilich, je direkter die Fragen, desto leichter ist es, nach *sozialer* oder für die Position angenommener Erwünschtheit zu antworten.)

Eine der Aufgaben des Managers besteht darin, Mitarbeiter zu beeinflussen. Er muß sie dazu bringen (*motivieren*), bestimmte Dinge zu tun, um beispielsweise Arbeiten rechtzeitig abzuschließen. Andere überzeugen zu können, ist daher eine Qualität, eine Fähigkeit, über die Führungskräfte verfügen müssen.

Wir wollen das Kapitel mit einigen Testfragen abschließen, die diese Eigenschaft bei Managern ermitteln sollen. Der Test besteht aus verschiedenen Aussagen, bei denen der Manager jeweils drei bis fünf Wahlmöglichkeiten hat. Die Anweisung dazu lautet: »Die nachstehenden Fragen beziehen sich darauf, wie Sie versuchen, andere Menschen zu überreden, zu überzeugen. Kreuzen Sie bei jeder Frage diejenige Antwort an, die am genauesten beschreibt, was Sie normalerweise tun. Sollte keine der Antworten dies genau wiedergeben, so wählen Sie die Antwort, die dem am nächsten kommt. Lassen Sie vor allem keine Frage aus.« Hier drei Beispiele für Fragen aus diesem Test:

1. »Wenn jemand einen Vorschlag oder eine Idee von mir akzeptiert ...«:
   a) nutze ich die Gelegenheit, um mein Verhältnis zu ihm zu verbessern;

b) bedanke ich mich und gehe dann schnell weg;
   c) bespreche ich mit ihm, welcher Schritt als nächster folgen soll.
2. »Wenn ich einen Einwand gegen eine Idee oder einen Vorschlag von mir widerlegen will ...«:
   a) frage ich, warum der Einwand erhoben wird;
   b) neutralisiere ich den Einwand, indem ich die positiven Seiten meines Vorschlags noch einmal hervorhebe;
   c) fahre ich mit einem anderen Punkt fort, der mehr Aussicht auf Erfolg hat.
3. »Habe ich es mit Menschen zu tun, die meine Ideen nur schwer akzeptieren können, werde ich in der Regel ...«:
   a) verstärkten Druck ausüben, um meine Ideen durchzusetzen;
   b) versuchen, Einwände von vornherein zu entkräften;
   c) versuchen, die Art der Einwände genauer zu erkennen;
   d) zu klärenden Fragen auffordern;
   e) weiteres Beweismaterial beibringen.

Es wird deutlich: Je gezielter die Fragen sind, desto leichter kann man sie im erwünschten Sinn beantworten. Man sollte dazu aber vorher Informationen über den Arbeitsstil der Firma und den der bereits vorhandenen Führungspersonen einholen.

Zuletzt noch einige Tips für den angehenden Manager. Haben Sie sich um eine Führungsposition beworben, sollten Sie folgende Punkte im Auge behalten:

1. Sie sind eine stabile Persönlichkeit, die sich trotz des starken Drucks, der manchmal auf Sie ausgeübt wird, nicht aus der Fassung bringen läßt.
2. Im allgemeinen kommen Sie gut mit Menschen (Mitarbeitern) zurecht.
3. Es bereitet Ihnen meist wenig Mühe, Überlegenheit zu zeigen.
4. Sie sind dynamisch und aktiv – aber nicht in krankhafter Form. (Sie sind nicht arbeitssüchtig.)
5. Sie sind eine Spur dominant, aber keinesfalls herrschsüchtig. (Sie lassen Ihren Mitarbeitern genug Raum.)
6. Politisch sind Sie konservativ, aber keinesfalls ultrarechts.
7. Sie legen Wert auf Ehrlichkeit und geben Ihren Mitarbeitern immer eine faire Chance.

10
Die Berufsberatung: vor der Entscheidung fürs Leben

Manche Kinder wissen schon früh, was sie später einmal werden wollen: Arzt, Feuerwehrmann, Kunstmaler. Einige von ihnen bleiben ihren jugendlichen Idealen treu, die meisten aber finden sich schließlich ganz woanders. Viele Abiturienten stehen ratlos vor der Berufswahl: Soll ich Rechtsanwalt werden, weil Vater und Großvater es auch sind? Wäre der Beruf des Zahnarztes etwas für mich – weil man da so gut verdient? Habe ich genug musikalische Begabung, um an eine Karriere als Pianist zu denken?

Nicht nur Jugendliche stellen Fragen dieser Art. Auch Erwachsene stoßen oft an ihre Grenzen. Manche haben das Gefühl, auf einem toten Gleis angelangt zu sein. Andere sind in ihrem Beruf nicht wirklich glücklich und möchten etwas Neues beginnen, ehe es zu spät ist. Immer häufiger fassen heute besonders Männer um die Vierzig diesen einschneidenden Entschluß. Der Begriff der *Midlife-crisis*, der Krise um die Lebensmitte, hat sich eingebürgert. Wie hilfreich die professionellen Berufsberater in solchen Phasen der Neuorientierung des Lebens sein können, sei dahingestellt.

Der Bearbeiter der deutschsprachigen Ausgabe fühlt sich veranlaßt, hier einige grundsätzliche Bemerkungen zu machen:

Niemand weiß, was »wirkliches« Glück ist. Wahrscheinlich ist Glück nur für Augenblicke möglich, für die Dauer eines Wimpernschlags. Oft wird Glück sprachlich mit Zufriedenheit verwechselt. In der Arbeitspsychologie wird deshalb auch nur bescheiden von Arbeitszufriedenheit gesprochen.

Die Entwicklungen in unserer technisch-industriellen Welt haben zu sehr raschen Veränderungen geführt. Das bedeutet: Was vor fünf Jahren richtig war, kann schon falsch sein, besonders in der Arbeitswelt. Computer ändern unsere Welt bestürzend schnell: Maschinen, die kürzlich noch von Fachleuten mit viel spezieller Kenntnis auf einen Produktionsschritt eingestellt wurden, werden schon vom Computer gesteuert; der Facharbeiter muß entweder Computerspezialist werden, oder er gehört zum alten Eisen – ist überflüssig geworden. Andererseits bedarf es hochspezialisierter Fachleute, um das Programm zu entwickeln, welches danach vielleicht viele Produktionscomputer steuern kann.

Die schnelle Veränderung der technisch-industriellen Gegebenheiten und als Folge auch der sozialen Lebensverhältnisse hat in den industrialisierten Überflußgesellschaften zu einer Mentalität der unbegrenzten Veränderungsmöglichkeiten des Lebens bis hin zum Traum von der Manipulation des Urlaubswetters geführt. Je mehr man aber die Veränderung – natürlich zum besseren, zum glücklicheren Leben – für möglich hält, um so unzufriedener wird man mit den bestehenden Verhältnissen, in die man sich ja nicht schicken zu müssen scheint.

Jede Veränderung in Richtung auf das »Glück« ist eine Wette: Alles kann besser werden, im wesentlichen gleichbleiben oder auch schlechter werden. Wer sich nach zwanzigjähriger Ehe scheiden läßt, weil er eine Frau kennengelernt hat, mit der er glücklicher zu werden glaubt, lebt in der Gegenwart. Ob er nach weiteren vielen Jahren immer noch glücklicher ist, bleibt offen wie alles in der Zukunft.

Bei großer struktureller, nicht konjunktureller Arbeitslosigkeit (es geht also nicht um eine vorübergehende Flaute wie etwa der Kaufintensität, sondern um eine massive Veränderung der Arbeitswelt) trifft ein noch so tief empfundener Veränderungswunsch in Richtung auf ein freieres, selbstbestimmteres, zufriedeneres, kurz »glücklicheres« Leben auf erhebliche Risiken. Er sollte nur dann verwirklicht werden, wenn er verbunden ist mit der Bereitschaft, beispielsweise bei den materiellen Ansprüchen zurückzustecken. Niemand wird bei uns verhungern, aber er kann sich vielleicht weniger »leisten« – und damit glücklicher sein oder auch unglücklicher. Leicht hat es nur der, dessen Glück im Beruf *allein* davon abhängt, Großverdiener zu werden. Aber wenn Sie risikobereit sind und eine gute Gelegenheit haben oder das Gefühl, nicht anders zu können, dann greifen Sie zu!

Die Berufsberatung: vor der Entscheidung fürs Leben

Die Kapitelüberschrift »... Entscheidung fürs Leben« wird um so problematischer, je schneller sich Berufe und Berufsbilder ändern, je mehr Tätigkeiten Anpassung und Flexibilität verlangen. Je nach Ihrer Persönlichkeitslage können Sie froh sein oder beunruhigt; aber für Ihre gesamte Lebensarbeitszeit wird *eine* einzige Berufsentscheidung immer weniger Gültigkeit haben können.

Das sollte bedenken, wer zum Berufsberater geht, damit dieser ihm bei der Suche nach einer neuen Laufbahn helfe.

Je schwieriger eine berufliche Entscheidung ist, desto eher wird ein Experte eingeschaltet. Wer kennt die Möglichkeiten und auch Schwierigkeiten der vielen tausend Berufe, die es heute gibt, besser als der Berufsberater? In Augenblicken, in denen weitreichende Entscheidungen zu treffen sind, wird dieser Spezialist daher oft hinzugezogen.

Für den, der einen Beruf sucht, ist es nicht schwer, sich über die formalen Bedingungen zu informieren, die für bestimmte Berufe gelten, also über Ausbildung, Abschlußzeugnisse und sonstige Voraussetzungen. Zahlreiche öffentliche Stellen helfen gern und schicken auf Anfrage stapelweise Informationsmaterial zu. Doch was wissen Sie dann schon? Sie hätten beispielsweise gerne eine Antwort auf die folgenden Fragen:

○ Wie sehen Arbeitsablauf und Tätigkeit in dem Beruf *genau* aus?
○ Wie ist das Umfeld (künstlerisch, geschäftlich, amtlich, formell, jüngere/ältere Menschen)?
○ Welche körperlichen und geistigen Anforderungen werden gestellt?
○ Was kann ich an Gehalt und sonstigen Vergütungen erwarten?
○ Handelt es sich um einen zukunftsträchtigen Wirtschaftszweig?
○ Kann ich mich in dem Beruf weiterentwickeln?

Der Berufsberater hat im Grunde zwei Aufgaben: allgemeine und spezielle Information. Er kann Ihnen detaillierte Auskunft über die verschiedensten Berufe geben, so daß Sie sich ein Bild machen können. Dazu gehören natürlich auch Hinweise über Arbeitsmarkt (wie stehen die Chancen, eine Stelle zu bekommen?) und Zulassungsbedingungen (Diplome, Lizenzen und dergleichen). Darüber hinaus kann er Ihre Fähigkeiten und Bestrebungen ermitteln und mit Ihnen gemeinsam herausfinden, welche Berufe für Sie in Frage kommen. Entspricht Ihre Ausbildung nicht dem gewünschten Beruf, besteht auch die Möglichkeit einer Studienberatung.

Worum geht es in diesem Kapitel? Wir werden Ihnen zunächst einiges Wissenswertes sagen und dann über den Nutzen der Berufsberatung sprechen. Danach informieren wir Sie darüber, was Sie tun müssen, um für sich selbst oder für andere (zum Beispiel Ihre Kinder) eine Berufsberatungsmaßnahme einzuleiten. Dann sagen wir etwas über Tests, die ausschließlich oder überwiegend in der Berufsberatung eingesetzt werden. Zum Schluß behandeln wir den Umstand, daß Sie mit allen Ihren Wünschen und durch Test ermittelten Eignungen den angestrebten Beruf noch nicht haben, weil Sie auch der mögliche Arbeitgeber oder die Ausbildungsinstitution noch danach testen.

Zur Klarstellung: In den vorangegangenen Kapiteln haben wir Ihnen Ratschläge und Tips gegeben, wie Sie Ihre Testleistung verbessern können. Das ist in diesem Kapitel nicht der Fall, denn hier geht es darum, ein möglichst getreues Bild Ihrer selbst zu zeichnen. Wenn Sie sich anders geben, als Sie wirklich sind, besitzt das Ergebnis der Beratung für Sie wenig Aussagekraft.

Wissenswertes über Berufe und Berufswahl

Wie viele Berufe gibt es? Eine einfache Frage, die jedoch nicht einfach zu beantworten ist, und zwar aus drei Gründen: *Erstens* muß ein Beruf genau bezeichnet und beschrieben, gewissermaßen *definiert* werden. *Zweitens* ist der Unterschied zwischen *Beruf* und *Funktion* nicht immer eindeutig. Denken Sie nur an den Manager. Handelt es sich hier um einen Beruf? (Ja, denn man kann sich bis zu einem gewissen Grad dafür ausbilden lassen.) Oder ist es eine Funktion? (Ja, auf verschiedenen Ebenen in jeder Organisation.) Und *drittens*, wie weit muß man Berufe *differenzieren*? Fallen der Verkäufer von Herrenbekleidung (in einem Geschäft) und der Verkäufer von Computern (an Betriebe) beide unter den Oberbegriff *Verkäufer*? Wie auch immer – man kennt schätzungsweise etwa 10 000 Berufe. Dabei sind

400 bis 500 Berufsgruppen zu unterscheiden. Der unbefangene, für alles offene Berufssuchende hat mehr als reichliche Auswahlmöglichkeiten!

Im allgemeinen sind Testpsychologen und Berufsberater nicht dasselbe. Testpsychologen verstehen oft mehr von Tests, Berufsberater sind besser über Berufe und andere Fragen der Arbeitswelt informiert. Aber auch sie sind vielfach Psychologen und führen psychologische Tests durch. So beschäftigt zum Beispiel in der Bundesrepublik die *Bundesanstalt für Arbeit* mit 146 Arbeitsämtern über 300 Psychologen, die zum großen Teil Eignungsdiagnostik betreiben. Im Vergleich zu in anderen Bereichen oder eigener Praxis tätigen Psychologen sind sie besser über den Arbeitsmarkt und über die spezifischen Anforderungen bestimmter Arbeitsbereiche informiert.

Welche Fragen werden Berufsberatern gestellt? Sehen wir uns einmal einige an. Vielleicht erkennen Sie sich in einer der geschilderten Situationen wieder.

○ Ein neunzehnjähriger Schüler legte das beste Abitur der ganzen Schule ab. Seine Eltern und Lehrer möchten, daß er studiert, doch das dauert ihm zu lang. Sofort eine Stelle zu suchen, ist auch nicht sinnvoll. Wie soll er handeln?

○ Die Position eines fünfundvierzigjährigen Leiters eines kleinen Effektenbüros wurde nach der Übernahme seines Betriebes durch eine große Bank aufgelöst. Man hat ihm eine andere Stelle in der Bank angeboten, doch er stellte fest, daß er die Welt des Geldes nicht sehr attraktiv findet. Er möchte sich etwas ganz anderem zuwenden. Aber was könnte das sein? Und wo hat er in seinem Alter noch Aussichten, eine Stelle zu bekommen?

○ Eine Hausfrau hat vier Kinder erzogen, die nun alle selbständig sind. Sie empfindet das Haus als leer, fühlt sich einsam und möchte nichts lieber als wieder arbeiten, um mit Menschen in Kontakt zu kommen. Welche Möglichkeiten bieten sich ihr, nachdem sie dreißig Jahre nicht mehr angestellt war? Ihr Mann und ihre Kinder meinen, sie brauche nicht zu arbeiten. Was soll sie tun?

○ Ein Frührentner mit Rückenbeschwerden fühlt sich noch viel zu jung, um den ganzen Tag zu Hause zu sitzen und die Nachbarn zu beobachten. Er möchte lieber selbst Geld verdienen, als die Hand

aufhalten. Und auch er möchte wieder *unter Menschen*. Wer kann ihm raten?
○ Ein Berufspilot steht kurz vor der Pensionierung. Sein Jugendtraum, Arzt zu werden, erwacht wieder. Ist er dafür nicht zu alt? Jagt er nicht einem überholten Ideal nach? Haben andere diesen ungewöhnlichen Schritt geschafft? Wer kann ihm bei einer solch weitreichenden Entscheidung unparteiisch und ehrlich zur Seite stehen?

Mit solchen und ähnlichen Fragen ist der Berufsberater täglich befaßt.

Man hört mitunter, Menschen mit niedrigerem Ausbildungsniveau suchten eine Stelle, solche mit höherer Ausbildung eine Laufbahn. Gemeint ist damit, daß die ersteren vor allem Arbeit suchen. Hier handelt es sich um eine kurzfristige Entscheidung. Besser Ausgebildete treffen hingegen eher längerfristige Entscheidungen, manchmal für ihr ganzes Leben. Sie suchen in der Regel eher den Berufsberater auf und profitieren vom Ergebnis der Beratung.

Menschen, die sich allgemein orientieren wollen, stellen dem Berufsberater viele scheinbar einfache Fragen, die bei näherer Betrachtung jedoch einen wesentlich komplexeren Hintergrund zeigen. Der Klient hat beispielsweise Beziehungsschwierigkeiten, ist *auf der Suche nach sich selbst*, leidet womöglich unter Wahnvorstellungen und so weiter. Manche Berufsberatungspsychologen spezialisierten sich daher auf die sogenannte *klinische* Arbeit. Sie führen kürzere Therapien selbst durch, oder sie wissen, an welchen Spezialisten sie den Klienten verweisen können.

Der Nutzen der Berufsberatung

Welchen Nutzen hat die Berufsberatung? Lohnt sie den Aufwand an Zeit, Geld und Mühe? Auf diese Fragen gibt es keine unmittelbare, verbindliche Antwort. Je stärker Ihr Bedürfnis oder das Bedürfnis Ihres Kindes nach Information über den Arbeitsmarkt und die eigenen Fähigkeiten ist, als desto wertvoller erweist sich die Beratung. Kennen Sie Ihren Weg dagegen bereits und suchen nur noch die eine oder andere Bestätigung durch den Fachmann, so werden Sie vom Nutzen der Berufsberatung vielleicht weniger überzeugt sein. Wir möchten Sie darauf hinweisen, daß der Berufsberater nur die Aufgabe hat, sie zu beraten. Die Entscheidung selbst bleibt immer Ihnen (oder Ihrem Kind) überlassen. Sie können dem Berufsberater also nicht vorwerfen, eine falsche Entscheidung getroffen zu haben.

Der Berufsberater verfügt über ein umfangreiches Arsenal an psychologischen Tests, die aber nicht alle gleichermaßen valid sind, was bedeutet, daß sie nicht im selben Ausmaß das messen, was sie zu messen vorgeben. Darüber hinaus versucht der Berater viel Information über Sie zu erlangen, indem er Sie sprechen läßt – oft auch deshalb, weil kein (brauchbarer) Test vorhanden ist. Wie auch immer: Schließlich ist Ihr Berufsberatungsbericht fertig, und der Berater geht ihn mit Ihnen durch. Modernen Methoden entsprechend wird er Ihnen die Dinge so darbieten, daß die Schlußfolgerungen Ihnen überlassen bleiben. Ein *Beispiel*: Sie absolvieren einen Test, der Ihre Führungsqualitäten mißt. Er ergibt, daß Ihr Testwert knapp unter der mehr oder weniger allgemein anerkannten Norm für Manager liegt. Bedeutet das nun, daß Sie sich nicht um eine Führungsposition bewerben sollten? Der Berater überläßt die Antwort Ihnen. Vielleicht förderte der Test andere gute Eigenschaften zutage, die schwache Führungsqualitäten mehr als wettmachen können!

Sie sollten nicht denken, der Berufsberater wolle Sie mit leeren Worten abspeisen. Er möchte Ihnen nur keinen *bindenden Rat* geben. Seine Tätigkeit muß sich darauf beschränken, Ihnen das nötige Informationsmaterial anzubieten, damit Sie sich selbst einen Rat geben können!

Wer kann Sie beraten?

Berufsberatung mit psychologischen Gesprächen und der Anwendung allgemeiner Tests und spezieller Testbatterien können Sie von verschiedenen Seiten erhalten, es kommt auf Ihre Situation an:

○ Arbeitsämter,

- Bildungsberatungsstellen von Schulbehörden,
- Einrichtungen der Gesundheitsvorsorge (wenn Sie beispielsweise Ihre ausgeübte Tätigkeit »krank macht«),
- eignungsdiagnostische Abteilungen großer Unternehmen,
- frei praktizierende Psychologen, auch als private Testinstitute organisiert.

Berufsberatung gehört zum Bereich der Eignungsdiagnostik. Sie enthält nicht nur die Beratung zur primären Wahl eines Berufs und der geeigneten Ausbildungsgänge, sondern auch die Beratung zur Fortbildung und Umschulung aus Gründen des Arbeitsmarktes oder auch Ihrer Gesundheit. Manchmal ist sie Selektionsmittel, das heißt, der »Staat« oder ein Betrieb finanzieren Ihnen eine Fortbildung nur aufgrund des Ergebnisses der Eignungsprüfung. Niemand will Geld ausgeben, bloß weil Sie etwa dringend umsatteln wollen in einen Beruf, in dem es keine Stellen, keine Zukunftsaussichten gibt und für den Sie wenig geeignet scheinen.

Eine Besonderheit der Berufseignungsdiagnostik ist, daß es zum Beispiel beim Arbeitsamt unterschiedliche, auch kombinierte oder indirekte Auftraggeber geben kann:

- den Ratsuchenden oder Hilfsbedürftigen für seine individuelle Entscheidung,
- die öffentliche Arbeitsverwaltung selbst, die über finanzielle Förderung zu entscheiden hat,
- die Wirtschaft, die geeignete Arbeitskräfte sucht und der ja auch geholfen werden soll.

In den meisten Fällen werden Sie Berufsberatung (die auch Anteile von Bildungsberatung enthält – welche Schulbildung ist Voraussetzung für welche Berufsmöglichkeiten?) kostenlos erhalten. Freilich, wenn Sie ein angesehener und gutverdienender Elektronikingenieur sind, ungekündigt und mit Ihrer Tätigkeit nicht bedrückend unzufrieden, sondern bloß lieber auf Kunsttischler umsteigen möchten, werden Sie Ihre Eignung dafür in aller Regel privat und auf Ihre Kosten testen lassen müssen.

Tests in der Berufsberatung

In der Berufsberatung wie auch in der Berufseignungsprüfung geht es darum, Personen und Arbeitssituationen so zu kombinieren, daß die größtmögliche berufliche Leistung und Arbeitszufriedenheit herauskommt. Es geht also um die Eignung für eine bestimmte Tätigkeit. Natürlich kann jemand sehr zufrieden mit einer Tätigkeit sein, obwohl er vergleichsweise wenig leistet. Es geht also um den Versuch, die Interessen des Arbeitnehmers und des Arbeitgebers in einen Kompromiß zu bringen.

Man kann an das Problem gewissermaßen mit einem sehr feinen Sieb herangehen und genau ausgrenzen, welche Kombination von Fähigkeiten und Charaktereigenschaften für eine bestimmte Tätigkeit ideal ist. Andererseits muß aber auch dem Wandel in der Arbeitswelt Rechnung getragen werden.

Ein *Beispiel*: Ein Feinmechaniker wird gewiß ein gutes Auge, geschickte Hände und gutes räumliches Vorstellungsvermögen brauchen, solange er manuell arbeitet. Wenn er aber eine computergesteuerte Maschine bekommt, die er für bestimmte Arbeitsgänge nur programmieren soll, werden die beiden genannten Fähigkeiten ziemlich unwichtig, er muß nun vor allem abstrakt denken können.

Wahrscheinlich sind schon die optimalen Eigenschaften und Fähigkeiten bei einem Düsenjägerpiloten und bei einem Piloten des zivilen Flugverkehrs verschieden, ebenso die eines Verkäufers für Damenwäsche und für Landmaschinen. Aber zwischen den beiden Bereichen bestehen natürlich gewaltige Unterschiede. Piloten können wohl introvertiert, Vertreter sollten bestimmt extravertiert sein.

Natürlich spielen sogenannte »Charaktereigenschaften«, wie Zuverlässigkeit, auch eine Rolle. In den USA wurde einmal für die Lufthansa ungefähr so geworben: Man sah einen Flugzeugmechaniker bei der Arbeit. Dazu ein Text wie: »Das ist ein Deutscher. Er ist pedantisch, stur, hartnäckig, unfreundlich, angespannt, konzentriert, zielgerichtet, arbeitswütig.« Hier wurde wenig schmeichelhaft ein recht uncharmanter Typ gezeigt. Aber dann kam die Frage: »Sind Sie nicht beruhigt, daß ein solcher Mensch das Flugzeug überprüft hat, mit dem Sie fliegen?«

Nun geht es zum Glück ja fast nie darum, den besten Lufthansapiloten oder -mechaniker schon vorher zu ermitteln, sondern nur Personen, für die aller Voraussicht nach eine Ausbildung lohnt. Es bleibt aber der Zwiespalt, ob man in einem eher weiten Rahmen mehr allgemeine Fähigkeiten und Eigenschaften »ertestet«, oder Testbatterien speziell »maßschneidert«.

Im ersten Falle kann man handelsübliche Tests – auch als Kombination und teilweise – verwenden, im zweiten muß man Tests erst entwickeln. Im psychologischen Dienst der *Bundesanstalt für Arbeit* der Bundesrepublik werden 35 im Testhandel erhältliche Tests verwendet und mehrere selbstentwickelte Testbatterien.

Im allgemeinen werden dabei Entwicklungstests, Intelligenztests, allgemeine Leistungsstests, Schultests und spezielle Funktionsprüfungs- und Eignungstests unterschieden. Mit den allgemeinen Leistungstests werden vorwiegend grundlegende Leistungen geprüft:
○ Leistungen der Sinne (in erster Linie Auge und Ohr, aber wer Parfums herstellen will, braucht natürlich vor allem einen feinen Geruchssinn),
○ Konzentrationsfähigkeit,
○ Aufmerksamkeit.

Da gibt es unterschiedliche Möglichkeiten. So wird Konzentrationsfähigkeit mit Durchstreichen von Unpassendem (d2-Test), Sortieren oder Rechenaufgaben (Paulitest) gemessen. Und das immer unter großem Zeitdruck, sonst würde man ja anderes als die Konzentration herausbekommen. Es handelt sich also um ausgesprochene Schnelligkeitstests. Dabei sind die Aufgaben so leicht (Paulitest: Addieren einstelliger Zahlen; d2: einfache Zeichen), daß bei allen Testteilnehmern die Fähigkeit zu der notwendigen »kognitiven« (erkennenden) Operation vorausgesetzt werden kann.

Anders ist es beim Aufmerksamkeitstest. Im Zweiten Weltkrieg wurde zum Beispiel der *Uhrtest* entwickelt. Im Test sitzt jemand zwei Stunden vor einem Zifferblatt mit einem 15 Zentimeter langen Zeiger, der pro Sekunde um 12 Winkelminuten weitersprang (das ist 1/5 Grad von insgesamt 360 Grad Umlauf). Das war das »unkritische« Signal. In unregelmäßigen Abständen machte aber der Zeiger Doppelsprünge (um 24 Winkelminuten), und zwar 48mal in den zwei

Stunden. Die im Test maximale Aufmerksamkeitsfähigkeit hat natürlich derjenige, der alle 48 Doppelsprünge erkennt.

Sie sehen wahrscheinlich selbst, daß man solche grundlegenden Fähigkeiten zwar allgemein trainieren kann, aber nicht sinnvoll für einen bestimmten Test.

Einige Testbeispiele

Es gibt etwa den Berufsbildertest, den Berufsinteressententest, den differentiellen Interessentest, den Berufsorientierungstest für 8. bis 10. Klassen. In diesen Tests wird wie bei Persönlichkeitstests – sie testen ja ein Teilchen der Gesamtpersönlichkeit, nämlich vorrangige Interessen – mit Aussagen oder Fragen gearbeitet, zu denen »ja – nein« oder »trifft zu – trifft nicht zu« und so weiter anzugeben ist, manchmal handelt es sich auch um *Multiple-choice*-Fragen: Was von den Möglichkeiten a) bis d) ist für Sie gültig?

Hier gibt es nichts zu trainieren, da es nicht um Leistungen, sondern eher um Einstellungen und Persönlichkeitsmerkmale geht und diese Tests selten für die Bewerberauswahl, sondern eher für die Berufsberatung verwendet werden. Und an einer für Sie richtigen und fruchtbaren Beratung sind Sie ja interessiert.

In dem Fall, daß ein solcher Test für die Bewerberauswahl Anwendung findet, werden Sie schnell merken, wohin der Hase läuft und welche Antworten Sie etwa geben müssen, um als »Betriebsnudel« zu gelten, obwohl Sie eher ein verschlossener Einzelgänger sind. Allerdings sollten Sie dann im Grunde keine Tätigkeit anstreben, die kontaktfreudige, »umtriebige« Menschen verlangt.

Der d2 (von BRICKENKAMP*)*
Das ist ein Konzentrationstest nach dem Prinzip des alten Tests von BOURDON (1895). Er baut auf Bewährungskontrollen in der US-Armee auf, die von LAUER (1955) durchgeführt wurden. Er ist weitgehend intelligenzunabhängig und prüft visuelle Aufmerksamkeit und indirekt Konzentration. Der Test ist anwendbar für das Alter von 9 bis 60 Jahren.

Auf einem Formblatt gibt es 14 Zeilen zu 47 Zeichen mit den Buchstaben d und p, über und/oder unter denen noch Komma und Anführungszeichen stehen:
Beispiel aus der ersten Zeile:

```
     "  "  "      ,  ,     "  "  ",  ,    "        ,   "  ,   ,  "   ,
1.   d  d  p  d  d  d  p  p  d  p  d  d  d  d  d  p  d  p  d  d  d  p  p  d  d  d  d
     "  ,     ,     "  "  ,  ,  "     "        ,  ,  ,  "  "  "        ,         "  ,  "  "
```

Die Aufgabe besteht darin, die Zeichen durchzustreichen, die ein d und zwei Striche enthalten (daher der Testname), also:

$$\overset{\text{"}}{\underset{\text{"}}{d}} \ / \ \overset{\ }{\underset{\ ,}{d}} \ / \ \overset{\ ,}{\underset{\ }{d}}.$$

Für jede Zeile mit 47 Zeichen stehen 20 Sekunden zur Verfügung. Der Test geht sehr schnell und kann natürlich in Gruppen durchgeführt werden.

Es gibt dabei Auslassungs- und Verwechslungsfehler. Übrigens: Mädchen (Frauen) schneiden meist besser ab als Jungen (Männer).

Mit dem Test sollen erfaßt werden: Aufmerksamkeit, Konzentrationsfähigkeit, Genauigkeit, rascher Überblick, Wachheit, flexible Verteilung der Aufmerksamkeit.

Der Test enthält Normen für viele Altersgruppen. Er wurde zuerst im Institut für Sicherheit in Bergbau, Industrie und Verkehr des TÜV Essen erprobt.

Der Konzentrations-Leistungs-Test (KLT)
Dieser Test ist nicht wie der d2 ein Durchstreichtest, sondern ein Rechentest. Darin finden wir etwa solche Aufgaben:

Beispiel A: 8 + 9 − 2
                    5 − 4 + 3   /_____/
Beispiel B: 3 + 6 − 8
                    9 + 1 + 7   /_____/

Die Aufgabe ist, jeweils für jede Zeile das Ergebnis zu bestimmen und im Kopf zu behalten. In das Kästchen wird der Wert aus beiden Zeilen eingetragen, wobei immer die zweite Zeile von der ersten abgezogen wird, wenn ihr Ergebnis kleiner ist (Beispiel A), sonst werden beide Zeilen zusammengezählt (Beispiel B). Das geht dann so reihenweise in raschem Tempo.

Es gibt aber bei Rechentests das Problem unterschiedlicher Rechenfertigkeit, die sich mit der Konzentrationsfähigkeit vermischt. Rechenfähigkeit besteht nicht nur aus Konzentration, obwohl diese wichtig ist. Manche Menschen können »im Schlaf« rechnen. In dem beschriebenen Test betrifft das Problem den Unterschied zwischen Rechenvereinfachern und -nichtvereinfachern. Ein Rechenvereinfacher erkennt im Beispiel B sofort, daß das Ergebnis der zweiten Zeile größer ist als das der ersten. Er rechnet die – 8 der ersten Zeile gegen + 1 + 7 der zweiten Zeile und macht kurz 3 + 6 + 9.

Der Berufseignungstest (B-E-T)
Dieser Test ist eine Kombination aus Verfahren, wie sie in unterschiedlichen speziellen Tests verwendet werden. Er will folgende Grundfunktionen beruflicher Eignung erfassen:
1. Wahrnehmungsgenauigkeit im handwerklichen Bereich,
2. räumliches Anschauungsvermögen und praktisch-technisches Verständnis,
3. Wahrnehmungsgenauigkeit im kaufmännischen Bereich,
4. Grundrechnen,
5. Formensehen,
6. angewandtes Rechnen,
7. Sprachlogik,
8. opto-motorische Eigenschaften (ein schreckliches Fachkauderwelsch, nicht wahr? Praktisch meint das etwas wie: Können Sie die Schere in die nötige Richtung bewegen, wenn Sie sich mit Hilfe eines zweiten Spiegels selbst die Haare am Hinterkopf schneiden wollen? Keine Angst, das wäre schon extrem gut!) Dazu gehört auch die Geschwindigkeit koordinierter Bewegung im Zusammenspiel mit dem Sehen.

Es gibt dabei weitere Tests für Hand- und Fingergeschick.

Der Test soll der Auswahl von Lehrlingen dienen, aber auch der Entscheidung über berufliche Fortbildung und der Berufsberatung.

Es gibt berufsspezifische Gültigkeitserhebungen für alle Einzeltests und die Anforderungskombinationen (Profile) für 60 Berufsgruppen im technischen, handwerklichen und kaufmännischen Bereich. Der Test ist anwendbar für Personen von 13 bis zu 35 Jahren. Er ist nicht kurz: Dauer etwa zwei Stunden.

Sie werden wahrscheinlich bei diesem Test (der eher eine Testbatterie ist) den Eindruck gewinnen, es gehe wirklich um Berufseignung. Das liegt in der Kombination vieler Elemente. Ähnlich kann man aber auch ganz speziell für eine einzelne Tätigkeit verfahren. So gibt es etwa eine Testbatterie des deutschen Kraftfahrzeughandwerks. Sie dient allerdings nicht der Berufsberatung, sondern der Lehrlingsauswahl.

Der Werteinstellungstest
Dies ist ein ganz anderer Test. Es handelt sich um die deutschsprachige Version des Tests von GORDON W. ALLPORT und PHILIP E. VERNON aus dem Jahre 1931. Der Test hat sich in den USA gut bewährt, im deutschsprachigen Raum ist er erst 1972 eingeführt worden.

Der Test baut auf den sechs Idealtypen der Lebensorientierung auf, die EDUARD SPRANGER 1914 vorgeschlagen hat:
1. theoretisch,
2. wirtschaftlich,
3. ästhetisch,
4. sozial,
5. politisch,
6. religiös.

Natürlich gibt es wie meistens Mischformen! Der Test besteht aus 120 Fragen, bei denen für die ersten 60 zwei Antwortmöglichkeiten bestehen, für die weiteren 60 vier.

Es gibt darin Fragen wie: »Wie verbringt nach Ihrer Meinung jemand sein Wochenende, der die ganze Woche hart gearbeitet hat?«
Mögliche Antworten:
a) Er bildet sich durch das Lesen eines guten Buches.
b) Er treibt Sport.
c) Er geht in ein Konzert klassischer Musik.
d) Er hört einer wirklich guten Predigt zu.

Oder für die erste Gruppe von Fragen: »Sie sehen in der Zeitung zwei gleich große Schlagzeilen. Welche der beiden lesen Sie bevorzugt?«
1. Protestantische Kirchenführer verschiedener Richtungen kommen zusammen, um über Gemeinsamkeiten zu sprechen.
2. Großer Aufschwung am Aktienmarkt.

Natürlich könnten Sie in manchen Fällen auch bei diesem Test sagen: »Nachtigall, ick hör' dir trapsen« – und die günstigen Antworten geben. Ganz so einfach ist es bei 120 Fragen doch nicht. Und – was hätten Sie schon davon, als Atheist eine Stellung als Kirchendiener zu bekommen?

Mit dieser Frage wollen wir diesen Abschnitt beschließen, denn Tests nur zu überlisten, kann auch zu Ihrem Schaden sein!

Nach der Beratung

Sie wurden über Berufswahl oder Berufswechsel beraten und haben sich entschieden. Damit haben Sie aber noch keine neue Arbeits- oder Ausbildungsstelle. Bei der Bemühung darum kann die ganze Prozedur von vorne losgehen. Das Unternehmen oder das Arbeitsamt glaubt nicht an die Ergebnisse anderer Tester. Sie wissen aber jetzt schon besser Bescheid.

Um Ihnen ein Beispiel zu nennen: Ein sehr großes Unternehmen in der Bundesrepublik testet bei 50 000 Beschäftigten auf engem Raum (in der ganzen Welt hat es über 100 000 Mitarbeiter) 8 000 Personen im Jahr. Davon 5 000 für die Einstellung, an 3 000 für Fortbildung und noch eine Reihe »klinischer Fälle« (bei Versagen am Arbeitsplatz: Alkoholismus, psychische Störungen, auch wegen Familienproblemen). Allgemeine Tests werden meist nur im »klinischen« Bereich verwendet. Sonst haben die in dem Unternehmen tätigen Psychologen bei der großen Zahl von Fällen die Möglichkeit, Testbatterien selbst zu entwickeln und durch die Kontrolle des Arbeitserfolges zu überprüfen.

Daß vor der Fortbildung getestet wird, ist verständlich, denn das wird vom Unternehmen bezahlt; sie geschieht während der Arbeitszeit. Natürlich ist auch das Unternehmen an besser ausgebildeten Mitarbeitern interessiert.

Nebenbei: In diesem Betrieb können Sie vor dem Test sagen, daß Sie sich nicht fit fühlen. Dann wird der Test verschoben. Die Psychologen dieses Unternehmens sind außerdem keine »Testfanatiker«. Sie bemühen sich darum, formalisierte Verfahren durch sinnvoll strukturierte Gespräche zu ersetzen.

Das ist übrigens ein allgemeiner Trend: Man bekommt im Gespräch oder auch durch die aufwendige Assessment-Technik (Beschäftigte in einem bestimmten Arbeitsbereich sagen selbst, was sie von einem Neuzugang erwarten würden, was er nach ihrer Erfahrung mitbringen müßte; und sie schauen sich sogar die Bewerber selbst an) manches mit, was dem Test verborgen bleibt, wofür er nicht taugt. Das gilt auch für die Beurteilung am Ende einer Probezeit.

Eine besondere, interessante und zugleich fragwürdige Form der in diesem Fall staatlichen Zulassungsprüfung ist der Test für medizinische Studiengänge des *Instituts für Test- und Begabungsforschung* in Bonn. Er dauert sehr lange (fünf Stunden) und ist schwierig. Er enthält ganze Serien von aus anderen Tests bekannten Aufgaben (etwa Konzentrationstest oder Erkennen einer sozialen Situation und dergleichen), aber auch spezielle Teile für die folgenden Bereiche:

- Figuren zusammensetzen,
- medizinisch-naturwissenschaftliches Grundverständnis,
- Satzergänzung,
- Beurteilung formalisierter Informationen,
- Schlauchfiguren (da muß man verschlungene Schläuche auf Bildern jeweils in ihrer Richtung erkennen),
- mathematisches Grundverständnis,
- konzentriertes und sorgfältiges Arbeiten,
- Textverständnis,
- Figuren lernen,
- Fakten lernen,
- Muster zuordnen,
- Bilder ordnen,
- Schattenrisse.

Wenn man bedenkt, daß es in der Medizin darum geht, Leiden zu mindern und Krankheit zu heilen, also um einen Beruf mit großer

Verantwortung gegenüber dem Leben, dann kann man über einen strengen Test nur froh sein. Es wird aber eingewandt, daß ein großer Teil der Aufgaben vor allem Fähigkeiten für die moderne »Apparatemedizin« testet: also etwa eine Leberveränderung auf dem Computermonitor zu erkennen, die hingegen mancher erfahrene, auch intuitiv arbeitende Arzt dem Patienten am Gesicht ablesen könnte.

Ganz verschwunden sind als Berufsanforderung anscheinend Fähigkeiten wie:

○ einem Patienten zuhören zu können,
○ seine menschliche und oft krankheitsfördernde Lage zu sehen,
○ mit ihr/ihm über Mann/Frau und Kinder beratend reden zu können,
○ Trost zu spenden.

Eines Tages gibt es nur noch medizin-technische Experten, und der Mensch bleibt auf der Strecke. Hier liegt eine Gefahr der Eignungstestung, die sich auf das »objektiv« Meßbare beschränkt.

Das hat übrigens im pedantisch geprägten deutschen Raum eine besondere Grundlage in der Prozeßhanselei: Je mehr Studienbewerber beispielsweise gegen Zulassungsentscheidungen bei Gericht vorgingen, desto stärker waren die Kultusbehörden daran interessiert, möglichst vor Gericht als objektiv geltende Auswahlverfahren und -kriterien einzuführen. Egal, was diese wirklich auswählen – sofern sie nur unanfechtbar als »chancengleich« gelten können!

11
Tests für Kinder

Die bisherigen Ausführungen betrafen vor allem Tests für Erwachsene. Deshalb wenden wir uns nun solchen Tests zu, die mit Kindern durchgeführt werden.

Wir können uns gut vorstellen, welche Flut von Fragen Sie bewegt, wenn Sie erfahren, daß eines oder mehrere Ihrer Kinder getestet werden sollen. Ob es sich nun um einen Intelligenztest oder einen anderen Test handelt – Sie verfügen über keine Anhaltspunkte, und Ihr Kind verharrt in Unsicherheit und Spannung.

Das sollte nicht so sein. Viele Eltern versuchen, ihren persönlichen Ehrgeiz in ihren Kindern auszuleben. Kinder selbst sehen psychologische Tests eher als ein Spiel wie viele andere an. Besonders in der klinischen Psychologie sind aber die vielen Fälle wohlbekannt, in denen Kinder stellvertretend für ihre Eltern deren Karriere- und Aufstiegsträume verwirklichen sollen. Für das Selbstverständnis der Eltern blieben diese zumeist nur wegen ungünstiger äußerer Umstände und der Mißgunst oder Abneigung anderer bloße Träume. Für ihre Kinder werden sie derartiges schon aus dem Weg räumen: »Was man mir verwehrt hat, soll mein Kind schon schaffen!«

Und die armen Kinder werden gedrängt, trainiert, überwacht und überredet. So etwas hat letztlich keinen Sinn, im Extremfall kann es zu schweren Verhaltensstörungen bis hin zur Schizophrenie führen, nämlich wenn ein Kind allzu deutlich elterliche Lebensenttäuschung und Frustrationen »ausbügeln« soll und nicht mehr recht weiß, ob es eigentlich Hänschen oder Vater oder Mutter ist.

Aber auch im Bereich des »Normalen« kennt man die abschreckenden Beispiele der »Ballettratten« oder »Eissternchen«, die vom Ehrgeiz ihrer Eltern angetrieben werden. Aber Kinder sind nicht »Verlängerungen« ihrer Eltern. Kinder sind Kinder, neue Persönlichkeiten, nicht das Instrument von Erwachsenen! Aus einem mittelmäßig begabten Kind können Eltern nicht einen künftigen Superstar machen.

In diesem Kapitel wollen wir Sie nun kurz informieren über:
○ Schulwahl,
○ Intelligenzentwicklung,
○ Fähigkeiten und Begabungen.

Dabei finden Sie häufig Verweise auf andere Kapitel, da kinderpsychologische Tests sich im Prinzip nicht von den Tests für Erwachsene unterscheiden. »Kindertests« werden deshalb auch nicht im einzelnen besprochen. Auch die »Ausfülltips«, die Sie ja mittlerweile kennen, fehlen hier.

Schulwahl

Die Wahl der richtigen (weiterführenden) Schule ist nicht immer leicht, zumal viel davon abhängt. Zum Teil wird schon beim Übergang auf eine weiterführende Schule der Grundstein für den späteren Beruf gelegt. Dank unseres offenen Systems können Schüler heute leichter als früher den Schultyp wechseln. Leider aber zeigt sich in der Praxis, daß dies doch seltener geschieht, als man anfänglich erwartet hatte.

Das hängt auch mit der Sozialpsychologie zusammen; mit anderen Worten: Kinder wollen in ihrer Gruppe bleiben, aus der oft auch eine Elterngruppe entstehen kann – um so mehr, als Kinder einen Wechsel des sozialen Umfelds besser als Erwachsene vertragen und schnell neue Spielkameraden haben.

In manchen Fällen ist die Entscheidung für die oder andere weiterführende Schule einfach. Oft kann der Grundschullehrer mit Bestimmtheit sagen, daß das Kind ein sehr niederes oder ein sehr hohes Intelligenzniveau zeigt (seine Interessen lassen wir hier außer acht), so daß es ihm nicht schwerfällt, eine Empfehlung auszusprechen. Die meisten Schüler aber gehören einer umfangreichen Mittelgruppe an. Der Lehrer hat dann nicht nur die Intelligenz des Kindes zu berücksichtigen, sondern auch Faktoren, die das Bild verzerren:

Hobbies und Interessen etwa, Enthusiasmus (Motivation), Druck von seiten der Eltern und anderes. Eine Untersuchung mit Hilfe eines Tests durch eine neutrale Institution kann ohne Zweifel helfen, mehr Klarheit zu erlangen.

Erleichtert wird die Wahl auch dann, wenn das Kind selbst weiß, welchen Beruf es später einmal ergreifen will. Großvater und Vater sind Ärzte, und das möchte Hänschen auch werden. Dazu bedarf es eines Studiums, also *muß* er das Gymnasium besuchen. So viele »Hänschen« gibt es aber in der Schule nicht. Die meisten Kinder haben nicht die geringste Vorstellung, welche Richtung sie einmal einschlagen wollen.

Nach der Schulzeit vereinfacht sich die Wahl einer passenden Ausbildung (Berufsfachschule oder Studium) dann einerseits. Das Kind ist älter geworden, seine Interessen, seine Fähigkeiten und seine Intelligenz lassen sich klarer beurteilen. Auf der anderen Seite aber erschwert die Vielzahl der Ausbildungsmöglichkeiten eine Entscheidung.

In der Psychologie spricht man von »Schul- und Berufswahl«, die eine feste Einheit bilden. Das rührt daher, daß in beiden Bereichen die gleichen Untersuchungsmethoden angewandt werden. Auch die Fragen besorgter Eltern sind weitgehend die gleichen. In beiden Fällen wird ermittelt:

○ wie intelligent das Kind ist,
○ welche Fähigkeiten es besitzt,
○ welche (Berufs-)Interessen es hat.

Natürlich verändern sich Kinder. Sie wachsen und reifen, auch psychisch. Wie groß aber, so werden Sie denken, ist die Wahrscheinlichkeit, daß ein Kind, das bereits jetzt viel technisches Verständnis zeigt, dieses später wieder verliert? Oder umgekehrt: Wird sich ein Kind, das keine große manuelle Geschicklichkeit besitzt, plötzlich als handwerklich-technisch begabt erweisen? Das ist wenig wahrscheinlich. Die Wurzeln der Zukunft liegen im Heute. Wenn Sie mehr zum Thema *Berufswahl* wissen möchten, erinnere ich Sie an das vorige Kapitel.

Intelligenzentwicklung

Zur Entwicklung von Intelligenz sind alle möglichen Geschichten im Anflug, so etwa die des Professors, der als Kind einen niedrigen IQ hatte, oder des Mädchens, das auf dem Gymnasium einen unglaublich hohen IQ hatte (der Stolz der Familie!) und jetzt tagaus, tagein im Supermarkt an der Kasse sitzt. Wie kommt das?

In Kapitel 8 haben wir uns eingehend mit Intelligenz und dem IQ befaßt. Es wurde erwähnt, daß sich der IQ bis zum Alter zwischen fünfzehn oder siebzehn Jahren stetig erhöht. (Nach anderen Auffassungen gilt er bereits im Alter von sechs Jahren als endgültig festgelegt. Wieder andere meinen, er könne auch später noch höher werden. Das hängt auch vom Intelligenzverständnis ab. Wer hat recht? Wir halten es für wahrscheinlich, daß der IQ – verstanden als Ergebnis der Tests HAWIK/HAWIE – mit zunehmendem Alter immer langsamer ansteigt.) Intelligenz wird mit Hilfe von Intelligenztests gemessen, und diese sprechen das vorhandene Wissen und Verständnis sowie die vorhandenen Fähigkeiten an. Fast alles dies lernt das Kind in der Schule.

Nehmen wir ein Beispiel. Die meisten Intelligenztests überprüfen auch den Wortschatz. Je länger das Kind bereits zur Schule geht – und auch je besser die Schule ist –, desto mehr Wörter kennt es und desto reichhaltiger ist sein Wortschatz. Ein Sechzehnjähriger erreicht hier also höhere Werte als ein Sechsjähriger. (Natürlich wird dies berücksichtigt.)

Intelligenztests für Kinder erfragen einfachere Wörter als Tests für Erwachsene. Aber auch diese haben ja einen bestimmten Bestand an Wörtern, den man testen kann. Ob jemand später noch einen viel größeren Wortschatz erwirbt, kann gar nicht mit einem Standardtest für jedermann festgestellt werden.

Kinder unter sechs Jahren zu testen, erscheint uns allerdings wenig sinnvoll. Im Alter zwischen fünfzehn und siebzehn Jahren wird sich der IQ-Wert kaum verändern. Ein Anstieg, wenn auch normalerweise ein geringer, ist zwischen dem sechsten und dem fünfzehnten Lebensjahr zu verzeichnen.

Und was die Legenden anbelangt, ist dazu zu sagen, daß mitunter größere Abweichungen nach oben oder unten auftreten. Diese hängen dann mit dramatischen Ereignissen im Leben des Kindes zusammen, so etwa Auswanderung (Sprachprobleme), Tod eines Elternteils, Scheidung der Eltern, Wohnort- und Schulwechsel, gesundheitliche Probleme (Krankenhaus-, Sanatoriumsaufenthalt). Der plötzliche Tod eines Elternteils bedeutet meist einen starken Einschnitt, der sich aber auch positiv auswirken kann, wenn dadurch ein langer Leidensweg des Kindes, das jahrelang jegliche Zuwendung und Unterstützung entbehren mußte, zu Ende geht.

Vergessen Sie auch nicht die etwa dem HAWIE wie auch anderen Tests innewohnende Unschärfe: Der getestete IQ 100 kann hier ungefähr auch 90 oder 110 bedeuten. Dazu spielt die »Tagesform« beim Kind und Jugendlichen natürlich ebenso eine Rolle wie beim Erwachsenen. Wiederholt man den Test aber zu schnell hintereinander, spielen Lernen und Gedächtnis eine zu große Rolle. Wenn man den durchschnittlichen IQ etwa der deutschsprachigen Schweizer ermitteln will und dazu eine Stichprobe von 10 000 Personen auswählt, kann man annehmen, daß sich per Zufallsverteilung die Abweichungen aller Art ausgleichen werden. Ganz anders ist das Problem beim Einzelfall, zum Beispiel bei Ihrem Kind. Kurz, lassen Sie sich durch Testergebnisse nicht allzu sehr beeindrucken, es sei denn, diese lägen ganz im Keller. Und selbst dann: Ihre Kinder mögen Ihnen wohl die liebsten sein, trotzdem sind sie nicht unbedingt die schönsten, klügsten, stärksten. Mit wahrer Liebe hat eine derartige Erwartung wenig zu tun.

Fähigkeiten und Begabungen

Über die Entstehung von Begabung (Talent) sind sich die Gelehrten noch nicht einig. Ist Begabung erblich? Vater und Mutter sind musikalisch, und das Kind erbt die musikalische Veranlagung. Oder entwickelt das Kind deshalb ein Gefühl für Musik, weil es sie täglich hört? In diesem Fall würde es sich um Lernen durch den Einfluß der Umgebung handeln. (Das ist vor allem dann von Bedeutung, wenn die Eltern ihr Kind ständig darauf hinweisen, wie wichtig Musik sei, es mit Geschenken belohnen, wenn es schön Klavier spielt, und es tadeln oder bestrafen, wenn es ihre Erwartungen nicht erfüllt.) Über Begabung weiß man noch weniger als über Fähigkeiten.

Von Wunderkindern und Genies hat sich die Psychologie geradezu ängstlich ferngehalten. Vielleicht deshalb, weil es eines genialen Psychologen bedarf, um einen Test für geniale Kinder zu entwerfen ...?

Das Zusammenspiel von Vererbung und Umwelt ist kompliziert. Es mag sein, daß ein Kind in einem musikliebenden Elternhaus durch das ständige Erleben von Musik diese auch lieben lernt (es passiert auch das Gegenteil, was aber mit dem Eltern-Kind-Verhältnis überhaupt zu tun hat) und ein guter Geigenspieler wird; aber eben nicht ein zweiter JASCHA HEIFETZ, der als kleiner Junge auf dem Dorf eine Geige bekam und nach wenigen Jahren ohne große Ausbildung schon unglaublich gut spielen konnte. Dazu gehören sehr viele angeborene Fähigkeiten, allein schon in der Feinmotorik, im wahrsten Sinne des Wortes das Fingerspitzengefühl, mit dem eine Saite berührt und der Bogen geführt wird. Ein anderer Mensch mag dieselbe Vorstellung des Spiels haben, er kann sie aber mit seinen Händen nicht ausdrükken. Und das ist ja nur ein Element unter sehr vielen ererbten. Übrigens: wo sehr viele Gene für Hochbegabungen zusammenwirken müssen, muß es überhaupt nicht so sein, daß etwa Jascha Heifetz' Vater oder Mutter fürs Geigenspiel begabt gewesen sind. Seine Kombination vererbter Fähigkeiten kann im Grunde zufällig von ADAMS und EVAS Zeiten zusammengekommen sein.

Vererbung wird von den meisten Menschen zu einfach, wenn nicht falsch gesehen. Verlangen Sie nicht von Ihren Kindern etwas, bloß weil *Sie* dafür begabt sind. Und wenn es nicht klappt, ist es keineswegs nur Faulheit oder Renitenz!

Doch wie dem auch sei – können psychologische Tests Fähigkeiten und Begabungen von Kindern ermitteln? Im Lauf der Jahre wurden zahllose Intelligenztests für Kinder entwickelt. Wie schon gesagt, laufen viele von ihnen parallel zu den in Kapitel 8 besprochenen Intelligenztests für Erwachsene. Für ältere Kinder werden meist für Erwachsene bestimmte Intelligenztests verwendet, denen recht und schlecht eine entsprechende Altersbandbreite mitgegeben wird. Auch zahlreiche Handfertigkeiten sowie technisches Verständnis und räumliches Vorstellungsvermögen werden in der Regel mit Hilfe von Tests für Erwachsene überprüft. Häufig beobachtet man Kinder beim »Spielen« mit diversen Materialien. Begabungstests werden meist ab dem zwölften Lebensjahr durchgeführt. Kurz: Fähigkeitstests für Kinder sind im Grunde eine ungenaue Angelegenheit. Anders verhält es sich mit den *Schulleistungstests*, die zum Teil auch für Aussagen über bestimmte Fähigkeiten angelegt sind.

In der Bundesrepublik, Österreich und der Schweiz gibt es keinen Pflichttest für die »Einschulung«. Es bleibt also den Eltern überlassen, im Zweifelsfall die Schulreife ihres Kindes testen zu lassen. Solche Tests führen beispielsweise Bildungsberatungsstellen durch.

Aber im Zweifelsfall sollte auch gelten: Der ein Jahr später als üblich angesetzte Schulbeginn muß kein Verlust sein. Für das Kind ist das bestimmt besser als späteres »Sitzenbleiben« in der Schule. Aber da ist noch etwas anderes zu bedenken: Nehmen wir an, ein Kind ist sehr integriert in eine Kindergruppe – und daraus hat sich auch eine Elterngruppe entwickelt; und nun soll es wegen späterer Einschulung hier herausgerissen werden! Da könnte eine nach dem Entwicklungsstand »vorzeitige« Einschulung dennoch sinnvoll sein. Bedenken Sie immer: Die Gruppe der Gleichaltrigen ist für die Entwicklung Ihres Kindes sehr wichtig!

Wie schon angedeutet, gibt es eine Unmenge Tests für Kinder, Kinder und Jugendliche, Kinder bis Erwachsene. Schauen Sie bloß das Testverzeichnis der Testzentrale des Berufsverbandes Deutscher Psychologen an, da geht es von A bis Z:

- adaptives Intelligenzdiagnostikum für Kinder und Jugendliche zwischen 6 und 16 Jahren,
- aktiver Wortschatztest für 3- bis 6jährige Kinder,
- Angstfragebogen für Schüler,
- Anstrengungsvermeidungstest und so weiter bis
- Zürcher Lesetest (zur Erkennung legasthenischer Kinder).

Es hätte aber keinen Sinn, wollten Sie Ihre Kinder für diesen Testwust »fitmachen«. Derartige Bemühungen sollten auf Erwachsene beschränkt bleiben. Lassen Sie den Kindern die Kindheit, der Ernst des Lebens kommt früh genug!

Andererseits sollten Sie aber auch folgendes bedenken: Wie problematisch und unvollkommen Tests gerade für Kinder und Jugendliche auch sein mögen, mit wieviel Recht man auch beispielsweise das Ergebnis anzweifeln mag, das Sprachverständnis von Karoline sei ein wenig besser als das von Karl – sie reichen fast zur Diagnose von Extremen aus. Sollten Sie also einen einigermaßen begründeten Eindruck außergewöhnlicher Leistungs- oder Verhaltensmängel und umgekehrt auch besonderer Fähigkeiten und Begabungen bei einem Kind haben, dann machen Sie sich das Angebot etwa von Bildungsberatungsstellen zunutze. Eine Krakelschrift kann etwa durch einen winzigen Gehirndefekt verursacht sein, der sich auf die Feinmotorik auswirkt. Dann hätte es keinen Sinn, ein Kind zu quälen und ihm Schlampigkeit vorzuwerfen. In vielen Fällen könnte es aber ein geeignetes Training geben, das Probleme beseitigt oder wenigstens vermindert. Genauso könnte die Förderung einer besonderen Begabung einsetzen, wenn diese einigermaßen objektiv ermittelt ist.

In manchen Fällen wird einem Lehrer etwas an Ihrem Kind auffallen, und er wird Sie bitten, Ihr Kind testen zu lassen. Dem sollten Sie nicht von vornherein negativ gegenüberstehen, denn Lehrer sehen viele Kinder im Vergleich, und im allgemeinen fallen ihnen vor allem Extremfälle viel früher auf.

12
Das persönliche Gespräch

Vor der Verwendung schriftlicher Tests war jeder Psychologe gleichsam sein eigener Test. Bei der Personalauslese benutzte der Psychologe keine oder nur in sehr geringem Umfang Hilfsmittel wie Tests. Er stellte Fragen, hörte aufmerksam zu, nickte hin und wieder zustimmend oder schüttelte ablehnend den Kopf. Nach einem solchen Gespräch konnte er dann seinem Auftraggeber genau erklären, wen dieser vor sich hatte. Erst später machte man sich klar, daß auch der Psychologe nur ein Mensch ist, der sich von Sympathien und Antipathien leiten läßt und nicht immer gleichermaßen gut in Form ist. Dies war einer der Gründe, die zur Einführung standardisierter psychologischer Tests führten. Der Psychologe selbst trat dadurch immer mehr in den Hintergrund. In der Praxis der Personalauslese hat er heute im Grunde nur noch drei Funktionen:
○ er führt das persönliche Gespräch mit dem Kandidaten;
○ er interpretiert (in manchen Fällen) Testdaten;
○ er schreibt einen Bericht (oft tun es auch andere).
Auf die sogenannte *Testforschung*, also die Konzipierung neuer und die wissenschaftliche Untersuchung bestehender Tests, soll hier nicht weiter eingegangen werden. Auch diese gehört zum Arbeitsbereich des Testpsychologen oder sollte dazu gehören.

In die Interpretation von Testdaten gaben wir zwar in Kapitel 9 einen kurzen Einblick, doch ist dieses Thema für Sie nicht weiter von Belang: Es handelt sich um Schreibtischarbeit, die Sie nicht mehr beeinflussen können. Auch über die Abfassung des Berichts – ein administrativer Akt, der oft in hohem Maße standardisiert ist – gibt es nichts Aufregendes zu vermelden. Womit Sie aber in Berührung kommen werden, ist das persönliche Gespräch mit dem Psychologen. Er wird versuchen, Sie »aus der Reserve zu locken«. Die Ergebnisse dieses Gesprächs gehen mit in den Bericht ein, der über Sie abgefaßt wird. Wir empfehlen Ihnen daher, auch das *Gespräch mit dem Psychologen* als einen Test zu betrachten.

Zu Beginn dieses Kapitels erklären wir Ziel und Zweck des persönlichen Gesprächs und wenden uns dann den vier Gesprächsarten zu, mit denen Sie zu rechnen haben, sowie dem sogenannten *klinischen Blick* des Psychologen und seiner Effektivität. Wir werden Ihnen zeigen, daß auch der Psychologe beeinflußbar ist. Dann sei auf Themen eingegangen, die im Zusammensein mit Ihrem »Gastgeber« vermutlich zur Sprache kommen, von möglichen Tricks und Fallen und davon, wie Sie sich dagegen wappnen können. Mitunter hört man Klagen über allzu indiskrete Fragen im persönlichen Gespräch, über Eingriffe in die Privatsphäre. Auch damit werden wir uns beschäftigen. Nach der Lektüre dieses Kapitels werden Sie mit uns darin einig sein, daß Sie vor dem persönlichen Gespräch mit dem Psychologen keine Angst mehr zu haben brauchen!

Der Zweck des persönlichen Gesprächs

Der Zweck des persönlichen Gesprächs zwischen dem Probanden und dem Psychologen ist schnell umrissen. Das Gespräch erfolgt aus vier Gründen:
1. Der Psychologe erhofft sich von dem Gespräch *zusätzliche* Information.
2. Wie Ihnen mittlerweile klar sein dürfte, sind Tests keine perfekten Hilfsmittel. Das weiß der Psychologe ebenso. Er sucht in seinem Urteil über Sie mehr Sicherheit zu erlangen.
3. Am Testtag treten manchmal Widersprüche zutage. Der Psychologe sucht Aufklärung über schwer miteinander zu vereinbarende Ergebnisse.
4. Für bestimmte Fähigkeiten, Probleme oder Berufe bestehen keine (guten) Tests. Die einzige Möglichkeit, etwas über den Kandidaten zu erfahren, ist dann ein Interview. Die nüchternen Zahlenwerte der meisten Tests sagen nur wenig darüber, wie gut oder schlecht jemand zuhören kann, ob er dem Gesprächspartner in die

Augen sieht, ob er *repräsentativ* und sympathisch wirkt, ein *gutes Gespräch* führen kann und ähnliches mehr. Der Psychologe kann seinem Auftraggeber ein fundierteres und vollständigeres Bild übermitteln. Das Gespräch vermag sich also sowohl für den (redegewandten) Kandidaten als auch für den Auftraggeber positiv auszuwirken.

Wie läuft das Gespräch ab?

Betrachtet man nur die Extreme, ließen sich die Psychologen in vier Typen einteilen. (Die meisten Psychologen stehen vermutlich irgendwo zwischen diesen Extremen.) Da findet sich zunächst der Psychologe, der das persönliche Gespräch als *Pflichtübung* auffaßt. Es gehört eben dazu. Es ist Standard – und der Kunde hat dafür bezahlt! Dieser Psychologe wird nur ein kurzes, eher oberflächliches Gespräch führen. Hier haben Sie wenig zu befürchten. Das andere Extrem ist natürlich jener Psychologe, der auf das persönliche Gespräch mehr Wert legt als auf die Testbatterie, über der Sie schon den ganzen Tag geschwitzt haben. Er stellt das lebende Beispiel jenes Psychologen dar, der auch heute noch sein eigener Test ist. Diesen Typ werden Sie nicht mehr allzuoft antreffen. Sollten Sie aber zufällig an einen solchen Tester geraten, müssen Sie natürlich die nötige Vorsicht an den Tag legen und Ihre Worte mit Sorgfalt wählen. An der Undurchschaubarkeit der Fragen und der Mühe, die ihre Beantwortung Ihnen bereitet, merken Sie, mit welchem dieser beiden Psychologentypen Sie es zu tun haben – allerdings nicht sofort. Denn beide werden zu Beginn ganz einfache Fragen stellen, um Sie zu beruhigen.

Man kennt aber noch zwei weitere Extreme. Eine Gruppe von Psychologen arbeitet mit sogenannten *Checklisten*, einer Art Fragebögen, die systematisch durchgearbeitet werden. Ein Beispiel einer solchen Liste zeigen wir Ihnen später in diesem Kapitel. Manchmal weist die Liste große Ähnlichkeit mit einem Test auf. Die *Konkurrenz* dagegen schüttelt die Fragen aus dem Ärmel und wird deshalb auch hin und wieder wichtige Fragen übersehen. Doch vielleicht gleicht sich das durch langjährige Erfahrung wieder aus. Wer vom

Hundertsten ins Tausendste kommt, um ein Gespräch möglichst spontan zu halten, wird vermutlich keine Checkliste benutzen.

Abgesehen von diesen vier Extremen arbeiten einige Psychologen auch mit dem *klinischen Blick*. Darunter verstehen wir die Erfahrung und das Gefühl (Intuition), die der Psychologe bei der Beurteilung des Kandidaten mit einbringt. Am Beginn dieses Kapitels sagten wir, daß früher jeder Psychologe, der sich mit Ausleseverfahren befaßte, sein eigener Test war. *Jede* Beurteilung beruhte also auf dem klinischen Blick. An die Stelle dieser Methode sind zum Glück wissenschaftlichere Methoden getreten (obgleich auch diese nicht immer vollkommen sind). Worin liegt nun der Wert des klinischen Blicks? Oder anders ausgedrückt: Was erbringt bessere Ergebnisse – der Test allein (ohne Gespräch) oder das Gespräch mit dem Psychologen allein (ohne Test)? Wie gut kann der Psychologe künftiges Verhalten am Arbeitsplatz vorhersagen?

Diese Frage wurde Mitte der fünfziger Jahre erstmals eingehend untersucht, und man fand dabei heraus, daß der prognostische Wert beider Methoden gleich groß war! Wir müssen allerdings hinzufügen, daß eine solche Untersuchung ohne Test sowohl im Hinblick auf die Zeit als auch auf das benötigte Personal wesentlich kostspieliger ist. Jede der beiden Methoden hat im Vergleich zur anderen Vor- und Nachteile. Die besten Resultate aber liefert ihre Kombination!

Wie lange dauert das persönliche Gespräch?

Viele Testinstitute gleichen heutzutage *Fabriken*, in denen Menschen in Massen getestet werden. Das werden Sie vielleicht nicht schön finden – die dort beschäftigten Psychologen ebensowenig –, aber ökonomische Gesetze schufen diese Situation. Das bedeutet, daß die Gespräche mit den Kandidaten in der Regel ziemlich kurz sind. Sie können mit etwa einer halben Stunde rechnen. Für höhere Funktionen wird mitunter mehr Zeit aufgewendet: eine bis eineinhalb Stunden.

Eine halbe Stunde ist natürlich schnell vorüber. Wenn Sie Sorge haben, sich in dem Gespräch Blößen zu geben, können Sie immer versuchen, mit weitschweifigen Antworten Zeit zu gewinnen. Das birgt natürlich wieder ein anderes Risiko in sich. Dies gegeneinander abzuwägen, bleibt Ihnen überlassen.

Auch der Psychologe läßt sich beeinflussen!

Wie Sie aus eigener Erfahrung wissen, ist es nicht leicht, Menschen zu beurteilen, besonders wenn die Begegnung nur kurz ist, zum Beispiel im Zug oder auf einer Party. Dem Psychologen stellt sich dasselbe Problem. Er muß versuchen, in kurzer Zeit soviel wie möglich über Sie zu erfahren, und dazu steht ihm nur diese eine Gelegenheit zur Verfügung.

Der Psychologe weiß natürlich, worauf er im allgemeinen achten muß. Dafür ist er ausgebildet, und er besitzt die nötige Erfahrung. Dennoch ist auch für ihn das Beurteilen eines Menschen aufgrund eines kurzen Gesprächs keine leichte Angelegenheit. Woran liegt das?

Erstens steckt die psychologische Wissenschaft in diesem Punkt im Grunde immer noch in den Kinderschuhen. Wir wissen noch sehr wenig darüber, wie ein Mensch einen anderen beurteilt und worauf sich dieses Urteil gründet.

Zweitens kann die zu beurteilende Person absichtlich falsche Informationen geben oder versuchen, einen ganz bestimmten Eindruck zu erwecken.

Drittens ist der Psychologe auch nur ein Mensch, der sich von subjektiven Faktoren leiten läßt, die sein Urteil beeinflussen. Das kann sich für Sie günstig, aber auch ungünstig auswirken. Auf diesen letzteren Fall wollen wir kurz eingehen. Vielleicht ersehen Sie daraus, wie Sie den Psychologen im persönlichen Gespräch beeinflussen können, und zwar nicht allein durch das, was Sie sagen, sondern auch dadurch, wie Sie es sagen, wie Sie es repräsentieren.

Wie jeder Mensch unterliegt der Psychologe verschiedenen Beurteilungseffekten. Die wichtigsten wollen wir hier aufzählen. Auch diese *Schwächen* des Psychologen können Sie sich zunutze machen. Viele Kandidaten tun das gefühlsmäßig ohnehin.

1. Der Halo-Effekt:
Ein Halo ist ein Hof um eine Lichtquelle. Wir haben die Tendenz, Menschen aufgrund eines einzigen Merkmals zu hoch oder zu gering, zu gut oder zu schlecht einzuschätzen. Eine solche auffallende Eigenschaft *blendet* uns. Zwei *Beispiele*: Es könnte sein, daß wir einem Menschen, der besonders gut Kreuzworträtsel löst, (unbewußt) eine hohe Intelligenz zuschreiben. Zwischen Intelligenz und dem Lösen von Kreuzworträtseln besteht jedoch kein eindeutiger Zusammenhang. Unsere Schlußfolgerung ist also nicht gerechtfertigt. Oder: Jemand gebraucht im Gespräch zahlreiche Fremdwörter und medizinische Ausdrücke. Wir sind rasch geneigt, ihn für einen Arzt oder einen Medizinstudenten zu halten, während er in Wirklichkeit nur ein paar populärwissenschaftliche Bücher gelesen hat, um seine Gesprächspartner zu beeindrucken! Welche ist *Ihre* blendende Eigenschaft?

2. Freundlichkeit:
Gerade in einem Bewerbungsverfahren wird der Kandidat versuchen, möglichst freundlich zu erscheinen. Er will vor dem Psychologen als *netter* Mensch auftreten. Ein *harter* Manager wird hingegen alles tun, um sich (aus gutem Grund) auch als solcher zu präsentieren. Für den Psychologen ergibt sich nun das Problem: Wie ist dieser Mensch wirklich? Diese Frage muß er sich immer wieder stellen.

3. Toleranz und Rationalisierung:
Manche Psychologen sehen über vieles hinweg oder finden plötzlich *tiefere* Gründe für etwas, das ein Kandidat sagt oder tut. Dieser spricht zum Beispiel über seine Herkunft. Sein Vater sei ständig betrunken gewesen und habe Frau und Kinder geschlagen. Dann erzählt der Kandidat, er sei wegen eines Einbruchs vorbestraft, habe nun aber auf den rechten Weg zurückgefunden. Der Psychologe denkt: Aha, der Mann hat eine schwere Kindheit hinter sich, da ist so manches verständlich. Eine Rationalisierung liegt immer dann vor, wenn man versucht, Verhalten oder Denkweisen eines Menschen zu rechtfertigen. Manche Psychologen argumentieren jedoch gerade entgegengesetzt: Schlechte Erziehung, schwere Kindheit und eine Vorstrafe – da wird es nicht bei diesem einen Fehltritt bleiben... Welche Gefühle werden Sie ansprechen?

4. Erinnerungsfehler:
Führt ein Psychologe täglich eine Reihe von Gesprächen, kann es geschehen, daß sein Gedächtnis ihn bei der Abfassung des Berichts hin und wieder im Stich läßt oder daß er Testpersonen miteinander verwechselt. Gute Notizen sind hier zwar eine Hilfe, aber dieser Effekt ist nie ganz auszuschließen.

5. Ermüdungserscheinungen:
Vor allem nach einem langen Tag treten beim Psychologen Ermüdungserscheinungen auf. Seine Wahrnehmung wird lückenhaft. Möglicherweise leidet auch der Kandidat nach einem solchen langen und intensiven Tag unter Ermüdung.

Zahlreiche Untersuchungen haben sich mit dem Grad der Übereinstimmung zwischen Psychologen befaßt, die ein und denselben Bewerber zu beurteilen haben. Immer wieder hat sich dabei gezeigt, daß diese Übereinstimmung recht gering ist. Neben anderen Gründen dafür mag auch die unterschiedliche Aufmerksamkeit dazu beitragen.

Welche Themen werden im persönlichen Gespräch angeschnitten?

Es versteht sich von selbst, daß jedes Gespräch anders verläuft. Welche Themen zur Sprache kommen, richtet sich nach der Funktion, für die Sie getestet werden, nach Ihrem eigenen Hintergrund, Ihrer Ausbildung und Berufserfahrung, Ihren Testleistungen und der Zeit, die für das Gespräch zur Verfügung steht.

Sehen wir uns einmal an, wie so ein persönliches Gespräch im allgemeinen abläuft. Es beginnt mit einigen einfachen Fragen, damit Sie »warm werden« können. So fragt der Psychologe Sie beispielsweise, wie Sie den Testtag bis jetzt finden, was Sie erwartet hatten, ob die Tests Sie anstrengen und ähnliches. Allmählich kommt man dann zum eigentlichen Zweck des Gesprächs: *Der Psychologe will Ihnen zusätzliche Informationen entlocken.* Diese sollen ihm ein genaueres Bild von Ihrer Persönlichkeit ermöglichen.

Welche Themen werden im persönlichen Gespräch angeschnitten?

So wird er Sie interessiert befragen über:
- Ihre persönliche Vergangenheit;
- Ihre Ausbildung und Berufserfahrung;
- Ihre derzeitige Stelle und die Gründe Ihres Veränderungswunsches;
- die Gründe, warum Sie sich gerade um diese Stelle beworben haben, oder ob Sie das Angebot eines Betriebes eingegangen sind;
- Ihre Zukunftspläne.

Nach Auffassung von Experten muß ein gutes Gespräch mit dem Psychologen folgende Elemente umfassen:

1. Ihre bisherigen Leistungen:
Wichtig sind dabei vor allem für Manager Planung, (schnelle, aber wohlüberlegte) Entscheidungen, Menschenführung und die Art und Weise, wie Sie bestimmte Aufgaben bisher durchgeführt haben.

2. Miteinander zusammenhängende Erfahrungen,
wie Arbeit und Freizeit/Erholung, Arbeits- und Urlaubsplanung, Erfahrungsaustausch mit anderen – so etwa mit der Familie, mit Freunden und Kollegen.

3. Statusveränderungen:
Aus welchen Verhältnissen stammen Sie? Wie bewegen Sie sich auf der gesellschaftlichen Leiter? Steigen Sie schnell oder langsam auf, oder befinden Sie sich auf dem absteigenden Ast?

4. Kulturelle Erfahrungen:
Wo liegen Ihre Interessen? Auf künstlerischem, politischem, intellektuellem, literarischem, technischem oder wissenschaftlichem Gebiet? Oder gibt es nichts (Hobbies), wofür Sie sich erwärmen können?

5. Andere soziale und ökonomische Erfahrungen:
Die Wichtigkeit, die Sie materiellen (Luxus-)Gütern beimessen, Vereinsmitgliedschaften und dazugehörige Aktivitäten.

6. *Ihre Sicht*
der potentiellen neuen Stelle, der Organisation und dergleichen mehr.

Denken Sie stets daran, sich nicht zu weit von dem zu entfernen, was in der angestrebten Funktion üblich ist. Haben Sie sich um eine Stelle in einer sozialen Einrichtung beworben? Dann sollten Sie in vielen Fällen politisch ein wenig links stehen (aber nicht extrem links!). Möchten Sie in einem großen multinationalen Unternehmen arbeiten? Dann sind Sie ein Rechtswähler, aber auch hier nicht extrem. Große Unternehmen mögen Menschen, die sich an die Regeln halten und sich anpassen. Präsentieren Sie sich im persönlichen Gespräch also nicht als »Revoluzzer« oder kritischer Denker. In den Augen vieler Arbeitgeber ist es ein gutes Zeichen, wenn Sie sich neben Ihrem Beruf auch für gesellschaftliche Belange einsetzen. Vielleicht sind Sie Schatzmeister des örtlichen Tennisclubs oder trainieren sonntagmorgens eine Jugend-Fußballmannschaft. Im vorigen Kapitel gaben wir Tips für den Persönlichkeitstest. Sie gelten auch für das Gespräch.

Noch eine Warnung! Manche Bewerber möchten sich von ihrem jetzigen Vorgesetzten trennen, weil sie persönlich nicht mit ihm zurechtkommen. Lassen Sie sich *keinesfalls* dazu verleiten, negativ über Ihren Arbeitgeber zu sprechen. »Warum möchten Sie denn die Stelle wechseln?« fragt der Psychologe. Ihre Antwort: »Weil ich glaube, daß ich mehr kann / weil ich mich finanziell verbessern will / weil ich eine neue Herausforderung suche.« Nennen Sie nur positive Gründe für den Stellenwechsel. Sind Sie mit Ihrer Tätigkeit nicht zufrieden, geschieht es nur allzu leicht, daß Sie sich negativ darüber äußern. Vor allem dann, wenn Sie einen aufmerksamen Zuhörer vor sich haben. Vielleicht würde es Sie erleichtern, die *Wahrheit* über Ihre Stelle und das Betriebsklima zu enthüllen. Tun Sie es nicht. Sprechen Sie positiv über Ihre Stelle, auch wenn es Ihnen noch so schwerfällt. Sie sollten bedenken, daß nicht jeder Psychologe es bei den genannten Antworten beläßt. Oft wird er weiterfragen: »Wie meinen Sie das?« »Können Sie dazu noch etwas sagen?« »Ist das wirklich der Grund?« »Aber warum …?« Er will den Kandidaten aus der Reserve locken. Wir empfehlen, solche Dialoge im Familienkreis zu üben.

Es kann vorkommen, daß der Psychologe Sie fragt, ob Sie schon einmal einen psychologischen Test absolvierten, etwa im Zusammenhang mit einer Stellenbewerbung. Diese Frage sollten Sie verneinen. Warum?

Erstens ist es eine bekannte Tatsache, daß Menschen mit Testerfahrung bei späteren Tests besser abschneiden. Das richtige und schnelle Ausfüllen der Testbögen läßt sich erlernen – es ist ja ein wichtiges Thema dieses Buches. Weiß der Psychologe, daß Sie schon einmal an einem Test teilnahmen, verhält er sich vielleicht entsprechend.

Zweitens könnte er dann fragen, warum Sie schon einmal getestet wurden. Wie war das damals? Weshalb haben Sie die Stelle nicht erhalten? (Sind Sie im Rahmen der Berufsberatung oder wegen persönlicher Probleme getestet worden, treten womöglich allerhand unangenehme und peinliche Fragen dazu auf. Warum sich die Sache also unnötig erschweren?)

Drittens könnte der Psychologe von Ihnen wissen wollen, wann und von welchem Testinstitut Sie untersucht wurden, und dann dort Ihre Daten anfordern. Das ist zwar ganz und gar ungehörig und darf nicht ohne Ihre ausdrückliche Einwilligung geschehen (siehe dazu Ihre Rechte in Kapitel 14), kommt aber doch hin und wieder vor. Wurden Sie im selben Testinstitut schon früher getestet, machen Sie es dem Psychologen mehr als leicht, Ihre Unterlagen aus dem Archiv hervorzuholen. (Manche Büros verfügen über ein ausgezeichnetes Dokumentationssystem.)

Worauf achtet der Psychologe sonst noch?

Die Aufgabe des Psychologen besteht darin, Sie zu beurteilen. Zu seinem Urteil tragen neben den Tests, die Sie vielleicht bereits alle hinter sich haben, und dem Inhalt des persönlichen Gesprächs noch andere Faktoren bei, aus denen er seine Schlüsse zieht. Gemeint sind unter anderem Kleidung, gepflegtes Aussehen und *nonverbale Kommunikation.*

Über Kleidung und gepflegtes Aussehen sprachen wir bereits in Kapitel 7. Dort gaben wir Ihnen verschiedene Hinweise, die wir hier

kurz wiederholen möchten. (Eine ausführlichere Beschreibung finden Sie in dem genannten Kapitel.)
1. Kleiden Sie sich entsprechend der Funktion, für die Sie getestet werden.
2. Wählen Sie einen sachlichen Mittelweg. Kleiden Sie sich weder zu modisch noch zu konservativ.
3. Erscheinen Sie in makellos sauberer Kleidung zum Gespräch.
4. Beehren Sie (wenn nötig) den Friseur mit Ihrem Besuch.
5. Sorgen Sie dafür, daß Ihre Hände und Fingernägel sauber und gepflegt sind.

Unter *nonverbaler Kommunikation* versteht man die *Körpersprache*. Ihr Körper kann demjenigen, der darauf achtet, viel Information übermitteln. Hier einige *Beispiele*:

O Schweißperlen glänzen auf Ihrer Stirn, Ihre Hände sind feucht, und unter den Achseln ist die Kleidung sichtlich durchgeschwitzt. Was bedeuten diese Signale? Haben Sie vielleicht vor irgend etwas Angst? Sind Sie nervös? Weshalb? Ist es allgemeine Testangst, oder stehen Sie stets so unter Spannung, wenn Sie mit Menschen umgehen? Wie auch immer: Schweiß verrät etwas über Sie. Und meist nichts Positives.

O Während des Gesprächs sitzen Sie auf einem Stuhl. Sie können sich zurücklehnen, in der Mitte sitzen oder auf der Kante. Was sagt das über Sie aus? Einiges. Sitzen Sie ganz vorn auf der Stuhlkante, so sind Sie im allgemeinen nervös, unsicher oder ängstlich. (Oder hören Sie vielleicht nicht gut? Sitzen Sie dagegen zurückgelehnt, bedeutet das in der Regel, daß Sie entspannt und für die Dinge um Sie herum aufgeschlossen sind.)

O Stottern Sie, oder versprechen Sie sich leicht? Das kann ein Sprachfehler sein, unter dem Sie schon seit der Kindheit leiden. Es kann aber auch an Ihrer Nervosität liegen, und das ist meist weniger günstig für Sie. Vor allem bei Berufen und Funktionen, bei denen Sie täglich mit vielen Menschen sprechen und sie überzeugen müssen, ist dies ein großer Nachteil.

O Verrät Ihre Stimme Aufregung? Manche Menschen sprechen schneller als sonst, wenn sie unter Druck stehen, nervös sind oder etwas zu verbergen haben.

Worauf achtet der Psychologe sonst noch? 195

○ Wie ist Ihre Arm- und Beinhaltung? Sie kann ebenfalls verräterisch sein. Hängen Ihre Arme locker herab, oder haben Sie sie vor der Brust verschränkt? Im ersten Fall wird meist auf Offenheit und aufmerksames Zuhören geschlossen, im zweiten auf eine Abwehrreaktion, eine abwartende oder herausfordernde Haltung. (Das hängt oft von Ihrer Kopfhaltung, Augenstellung und dergleichen ab.) Ähnliches läßt sich von Ihren Beinen sagen. Stehen die Füße nebeneinander, oder haben Sie ein Bein über das andere geschlagen?

○ Reichen Sie dem Psychologen eine kräftige oder eine schlaffe Hand? Manche Menschen sind für die dargebotene Hand sehr empfänglich und ziehen daraus – nicht immer zu Recht – alle möglichen Schlüsse.

○ In vielen Berufen ist *Kontaktfreudigkeit* (der gewandte Umgang mit Menschen) wichtig. Diese Eigenschaft mit den vorhandenen psychologischen Tests zu messen, ist schwer, wenn nicht unmöglich. Deshalb muß Ihr Gesprächspartner während der Untersuchung selbst als Test fungieren. Was für ein Mensch sind Sie? Wenn man Ihnen drei Wörter vorgibt, sprechen Sie dann weiter, oder muß man Ihnen alles »aus der Nase ziehen«? Sprechen Sie leicht und locker, oder müssen Sie immer erst lange überlegen, um die richtigen Worte zu finden? Sind Sie ein Mensch, der sich fast überall wohlfühlt, oder sind Sie extrem schüchtern? Gleichen Sie mehr einem *jovialen Verkäufer* oder einem *ernsten Wissenschaftler*? In vielen Fällen wird der Psychologe für seinen Auftraggeber prüfen, wie Sie mit Menschen umgehen. In dem kurzen Gespräch mit ihm wird sich oft zeigen, welche Art von Mensch Sie sind. Aber Sie können sich auf dieses Gespräch natürlich vorbereiten und sich nicht so leicht einteilen lassen!

Wir sagten bereits, daß manche Psychologen mit einer Checkliste arbeiten, um die Fragen systematisch abzuhaken und ihre Eindrücke sofort zu Papier zu bringen. Nehmen wir die Beurteilung der *Energie*, über die ein Kandidat nach Meinung des Testpsychologen verfügt, als Beispiel. Während des Gesprächs wird eine der folgenden Zahlen und/oder Beschreibungen angekreuzt:

9 Vital, temperamentvoll, energisch, forsch, robust, schlagfertig, tatkräftig, nimmt sich viel vor.
8
7 Ist bereit, neben seinen Pflichten auch andere Aufgaben zu übernehmen.
6
5 Hinreichend energisch.
4
3 Macht einen etwas schlaffen, nicht sehr tatkräftigen Eindruck.
2
1 Wenig energisch, träge, etwas abwesend, keine Ausstrahlung, langsam in seinen Reaktionen, wirkt lustlos und/oder gleichgültig.

Der Psychologe kennt etwas, das Sie nicht kennen: Maßstäbe

Als Bewerber sind Sie sozusagen immer im Nachteil, auch im Testinstitut. Doch das wußten Sie ja schon. Aber vielleicht sind Sie sich noch nicht hinreichend darüber im klaren, daß der Psychologe Sie mit anderen Kandidaten vergleicht, die sich um dieselbe Stelle beworben haben. Oft werden Sie auch mit früheren Inhabern der zu vergebenden Position verglichen. (Das gilt natürlich nicht nur für das Gespräch. Ziel psychologischer Tests ist es, Ihre Leistungen denen vieler anderer Berufskollegen gegenüberzustellen.) Nehmen wir ein *Beispiel*: Ein bekannter Hersteller von Fotokopiergeräten sucht einen Vertreter und hat aus einer Vielzahl von Bewerbungen fünf Kandidaten ausgewählt, die er zur weiteren Untersuchung an ein Testinstitut verweist. Der betreffende Psychologe wählt schon seit Jahren Vertreter für diese Firma aus, und das zur Zufriedenheit seines Auftraggebers. Er weiß ungefähr, wie der erfolgreiche Vertreter dieser Firma aussehen und welche Art von Mensch er sein muß. (Erfolgreich in bezug auf den Umsatz, darin, daß er zur *Kultur* des Betriebes paßt.)

Dem Psychologen ist also bekannt, daß der geeignetste Kandidat etwa so aussehen muß (fiktive Beispiele):

○ Er hat ein abgebrochenes Technik-Studium (Hochschulniveau);
○ er liebt seine Freiheit, teilt sich seine Zeit gern selbst ein;
○ er liest kaum Bücher, aber viele Zeitschriften;
○ er geht locker mit Menschen um;
○ er hat einen gewissen Charme;
○ er ist dynamisch – dynamischer als andere Vertreter;
○ er verdient gern viel Geld – und gibt es schnell wieder aus;
○ er findet die Schale (Kleidung!) wichtiger als den Kern (Charakter).

Dieses Bild hat der Psychologe also vor Augen, wenn er für seinen Auftraggeber einen Vertreter sucht. Sie wissen vielleicht, was *den* Vertreter schlechthin kennzeichnet. Vielleicht sind Sie selbst einer und suchen eine bessere Stelle. Was Sie aber nicht wissen, ist, welchen Kriterien der *gesuchte* Vertreter entsprechen muß. Diese Informationslücke ist ein Nachteil für Sie. Fragt der Psychologe Sie nun, ob Sie manchmal lesen, und Sie antworten, daß Sie eine besondere Vorliebe für die Klassiker und für junge deutsche Autoren haben, dann zählen Sie in unserem fiktiven Beispiel nicht zu dem erwünschten Typus. Doch das konnten Sie nicht wissen. Wenn Ihnen nun noch das Geldverdienen nicht so wichtig ist und Sie ein sparsamer Mensch sind, dann steht die Sache ungünstig für Sie ... Das bedeutet nicht, daß Sie ein schlechter Vertreter sind. Nein, Sie passen nur ganz offenkundig nicht so gut zu der Firma, die Sie testen läßt.

Ob Sie nun als Vertreter, Manager, Pilot oder Verwaltungsmitarbeiter getestet werden: Über die gewünschten technischen Fähigkeiten und die nötige Ausbildung verfügen Sie vielleicht durchaus. Daneben will man jedoch ebenfalls wissen, wie gut Sie zur *Kultur* eines neuen Arbeitgebers passen. Und gerade dazu fehlt Ihnen oft die richtige Information. Sie wissen nicht, welche Maßstäbe hier gelten. (Dieses Problem stellt sich natürlich auch bei vielen der in diesem Buch besprochenen psychologischen Tests.) Es geht also um Information, die während der Gespräche im Betrieb selbst gesammelt werden muß. Ein guter *Rat*: Lassen Sie sich *keinesfalls* testen, bevor Sie über ein ausreichendes Bild von der Funktion, der Organisation und der Betriebskultur verfügen!

Wenn Sie die Wirklichkeit ein wenig aufpolieren: Vorsicht vor Fallstricken!

Wir wollen Sie nicht dazu ermuntern, Ihren Gesprächspartner fortwährend zu täuschen. Das ist ohnedies schwer, wie Sie gleich sehen werden. Und später, wenn Sie die Stelle antreten, können dadurch sehr unangenehme Situationen entstehen, vor allem, wenn sich dann zeigt, daß Sie nicht in den Betrieb passen. Dies alles bedeutet jedoch nicht, daß Sie die Realität nicht ein wenig *schönen* dürften ...

Dabei ergeben sich für Sie zwei Probleme. Zum einen kennen Sie die Maßstäbe des Psychologen nicht; darüber sprachen wir soeben. Zum anderen ist es gar nicht so einfach, die Wirklichkeit zurechtzubiegen. Zweifelt Ihr Gesprächspartner daran, daß Sie die Wahrheit sagen, wird er versuchen, Ihnen auf allerlei – zum Teil gewagten – Umwegen auf den Zahn zu fühlen.

Ein *Beispiel* zur Verdeutlichung. Ihre künftigen Kollegen (vorausgesetzt, Sie werden genommen) lesen viel, vor allem Bücher. Der Psychologe fragt Sie, ob Sie viel lesen, und Sie antworten mit einem vollmundigen Ja, obwohl Sie nicht gerade ein passionierter Leser sind. Die nächste Frage könnte lauten: »Wann haben Sie zuletzt ein Buch gelesen?« Vor zwei Jahren, aber das sagen Sie natürlich nicht. Statt dessen lügen Sie: »Vor drei Wochen.« Daran schließt sich vielleicht die Frage an: »Was für ein Buch war das?« Geben Sie nun vor, Sie könnten sich nicht mehr an den Titel, Autor und Inhalt erinnern, dann sieht der Psychologe zwei Möglichkeiten: Entweder Sie lügen, oder Sie haben ein miserables Gedächtnis. Weder das eine noch das andere wird Ihnen zum Vorteil gereichen! Wenn Sie die Wahrheit ein wenig beschönigen wollen, so tun Sie es konsequent und *professionell* und fallen Sie nicht auf Fangfragen herein. Achten Sie darauf, daß Sie nichts sagen (zum Beispiel über Ihren derzeitigen und über frühere Arbeitgeber, über Abschlußzeugnisse, Mitgliedschaften und ähnliches), das sich auf anderen Wegen überprüfen läßt.

Ein Eingriff in Ihre Privatsphäre?

Testfragen können rücksichtslos sein. Bestimmte Fragen wollen Sie vielleicht nicht beantworten, doch auch damit verraten Sie etwas über sich selbst. Ebenso kann das persönliche Gespräch Fragen enthalten, die Sie aus verschiedenen Gründen lieber nicht beantworten – weil der Bereich für Sie zu emotionsgeladen ist, oder weil Sie sich nicht gern daran erinnern. Womöglich wird hier ein Schwachpunkt angesprochen, oder Sie sind der Meinung, das gehe niemanden etwas an. Welche Fragen könnten es sein, auf die Sie lieber nicht antworten?

○ »Haben Sie viele Freundinnen/Freunde?«
○ »Hatten Sie als Kind viele Freundinnen/Freunde?«
○ »Wie würden Sie Ihre Ehe beschreiben?«
○ »Hatten Sie schon einmal intime Beziehungen zu Personen des gleichen Geschlechts?«
○ »Fühlen Sie sich manchmal einsam?«
○ »Verstehen Sie sich gut mit Ihren Kindern?«
○ »Schauen Sie manchmal zu tief ins Glas?«
○ »Haben Sie schon einmal Marihuana/Haschisch geraucht?«
○ »Wie oft gehen Sie in die Kirche?«
○ »Beichten Sie manchmal (was und warum)?«

Der Psychologe wird auf vielen dieser Fragen beharren und weiterfragen. Mit einem einfachen »ja«, »oft« oder »gut« ist es also nicht getan ... Doch haben Sie das Recht, die Antwort auf gewisse Fragen zu verweigern. Sie können auch sagen, es sei Ihnen nicht klar, was beispielsweise Ihre Kindheit mit dem Vertreterposten zu tun habe, für den Sie getestet werden. Gehen Sie aber auf diese »heiklen« Fragen ein, so denken Sie daran, daß es stets am besten ist, im Sinne des Durchschnittsmenschen (Vertreter, Manager, Buchhalter) zu antworten. Natürlich sind Sie (schon seit vielen Jahren) verheiratet. Natürlich hatten Sie eine glückliche Kindheit, und Ihre Eltern zeigten meist (wenn auch nicht immer) Verständnis für Sie. Natürlich haben Sie Marihuana geraucht (Sie hatten so viel darüber gelesen, daß Sie es einfach einmal ausprobieren wollten. Aber bei dem einen Mal ist es geblieben). Natürlich trinken Sie hin und wieder ein Glas Wein zum Abendessen. Aber betrunken? Selten, vielleicht alle fünf Jahre einmal. Natürlich verstehen Sie sich gut mit Ihren Kindern, die dreizehn und fünfzehn Jahre alt sind. Naja, es gibt schon mal Probleme. Ein schwieriges Alter! Können Sie die übrigen Fragen selbst beantworten?

Ein paar Tricks

Es kann vorkommen, daß ein »alter Hase« seines Fachs zu einigen für Sie recht unangenehmen Tricks greift. Wir wissen nicht, ob das noch oft geschieht, aber es ist immer gut, wenn man gewarnt ist! Hier ein paar *Beispiele* dafür, was wir unter solchen Tricks verstehen:

1. Ein Testassistent führt Sie ins Zimmer des Psychologen und schließt hinter Ihnen die Tür. Der Psychologe ist vollauf damit beschäftigt zu lesen, schreiben, etwas zu notieren und bemerkt Sie nicht. Was tun? Warten, bis er von seiner Arbeit aufblickt? Sich räuspern oder anderweitig auf sich aufmerksam machen? Oder einfach sagen: »Guten Tag, mein Name ist Müller, ich habe einen Termin bei Ihnen!« Warum sollten Sie sich nicht für die letzte Lösung entscheiden? Lassen Sie sich nicht zum Narren halten! Wenn Sie stehenbleiben und warten, bis es dem anderen beliebt, Sie zu beachten, so werden Sie als schüchtern, unselbständig, ängstlich, wenig selbstsicher abgestempelt.
2. Eine Variante dieses Vorgehens ist der *Stuhltrick*. Auch hier stehen Sie im Zimmer des Psychologen. Dieser hebt den Blick von seiner Arbeit und fordert Sie auf, Platz zu nehmen. Er entschuldigt sich, er müsse noch rasch etwas notieren, er sei gleich soweit... Zu Ihrem Schrecken stellen Sie fest, daß kein Stuhl für Sie vorhanden ist. Was jetzt? Ruhig stehen bleiben oder hinausgehen? Einen Stuhl aus dem Wartezimmer holen oder sagen, daß kein Stuhl da ist? Oder setzen Sie sich einfach zu dem Psychologen auf die Schreibtischkante? Auch hier sollten Sie etwas sagen und sich nicht ins Bockshorn jagen lassen. Bleiben Sie auf keinen Fall ergeben stehen!
3. Schwierige, unangenehme Fragen, hinter denen Sie bereits einen Trick wittern. Einige Beispiele:

Ein paar Tricks

- »Weswegen sind Sie eigentlich hierher (in mein Büro, in unser Testinstitut) gekommen?«
- »Wie sehen Ihre Zukunftspläne aus?«
- »Worüber wollen Sie mit mir sprechen?«
- »Sie haben sich verspätet!«
- »Wo liegen Ihre starken (schwachen) Seiten?«

Wie setzen Sie sich gegen solche Angriffe zur Wehr? Dafür gibt es ein ganz einfaches Rezept. Vor allem: Lassen Sie sich nicht provozieren, werden Sie nicht böse, bleiben Sie freundlich. Und beantworten Sie die Frage mit einer Gegenfrage! Etwa so:

- »Wie meinen Sie das?«
- »Ich glaube, ich verstehe nicht ganz ...«
- »Könnten Sie das noch einmal erklären?«
- »Glauben Sie das wirklich?«
- »Wieso denken/meinen/finden Sie das?«
- »Warum fragen Sie danach? / Wozu will die Firma X (Ihr zukünftiger Arbeitgeber) das wissen?«
- »Weshalb ist es wichtig, das zu wissen?«
- »Was machen Sie/der zukünftige Arbeitgeber mit dieser Information?«

Das Schöne an solchen Gegenfragen ist, daß Sie den Psychologen mit seinen eigenen Waffen schlagen!
Zum Schluß möchten wir noch darauf hinweisen, daß Sie es sich keinesfalls gefallen lassen müssen, wenn die üblichen Anstandsregeln verletzt werden.

13
Das Lesen eines Testberichts

Eines Ihrer Rechte als Testperson besteht, wie schon erwähnt, darin, daß Sie Einblick in den über Sie angefertigten Bericht nehmen können, in dem die Resultate aller von Ihnen absolvierten Tests aufgeführt sind. Darüber hinaus enthält der Bericht Interpretationen und Empfehlungen. Letztere werden Sie ganz besonders interessieren. Hier steht nämlich, wozu das Testinstitut dem Arbeitgeber rät: den Bewerber einzustellen oder abzulehnen. Gemäß den »Spielregeln«, die für psychologische Tests gelten, haben Sie in jedem Fall Anspruch auf eine kostenlose Nachbesprechung der absolvierten Tests. Das bedeutet: die Nachbesprechung sollte immer kostenlos sein, selbst wenn Sie einen Test auf Ihre Kosten gemacht haben, was aber wohl der Ausnahmefall ist.

Viele halten es für unnötigen Aufwand, das Testinstitut noch einmal aufzusuchen, vor allem wenn das Ergebnis negativ ausgefallen ist ... In diesem Kapitel wird erklärt, warum es dennoch sinnvoll ist, von Ihrem Recht, den Bericht einzusehen, Gebrauch zu machen. Was enthält das Kapitel sonst noch? Wir zeigen Ihnen Beispiele von Testberichten, so daß Sie sich eine Vorstellung vom Inhalt eines solchen Berichts machen können. Weitere Themen sind: allgemeine/ spezifische/detaillierte Beschreibungen Ihrer Person, die Zuverlässigkeit von Prognosen, der telefonische Bericht, falsche Berichte und die Frage, wie man »Berufung einlegt«. In Kapitel 14 wird ausführlich von Ihren sonstigen Rechten die Rede sein.

Bestehen Sie auf Ihrem Recht!

Sie brachten einen Tag im Testinstitut zu, und zwei Wochen später – so sagte man Ihnen beim Abschied – könnten Sie sich telefonisch nach dem Ergebnis erkundigen. (Manche Institute geben noch am selben Tag erste Hinweise.) Wurden Sie im Rahmen einer Stellenbewerbung getestet, so interessiert Sie wohl nur eins: *bestanden* oder *durchgefallen*? Sieht das Ergebnis negativ für Sie aus – und das passiert den meisten, denn die Wahl trifft immer nur einen der zahlreichen Bewerber –, dann legen Sie rasch den Hörer auf. Adieu Test, adieu Job. Der Test selbst spielt keine Rolle mehr. Aber da irren Sie sich sehr!

Unser Rat: Machen Sie unbedingt von der Möglichkeit Gebrauch, den Testbericht kostenlos einzusehen!

Wozu noch einmal eine (Bahn-)Fahrt zum Testinstitut auf sich nehmen, wenn Sie das Ergebnis doch bereits telefonisch erfahren oder einen kurzen, sachlichen Brief erhalten haben?

Wir rieten Ihnen schon mehrfach, *Testerfahrung* zu sammeln. Je mehr Erfahrung Sie haben, desto weniger ängstlich werden Sie sein und desto besser werden Ihre Testleistungen. Versuchen Sie deshalb, unabhängig davon, wie Sie diesmal abschnitten, soviel wie möglich über die Tests zu erfahren. Vielleicht war das Gutachten des Testinstituts durchaus positiv. So etwas hört man gern. Nur haben Sie damit die Stelle noch nicht! Schließlich treten Sie nicht in die Dienste des Testinstituts, sondern einer Organisation, die geeignete Kandidaten sucht. Natürlich kann es vorkommen, daß der Betrieb das Gutachten des Testinstituts ignoriert. Häufiger geschieht es aber, daß der zukünftige Arbeitgeber zwischen mehreren positiv beurteilten Bewerbern wählen muß. Und Sie gehören dann – wir wollen es nicht hoffen – vielleicht zu denen, für die er sich nicht entscheiden konnte.

Sie geben jedoch nicht auf, bewerben sich weiter und werden womöglich wenig später erneut getestet. Die Testerfahrung, über die Sie nun verfügen, wird Ihnen dabei sehr zustatten kommen. Zumal es bei einer ähnlichen Stelle zum Teil die gleichen Tests sein werden, die Sie zu absolvieren haben ...

Aber auch, wenn Sie die begehrte Position erhalten, kann es nicht schaden, mehr über den Test zu erfahren. Wozu? Erstens weiß man nie, wann man wieder einmal getestet wird. Warum sollten Sie die gebotene Möglichkeit also nicht nutzen? Zweitens: Sind Sie nicht neugierig, wie ein neutraler Fachmann Ihre Persönlichkeit, Ihre starken und schwachen Seiten, Ihre guten und weniger guten Eigenschaften beurteilt? (Und wenn dies nicht mit Ihrer Sicht übereinstimmt, wo liegen die *Fehler*? Haben Sie sich selbst immer falsch eingeschätzt, oder hat das Testinstitut Wichtiges übersehen?) Und zum Dritten: Nennt der Testbericht Schwachpunkte, die sich verbessen lassen, so haben Sie damit einen ausgezeichneten Grund, eine Art Trainingsprogramm für sich aufzustellen. Ein Kurs kann gewiß nicht schaden.

Etwas anders verhält es sich, wenn Sie freiwillig (zum Beispiel im Rahmen der Berufsberatung) getestet werden. Auch dann (und vor allem dann!) sollten Sie versuchen, *soviel wie möglich* über sich selbst und die Tests in Erfahrung zu bringen.

Erkennen Sie sich im Testbericht wieder?

Hier ein kurzer Testbericht. Lesen Sie ihn in Ruhe durch und beantworten Sie danach drei Fragen. Das Wie und Warum erklären wir Ihnen später.

Erster Teil: Technische Daten. (Name, Alter, Geschlecht, Familienstand, Ausbildung, Berufserfahrung und anderes.)

Zweiter Teil: Persönlichkeitsbeschreibung und Fähigkeiten. »X ist eine gepflegte Erscheinung, die einen angenehmen Eindruck auf mich machte. Sie/er sieht jünger aus, als sie/er tatsächlich ist. Sie/er wirkt recht bedächtig, kann aber auch spontan reagieren. X ist hochmotiviert, ohne daß man sie/ihn jedoch als allzu ehrgeizig bezeichnen könnte. Sie/er dürfte eine angenehme Kollegin/ein angenehmer Kollege sein, die/der sich jedoch nicht aufdrängt.

Die Testperson zeigt keine Persönlichkeitsstörungen oder Anzeichen einer ernsten Krankheit, äußerte allerdings das Bedürfnis, sich hin und wieder einen Tag freizunehmen. (Möglicherweise hat X einige leichte Phobien, die aber, was ihre/seine Stelle anbelangt, keineswegs ins Gewicht fallen.) Sie/er trieb früher viel und aktiv Sport, hat aber seit einigen Jahren aus beruflichen Gründen nur noch wenig Gelegenheit dazu. X liest gern, wobei ihre/seine Vorlieben von Jahr zu Jahr wechseln. Sie/er selbst spricht von »guten« Büchern. Sie/er sieht auch gern fern, ohne jedoch »süchtig« danach zu sein. Sie/er bevorzugt Dokumentarfilme, spannende Sportsendungen, Nachrichtensendungen und »bessere« Spielfilme.

X besitzt ein überdurchschnittliches räumliches Vorstellungsvermögen, während ihre/seine technische Begabung etwa dem Durchschnitt entspricht. Ihre/seine administrativen Fähigkeiten sind uneingeschränkt als gut zu bezeichnen (sie/er ist schnell, genau, kreativ), in Krisensituationen bleibt sie/er ruhig und besonnen.

Der IQ von X liegt bei 110 (mit einer Abweichung von 15 Punkten nach oben und unten), wobei vor allem der verbale IQ einen hohen Wert erreicht (125). X besitzt gewisse Führungsqualitäten, die ihr/ihm die nötigen Entfaltungsmöglichkeiten geben würden, *sofern* man ihr/ihm entsprechende Chancen einräumt.

Von ihrer/seiner Ausbildung, ihrer/seiner Mentalität und ihrem/seinem Freundeskreis her ist X dem sozialen Milieu, dem sie/er entstammt, entwachsen. Daraus ergeben sich hin und wieder Spannungen mit ihren/seinen Eltern, die sie/er deshalb nicht mehr allzu häufig sieht.

X zeigt eine gute *Ich-Stärke*, die es ihr/ihm ermöglicht, in einer Diskussion ihren/seinen Standpunkt mit Entschiedenheit zu vertreten. Sie/er weist zwar keine Erfahrung im Verkaufssektor auf, bringt hierfür aber mit Sicherheit die nötigen Voraussetzungen mit. Dieser Eindruck verstärkt sich durch die Zuverlässigkeit von X und ihre/seine Risikobereitschaft, die jedoch mit Waghalsigkeit nichts gemein hat.

Wir kommen deshalb zu dem Schluß, daß X allen von Ihnen gestellten Anforderungen entspricht. Von unserer Seite ergeben sich gegen diese Kandidatin/diesen Kandidaten keine Einwände. Wenn sie/er sich noch um ein etwas repräsentativeres Äußeres bemüht und Weiterbildungschancen wahrnimmt, ist sie/er nach unserer Einschätzung eine geeignete Kandidatin/ein geeigneter Kandidat für die von ihnen beschriebene Tätigkeit.

          Gezeichnet
          Dr. Xaver Müller, Dipl.-Psych.«

Beantworten Sie nun die folgenden Fragen:
1. Inwieweit erkennen Sie sich in diesem Testbericht wieder?
   Uneingeschränkt ☐
   Weitgehend ☐
   Teilweise ☐
   Kaum ☐
   Gar nicht ☐
2. Welche Ihrer in dem Bericht erwähnten Eigenschaften sind zutreffend beschrieben? (Nennen Sie maximal drei.)
   a) ....
   b) ....
   c) ....
3. Welche Ihrer in dem Bericht erwähnten Eigenschaften sind nicht zutreffend beschrieben? (Nennen Sie maximal drei.)
   a) ....
   b) ....
   c) ....

Wenn Sie sich in diesem (frei erfundenen) Bericht *uneingeschränkt*, *weitgehend* oder *teilweise* wiedererkannt haben, ist das gar nicht so schlecht. Untersuchungen über *allgemeine* Berichte dieser Art ergeben immer wieder, daß viele Menschen sich darin gut beschrieben finden. Woran liegt das? Die Erklärung dafür ist einfach. Der Bericht enthält nichts Spezifisches, das Sie von anderen unterscheiden würde. Wer von uns sieht nicht hin und wieder fern, ohne »süchtig« danach zu sein? Wer von uns glaubt nicht, ein überdurchschnittliches räumliches Vorstellungsvermögen zu haben? Es ist auch gar nicht leicht, dies im Vergleich mit anderen Menschen herauszubekommen. (Und was würde das dann bedeuten?) Wer hat nicht ab und zu Probleme mit seinen Eltern und sieht sie deshalb seltener?

Ein solcher allgemeiner Bericht erinnert denn auch ein wenig an die Astrologie-Ecke einer Zeitschrift. »Sie werden einen wichtigen Brief erhalten.« Schön und gut. Was aber ist wichtig? Ist es angenehm-wichtig? Eine Steuerrückzahlung, oder ein Brief von einem alten Freund, von dem man lange nichts gehört hat? Oder ist es unangenehm-wichtig: der Steuerbescheid oder ein unerwünschter Liebesbrief? Was heißt *wichtig*, werden Sie sich fragen, wenn in der Woche des Horoskops kein wirklich wichtiger Brief eintrifft. Wird dann die Telefonrechnung plötzlich wichtig?

Wie man sieht: Ein solcher allgemeiner Bericht hat keinerlei Wert. Für niemanden. Auf den ersten Blick aber wirkt er sehr überzeugend, es sei denn, Sie haben etwas extreme Antworten gegeben. (»Ich kann das Fernsehen absolut nicht ausstehen.« »Ich bin fünfundvierzig und wohne noch bei meinen Eltern. Wir verstehen uns prächtig.« »Ich hatte noch nie Probleme am Arbeitsplatz.«)

Sollten Sie Gelegenheit haben, den Testbericht zu lesen, so achten Sie darauf, ob er Besonderheiten enthält: Persönlichkeitseigenschaften und Fähigkeiten, die nur auf Sie zutreffen. Sie haben ja gesehen, wie leicht es ist, Menschen mit nichtssagenden Phrasen zu beschreiben. *Ein Testbericht darf keinesfalls auf jedermann zutreffen.*

Drei Beispiele »echter« Testberichte

Ein großes Testinstitut informiert in seiner Broschüre die Kandidaten folgendermaßen: »Nach der Untersuchung liegen außer den von Ihnen absolvierten schriftlichen Tests auch die Beurteilungen der beiden Mitarbeiter vor, mit denen Sie zu tun hatten. Alles zusammen bildet das Material, auf dessen Grundlage wir schließlich unser Urteil darüber abgeben, ob Sie die angestrebte Funktion ausfüllen können, und unsere Empfehlung hinsichtlich Ihrer Einstellung aussprechen.

Diese Empfehlung, einschließlich aller ihr zugrundeliegenden Überlegungen, ergänzt durch eine Übersicht über Ihre Angaben zu Abschlußzeugnissen und bisherigen Arbeitsstellen, wird in Form eines Berichts an unseren Auftraggeber übersandt. Der Bericht enthält übrigens nur Aussagen zu denjenigen Eigenschaften und Fähigkeiten, die für die angestrebte Funktion von Bedeutung sind. Jeder Bericht endet mit einer Stellungnahme dazu, ob Sie nach unserer Auffassung die mit der Funktion verbundenen Anforderungen erfüllen oder nicht.«

Dieser recht klare Text genügt aber nicht für eine Vorstellung, wie so ein Testbericht aussieht. Deshalb finden Sie im folgenden drei Beispiele von Testberichten für unterschiedliche Funktionen. Auf einen Kommentar verzichten wir; wir möchten Ihnen lediglich einen Eindruck davon vermitteln, was in einem solchen Testbericht stehen kann.

Zur Verdeutlichung: Es handelt sich um Berichte, wie sie dem Auftraggeber und dem Bewerber vorgelegt werden. Der *interne Bericht* sieht anders aus. Er enthält alle möglichen Testwerte, Transformationstabellen, Normen und ähnliches, technische Einzelheiten also, auf die wir hier nicht weiter eingehen wollen. (Diese Daten werden mitunter auch für wissenschaftliche Untersuchungen verwendet, zum Beispiel, um die Qualität eines Tests zu ermitteln.)

Bericht 1
Dieser Bericht ist das Ergebnis der psychologischen Untersuchung einer Interessentin, die sich um die Stelle einer Abteilungssekretärin bewarb. Persönliche Hintergrundinformation, wie Alter, Berufserfahrung, Familienstand und dergleichen, ist weggelassen.)

Frau Y stellte sich als repräsentative Kandidatin dar. Sie sprach viel und flüssig und wirkte während des Gesprächs in keiner Weise angespannt. Ihre mündliche Ausdrucksfähigkeit ist somit als gut zu bezeichnen. Die schriftliche Ausdrucksfähigkeit ist nach unserer Beobachtung für die angestrebte Funktion bei weitem ausreichend.

Die getesteten intellektuellen Fähigkeiten der Kandidatin sind, gemessen an ihrer Vorbildung und den Funktionsanforderungen, durchschnittlich.

Sowohl ihre Fähigkeit, mit verbalem Material abstrakt zu argumentieren, als auch ihre Kenntnisse in Rechtschreibung und Grammatik, entsprechen ebenfalls dem Durchschnitt.

Das Erkennen von Satzkonstruktionsfehlern fällt ihr weniger leicht, als angesichts ihrer Vorbildung zu erwarten wäre. Tempo und Genauigkeit der Arbeit mit verbalem Material erreichen dagegen ein höheres Niveau, als erwartet.

Bei nichtverbalem Material, Ziffern und Zahlen nimmt das Tempo stark ab, während die Qualität der Arbeit, die Genauigkeit, auf gleich hohem Niveau bleibt.

Ihre Schreibmaschinenkenntnisse werden als gut beurteilt. Die

Verbesserung schriftlicher Konzepte ist im Englischen als ausreichend zu bezeichnen, im Französischen als mäßig.

Als auffallende Persönlichkeitsmerkmale sind an erster Stelle ihr Bedürfnis nach Abwechslung und ihre jugendliche, soziale Extraversion zu nennen. Dank dieser Eigenschaften wird sie in einem abwechslungsreichen beruflichen Umfeld, in dem Kontakte zu anderen viel Raum einnehmen, gute Arbeit leisten.

Sie erscheint anpassungs- und kooperationsfähig, wobei ihr ein gewisser Tatendrang nicht fremd ist. Die Kandidatin fürchtet eher ein Zuwenig als ein Zuviel an Betätigung.

Am Arbeitsplatz dürfte sie sich als eine angenehme, liebenswürdige Person erweisen, die bereit ist, eine Vielzahl abwechslungsreicher Aufgaben zu übernehmen. Was den Umgang mit Kollegen anbelangt, so wird sie in einer zwanglosen Atmosphäre, in der Gleichwertigkeit eine wichtige Rolle spielt, zu optimaler Leistung gelangen können.

Unseres Erachtens ist sie in der Lage, sich in externen Beziehungen korrekt zu verhalten.

Ein weiterer Punkt ist hierbei ihre *Krisenfestigkeit*, wie sie selbst es nennt.

Hinweise auf negative Anteile des Persönlichkeitsbildes, so etwa Ängste, Labilität, beeinträchtigende psychosomatische Beschwerden oder andere Persönlichkeitsfaktoren, die ihre Arbeitsfähigkeit negativ beeinflussen könnten, wurden nicht gefunden.

Da der Kandidatin eine gewisse Neugier und Lernbegierde nicht abzusprechen sind, ist sie unseres Erachtens auch den Anforderungen moderner Bürotechnik, also der Arbeit mit EDV, gewachsen.

Das Risiko einer Kündigung ihrerseits erscheint in Anbetracht ihrer persönlichen Lebensumstände gering.

Abschließend sei noch erwähnt, daß die Kandidatin, obwohl sie jünger ist als die Altersindikation angibt, bereits geraume Zeit in ähnlichen Funktionen gearbeitet hat.

Zusammenfassend läßt sich sagen, daß Frau Y aufgrund ihrer Fähigkeiten, Fertigkeiten und Persönlichkeitsmerkmale für die Funktion der Abteilungssekretärin uneingeschränkt geeignet ist.

Bericht 2
Dieser Kandidat wurde für die Funktion eines Vertreters getestet. (Hintergrundinformation zu Alter, Familienstand, Berufserfahrung und ähnlichem sind weggelassen.)
Erscheinung und Charakter: Z ist ein Mann von repräsentativem, gepflegtem Äußeren. Er wirkt aktiv und stabil, hat energische Gebärden und spricht mit deutlicher, kräftiger Stimme.

Er ist ein Mann, der mit Willenskraft und großem Fleiß das Ziel verfolgt, einen guten Vertreter aus sich zu machen. Er hält sich in seinem Fach auf dem laufenden, sammelt Information aus Literatur und anderen Quellen und arbeitet ernsthaft an sich. Dadurch ist ihm die eigene Haltung und Erscheinung zu sehr bewußt, was ihn wiederum auch gegenüber den Kunden noch etwas zu steif und gezwungen auftreten läßt. Es würde ihm guttun, etwas lockerer zu werden und ein wenig Abstand zu seinen Aufgaben zu gewinnen, um sie flexibler wahrnehmen zu können. Dessen ungeachtet ist sein Auftreten von einer gewissen Überzeugungskraft. Er argumentiert gut, spricht überlegt und kontrolliert seine Äußerungen mit scharfer Selbstkritik, so daß er selten Nebensächliches oder Unzusammenhängendes äußert. Er ist zudem bestrebt, sich in die Lage seines Gegenübers zu versetzen, und sucht nicht nur als Verkäufer, sondern bei geschäftlichen Schwierigkeiten auch als Ratgeber des Kunden aufzutreten. Auch bemüht er sich darum, mit der Verkaufsleitung seines eigenen Unternehmens mitzudenken. Ansporn benötigt er nicht; er wird aus eigenem Antrieb eine rege Aktivität entfalten. Um zu verhindern, daß er etwas zu verkrampft vorgeht, wäre es nützlich, ihm für jeden Erfolg seiner Arbeit ein deutliches Lob auszusprechen.
Fähigkeiten: Zs allgemeine Intelligenz weist normales Realschulniveau auf. Er ist kein übermäßig scharfer, schneller Denker, gibt sich aber im Rahmen seiner Möglichkeiten große Mühe. Hat er ein Problem zu lösen, packt er es energisch an und setzt sich gründlich damit auseinander. Obwohl er bestrebt ist, in Fragen allgemeiner Verkaufspolitik selbständig zu denken, ist es doch gut, wenn er nur die Position des Vertreters wahrnimmt: einen Verkaufsleiter sehen wir in ihm nicht, durchaus dagegen einen künftigen Generalvertreter. Er ist erfinderisch genug, ein Verkaufsgespräch auf originelle Weise zu bele-

ben. Seine Argumente weiß er klar und überzeugend vorzubringen. Obwohl ihm technische Dinge nicht unbedingt liegen, trachtet er danach, sich eine gründliche Kenntnis des Produkts und eventuell auch der Produktionsmethoden anzueignen, so daß er als sachkundiger Vertreter erscheinen wird.

Anfallende Korrespondenz und Berichtstätigkeit wird er zur Zufriedenheit erledigen.

Schlußfolgerung: Z ist von seinem Auftreten her für das Unternehmen repräsentativ. Er ist fleißig, muß zwar noch etwas entspannter und lockerer werden, kann sonst aber überzeugend und sachkundig den Erwartungen entsprechend als Vertreter tätig sein.

Empfehlung: Wir empfehlen Z als Vertreter und geben ihm dabei den Vorzug vor den beiden Gegenkandidaten. Für weitere Erläuterungen zu diesem Bericht stehen wir gegebenenfalls gerne zur Verfügung.

Bericht 3
Dieser Kandidat wurde für die Funktion eines Direktors in einer halbstaatlichen Organisation getestet (Hintergrunddaten sind auch hier weggelassen).

Profil

1. Intelligenz	sehr gut	gut	durchschnittl.	mäßig	schwach
1. Verbale Begabung	☐	☐	☐	☐	☐
2. Numerische Begabung	☐	☐	☐	☐	☐
3. Analytische Fähigkeit	☐	☐	☐	☐	☐
4. Kritisches Schlußfolgern	☐	☐	☐	☐	☐
5. Erfindungsgabe	☐	☐	☐	☐	☐

2. Fähigkeiten	weit überdurchschnittlich	über durchschnittlich	durchschnittlich	unterdurchschnittlich	weit unterdurchschnittlich
6. Organisatorisches Verständnis	☐	☐	☐	☐	☐
7. Mitarbeiterzentrierter Führungsstil	☐	☐	☐	☐	☐
8. Aufgabenzentrierter Führungsstil	☐	☐	☐	☐	☐
9. Überzeugungskraft	☐	☐	☐	☐	☐

3. Verhaltensweisen	sehr hoch	hoch	durchschnittlich	nieder	sehr nieder
10. Stabilität	☐	☐	☐	☐	☐
11. Kontaktfähigkeit	☐	☐	☐	☐	☐
12. Dynamische Einstellung	☐	☐	☐	☐	☐
13. Durchsetzungsvermögen	☐	☐	☐	☐	☐
14. Flexibilität	☐	☐	☐	☐	☐

In bezug auf Intelligenz gilt: durchschnittlich = durchschnittliches akademisches Niveau.

Intelligenz: X geistige Fähigkeiten bewegen sich auf gutem bis sehr gutem Hochschulniveau. Der einzige von diesem starken Profil abweichende Intelligenzfaktor ist seine verbale Begabung: Die Formulierung und Strukturierung von Ideen fällt ihm relativ schwer. Was er verstandesmäßig und analytisch vermag, weiß er nicht recht zu »verkaufen«.

Fähigkeiten: Der Kandidat verfügt über ausgeprägte organisatorische Fähigkeiten. Sowohl bei langfristiger Planung als auch bei alltäglichen Problemen ist er zu adäquater Analyse imstande und kann zu Lösungen gelangen, die die Qualität und das Funktionieren einer Organisation in ihrer Gesamtheit in hohem Maße positiv beeinflussen können.

Was seinen Führungsstil anbelangt, so wird er sich – als Bundesbahnmanager – nicht stark profilieren, dazu ist er zu bescheiden und zu philosophisch eingestellt.

Er läßt der Eigeninitiative seiner Mitarbeiter viel Raum, was jedoch in Situationen, die das Bahnmanagement betreffen, als Entschlußlosigkeit oder Vor-sich-Herschieben von Entscheidungen interpretiert werden kann.

Seine Haltung ist hier die eines Beraters, der daran gewöhnt ist, daß andere entscheiden.

Verhaltensweisen: X vermag Spannungen auf adäquate Weise aufzufangen und rasch Beziehungen zu knüpfen, die eine Atmosphäre gegenseitigen Vertrauens schaffen.

Er verfügt über ein starkes Durchsetzungsvermögen und kann sich nutzbringend für die unterschiedlichsten Dinge begeistern. Sachlichkeit rangiert auf seiner Werteskala relativ weit unten. Man kann deshalb davon ausgehen, daß sein kaufmännisches Geschick als eher schwach entwickelt einzuschätzen ist.

Schlußfolgerung: X verfügt über Möglichkeiten, die ihm als Manager einer Spezialabteilung oder Leiter eines Managementteams der Bundesbahn, in dem hohe Fachkenntnis gefordert ist, gute Erfolgsaussichten einräumen.

Ob seine Einstellung und Intelligenz allerdings den Anforderungen eines Direktorpostens entsprechen, ist fraglich. Aller Wahrscheinlichkeit nach wird er den Erfordernissen von *Kommerz* und Verhandlungsfähigkeit nicht genügen können und zu sehr als distanzierter Ratgeber auftreten.

Drei Regeln für den Testbericht

Jeder Testbericht unterliegt drei Regeln, die wir Ihnen nicht vorenthalten wollen. Sie betreffen den *Geltungsbereich des Berichts*, seine

Geltungsdauer und die *Vertraulichkeit der Daten*. Beispielsweise erhalten Testkandidaten des der Universität Amsterdam angeschlossenen Testinstituts ISBP folgende Information:

Richtlinien für die Verwendung des psychologischen Berichts
»Hinsichtlich der Verwendung des psychologischen Berichts machen wir Sie auf die folgenden Regeln aufmerksam, die unter anderem auf der ›Berufsethik für Psychologen‹ der Niederländischen Psychologischen Gesellschaft basieren.« (Sie können davon ausgehen, daß in der Bundesrepublik Deutschland, in Österreich und der Schweiz etwa dieselben Berufsstandards gelten):

1. Geltungsbereich des Berichts:
Der Bericht ist auf die Funktion zugeschnitten, für die der Bewerber untersucht worden ist, das heißt also auf Art und Niveau der Tätigkeiten innerhalb dieser Funktion. In dem Bericht werden Prognosen darüber aufgestellt, inwieweit der Bewerber die Anforderungen dieser bestimmten Funktion erfüllen wird. Das bedeutet, daß die Aussagen in diesem Bericht nicht ohne weiteres auch auf die Eignung des Bewerbers für andere Funktionen oder auf andere Fragestellungen zutreffen.

2. Geltungsdauer des Berichts:
Menschen können sich – bis zu einem gewissen Grad – verändern. Deshalb kann ein psychologischer Bericht nur eine begrenzte Geltungsdauer besitzen. Häufig beträgt die Geltungsdauer eineinhalb Jahre. Diese Frist verkürzt sich, wenn in der Zwischenzeit beim Klienten einschneidende Veränderungen eintreten.

3. Vertraulichkeit:
Psychologische Berichte enthalten vertrauliche Informationen. Dementsprechend erhält auf seiten des Auftraggebers nur ein begrenzter Personenkreis Zugang zu dem Bericht, der mit größter Sorgfalt zu behandeln ist. Meist wird Wert darauf gelegt, daß der Auftraggeber den Bericht nach Abschluß des Bewerbungsverfahrens entweder vernichtet oder an das Testinstitut zurückschickt.

Die telefonische Rückfrage

Wenn Sie sich zum Beispiel aus Zeitmangel telefonisch nach Ihrem Abschneiden im Test (oft sind es ja mehrere Tests) beim Testinstitut erkundigen wollen, so denken Sie daran, daß man Ihnen kaum den ganzen Testbericht vorlesen kann und daß Sie wenig Zeit für Fragen haben werden, die Ihnen vielleicht auch nicht auf der Stelle einfallen, aber beim Lesen des Berichts auftauchen können.

Telefonische Auskünfte durch das Testinstitut sind auch deswegen nicht unproblematisch, weil es im Grunde einer zuverlässigen Identifizierung des Anrufers bedarf. Sonst könnte sich beispielsweise Herr Y, der Mitbewerber von Herrn X um eine Stelle, als Herr X melden und bei dem gewünschten Arbeitgeber für sich Nutzen ziehen. Es handelt sich hier um persönlichste und vertraulichste Daten und Informationen, die demgemäß zu behandeln sind.

Die mündliche Erläuterung

Schließlich ist eine mündliche Besprechung von Angesicht zu Angesicht mit dem Testpsychologen humaner, vor allem etwa, wenn das Ganze nicht sehr positiv für Sie verlaufen ist. Sie können von ihm auch erfragen, wo und wie Sie für zukünftige Bewerbungen sich verbessern und üben sollten.

Die Nachbesprechung wird ungefähr so verlaufen:
1. Das Ziel des oder der Tests wird nochmals erläutert und es wird erklärt, in welchem Zusammenhang die Tests zum Beispiel mit der Position oder Tätigkeit stehen.
2. Der Testpsychologe kann etwa fragen, wie Sie die Tests empfunden haben. Ob die Beantwortung für Sie gut möglich, ja leicht war und in welchem Test Sie glauben, gut abgeschnitten zu haben.
3. Dann können die Ergebnisse Test für Test durchgegangen werden, wobei der Testpsychologe Ihnen seine Interpretation und seine Folgerungen mitteilt.
4 Man kann Sie auch anhand der Testprofile und Tabellen und der Informationen über Ihre Vergleichsgruppe (Alter, Ausbildung, Beruf und dergleichen) sich selbst quantitativ einordnen lassen.

5. Je nachdem, wieviel Zeit man für Sie hat und wie gezielt Sie fragen, können Sie Ihre starken und schwachen Punkte diskutieren und Tips zur Verbesserung Ihrer Leistungen herauslocken, ebenso Ratschläge darüber, in welchem Arbeitsbereich Sie sich entsprechend Ihren Fähigkeiten orientieren sollten (mehr technisch, mehr kaufmännisch und so weiter).

Was aber, wenn Sie die Beurteilung durch den Psychologen nicht akzeptieren können?

Sie fühlen sich falsch eingeschätzt. Was dann?

Im folgenden Kapitel werden Sie mehr darüber erfahren, welche Rechte Sie als Testperson haben oder (meist) eben nicht haben.

Hier nur soviel:
1. Nicht der Testpsychologe will Ihr Arbeitgeber werden. Er ist nur ein Beauftragter des Arbeitgebers. Und dieser kann den Tests mehr oder weniger Bedeutung beimessen und andere Kriterien für wichtiger halten. Das kann auch bedeuten, daß Sie trotz eines mäßigen Testergebnisses die Stelle bekommen. Und dann gibt es keinen Grund zum Protest.
2. Sie können auch im Nachhinein noch Ihre Beteiligung am Test zurückziehen. Aber dann sind Sie aus der Bewerbung höchstwahrscheinlich ausgeschieden.
3. Sie können eine Testwiederholung bei einem anderen Testinstitut durchführen. Dieses kann auf Ihre Kosten geschehen, oder es kann auch sein, daß der Auftraggeber der ursprünglichen Tests eine Wiederholung auf seine Kosten zugesteht.

Bedenken Sie: Sie können am Testtag aus welchen Gründen auch immer »in schlechter Form« sein. Der richtige Weg ist, das vor dem Test schon mitzuteilen. Es als Entschuldigung vorzubringen, wenn die Testergebnisse schlecht sind, macht keinen guten Eindruck. Manchmal wird man durchaus bereit sein, den Testtermin zu verschieben, wenn Sie rechtzeitig auf eine verminderte Leistungsfähigkeit Ihrerseits hinweisen.
4. Wenn Sie den begründeten Eindruck haben, der Test (die Tests) seien fehlerhaft durchgeführt oder ausgewertet worden, können

Sie natürlich gegenüber dem Testpsychologen (Testinstitut) und auch gegenüber dem Auftraggeber protestieren und die Angelegenheit auch vor den Berufsverband der Psychologen bringen. In den meisten Fällen werden Sie aber gar nicht imstande sein, Mängel bei der Testung und Testauswertung zu erkennen. Dazu müßten Sie sich die verwendeten Tests mit ihren Durchführungsanweisungen beschaffen und dann noch zeigen, daß Abweichungen außerhab einer zulässigen Schwankungsbreite liegen.

Kurz: Sie sind den Tests ganz schön ausgeliefert. Besser ist es, Sie informieren und konzentrieren sich und schneiden beim Test gut ab. Wie Sie sich leicht vorstellen können, wird etwa ein Arbeitgeber Sie möglicherweise nicht gern haben wollen, wenn Sie sich als Mensch mit kritischem Urteil zeigen, der sich nichts gefallen läßt. Das kann aber auch mal ganz anders sein. Manchmal sucht man gerade solche Leute. Deshalb auch hier der Hinweis: Es ist gut, etwas über den »Stil« des gewünschten Arbeitgebers und über die an Sie gestellten Erwartungen für eine bestimmte Tätigkeit im voraus zu wissen. Sie können dann natürlich auch leichter Testergebnisse nach Wunsch »produzieren«.

In anderen Bereichen der Testverwendung, etwa bei der Erkennung von Verhaltensstörungen, psychischen Krankheiten, vielleicht sogar mit Folgen wie Einweisung in eine Klinik usw. sollten Sie sich bei zweifelhaften Testergebnissen natürlich zur Wehr und alle Hebel in Bewegung setzen, eventuell sogar mit Hilfe eines Rechtsanwalts. Aber auch da sind Tests nicht leicht anfechtbar.

14
Kennen Sie Ihre Rechte!

Stellenbewerber haben bekanntlich wenig Rechte und klagen oft über die Verfahrensweise eines potentiellen zukünftigen Arbeitgebers. Um nur einige zu der häufigen Beschwerden zu nennen: Bewerbungsschreiben werden oft sehr lange nicht beantwortet, Absagen nicht immer klar begründet, das Erstgespräch ist meist eine sehr einseitige Angelegenheit und kein wirkliches Gespräch – der zukünftige Arbeitgeber »darf« Fragen stellen, die die Privatsphäre des Arbeitsuchenden berühren. Und nicht zu vergessen: Der Bewerber ist mehr oder weniger verpflichtet, sich einer psychologischen Untersuchung zu unterziehen. Zwar kann kein künftiger Arbeitgeber Sie zu einem psychologischen Test zwingen. Nur ist die Bewerbung für Sie dann als beendet zu betrachten ... Der Arbeitsuchende hat also kaum eine Wahl.

Wenn Sie sich testen lassen, haben Sie einige (wenn auch, wie gesagt, wenige) Rechte. Welche das sind, erfahren Sie in diesem Kapitel. Zunächst geben wir die Antworten einer Gruppe von Personen wieder, die wir nach ihrer Meinung über ihre Rechte bei einer psychologischen Untersuchung befragten. Danach gehen wir auf eher allgemeine Klagen über Tests ein (unter anderem Täuschung und Diskriminierung). Ebenso sprechen wir die Beziehung zwischen Auftraggeber (Arbeitgeber) und Testinstitut an. Das Kapitel endet mit den Rechten, die Testpersonen heute haben, und mit zukünftig möglichen Veränderungen der Rechtslage. Außerdem informieren wir Sie darüber, an welche Verhaltensregeln (Test-)Psychologen sich zu halten haben, und wie Sie Berufung einlegen können, wenn Sie mit dem Ablauf des Tests oder dem Testbericht nicht einverstanden sind.

Welche Rechte hat man? – Eine kleine Umfrage

Wir befragten sowohl Personen, die bereits einen Test absolvierten, als auch solche, die ihn noch vor sich hatten (siehe auch Kapitel 2). Dabei zeigte sich eine interessante Mischung von Meinungen, die wir hier wiedergeben möchten.

Ein Student meinte, daß »die Ergebnisse der Untersuchung kaum besprochen werden. Es gibt eigentlich keine Möglichkeit, mehr über die eigene Untersuchung zu erfahren. Zumindest wird einem diese Möglichkeit nicht eingeräumt«.

Ein anderer Student mit einiger Testerfahrung: »Man kann die Testergebnisse einsehen und bestimmt dann selbst (nicht das Testinstitut), ob sie später einem anderen Arbeitgeber vorgelegt werden.« (Hat dieser Student recht?)

Ein älterer Buchhalter, ganz entrüstet: »Ich habe noch nie ein Testergebnis zu sehen bekommen, obwohl man es mir zugesagt hatte...«

Lassen wir nun eine recht skeptische Hausfrau zu Wort kommen, die zum erstenmal seit langer Zeit wieder auf Stellensuche war: »Ich würde sagen, man hat so gut wie überhaupt keine Rechte. Ich durfte die Testresultate zwar einsehen, das schon, aber nur, weil ich darauf bestand! Und wer kontrolliert den Psychologen? Oder soll man einfach glauben, daß er alles weiß?«

»Natürlich hat man Rechte! Man bestimmt doch selbst, ob man seinen Bericht zusammen mit seinem Chef bespricht!« meinte ein Manager, der sich betriebsintern versetzen lassen möchte.

»Welche Rechte soll man da schon haben? Man hat die Stelle doch noch gar nicht!« sagte eine Frau, die sich nach längerer Tätigkeit in Zeitarbeit um eine feste Anstellung beworben hatte.

Ein Verkaufsleiter, der die Stelle wechseln wollte: »Es ist alles so stereotyp. Man wird wie ein Roboter von Aufgabe zu Aufgabe geschleppt, und es ist genau vorgeschrieben, wieviel Zeit man dafür aufwenden darf. Und wenn man sich nun weigert, bestimmte Aufgaben auszuführen?«

Ein Exportmanager, der bei jedem Stellenwechsel erneut getestet worden war: »Soviel ich weiß, hat man nur zwei Rechte. Man kann das Testergebnis einsehen, und es darf nicht für andere Zwecke verwendet werden.«

Ein fünfundzwanzigjähriger Verwaltungsangestellter zeigte sich nicht viel optimistischer: »Daß das Testergebnis fünf Minuten lang mit einem durchgesprochen wird, heißt ja noch nicht, daß man irgendwelche Rechte hat. Sie tun einem einen Gefallen. So sehe ich die Sache.«

»Ich wurde vor ein paar Jahren getestet und war mit dem Ergebnis ganz und gar nicht einverstanden, im Positiven wie im Negativen. Aber was konnte ich als Laie schon dagegen tun? Man ist doch völlig machtlos!«

Eine etwas resignierte Äußerung: »Ach ja, man kann natürlich Einspruch erheben. Aber ob das etwas nützt ... ich glaube nicht ...«

Auch auf einen sechsundvierzigjährigen Marketing-Manager wirkte die kurze Nachbesprechung ungünstig: »Meiner Meinung nach müßte man grundsätzlich das Recht haben, den ganzen Bericht einzusehen und Randbemerkungen anzubringen, wenn man mit irgend etwas nicht einverstanden ist oder an einem Test große Zweifel hat!«

»Rechte als Stellenbewerber? Rechte bei einem psychologischen Test? Davon habe ich nicht viel gemerkt ... Als ich zum erstenmal getestet wurde, bekam ich nicht einmal den Bericht zu sehen! Beim zweitenmal, ein paar Jahre später, gab man mir keine Gelegenheit zu sagen, inwiefern ich mich selbst anders sah, als der Psychologe mich beurteilte ...«

Ein älterer Gemeindebeamter: »Ich habe das dumpfe Gefühl, daß die Testergebnisse gar nicht so geheim sind ...«

Aus unserer Umfrage ziehen wir folgende Schlüsse:

1. Psychologischer Test und persönliche Rechte gehen nicht Hand in Hand.
2. Ist es ein Recht oder eine Vergünstigung, Einblick in die Testergebnisse zu erhalten? Die Umfrage zeigt, daß darüber keine Klarheit besteht.
3. Auch die Geheimhaltung der Testergebnisse läßt möglicherweise zu wünschen übrig.
4. Ein Test ist für viele eine fatale Sache. Die eigene Person (Persön-

lichkeit) wird untersucht, und doch wird man wie ein Objekt behandelt.
Wie sieht die Wirklichkeit aus? Wir werden es gleich erörtern, möchten vorher jedoch noch auf einige allgemeine Einwände gegen psychologische Tests eingehen.

Allgemeine Einwände gegen psychologische Tests

Nicht nur Stellenbewerber bringen Tests kein Vertrauen entgegen, auch unter Wissenschaftlern finden sich Gegner und Kritiker. Der bekannte niederländische Psychologe PIETER J. D. DRENTH, selbst Autor von Tests, hat alle Kritikpunkte zusammengetragen und meint unter anderem: »... Die Psychologie und die Psychologen sind großenteils selbst schuld. Sie haben mit ihren Tests zu viel versprochen (genaueste Messungen, hundertprozentig zuverlässige Prognosen, absolut sichere Differentialdiagnosen), sie haben falsche Vorstellungen genährt (ein Intelligenztest messe ein angeborenes, feststehendes, unveränderliches Konzept, Persönlichkeitstests offenbarten permanente, dominierende, allgemeine Charakteristika), sie haben dem Mißbrauch von Testdaten Tür und Tor geöffnet (nicht gewährleistete Vertraulichkeit, mangelnde Offenheit hinsichtlich des Zwecks der Untersuchung), und sie haben sich zu wenig um Publizität und Information gekümmert, so daß nur allzu leicht ein befremdendes, magisches und für manche sogar beängstigendes Bild entsteht.«

Sehen wir uns einmal einige der Probleme an, die immer wieder auftreten:
○ Vertrauensbruch;
○ Täuschung;
○ Eingriff in die Privatsphäre;
○ Diskriminierung.

1. Vertrauensbruch:
Selten wird jemand in seinem Leben so offen über seine Persönlichkeit, seine starken und schwachen Seiten, seine Vorlieben und dergleichen sprechen (und schreiben) wie bei einem psychologischen

Test. In vielen Fällen weiß die Testperson, was ein Test ermitteln soll (zum Beispiel Intelligenz, Führungsqualitäten). Oft aber wird sie darüber im unklaren gelassen. Man könnte den psychologischen Test als einen *Tauschhandel* betrachten. Der Bewerber offenbart seine Persönlichkeit und hofft dafür, einen angenehmen Arbeitsplatz zu erhalten. Das ist ein kalkuliertes Risiko. Kommt es vor, daß Untersuchungsdaten an Dritte weitergegeben werden? Darf ein Testinstitut das psychologische Profil eines berühmten Probanden an die meistbietende Boulevardzeitung verkaufen? Darf das Testinstitut die Testergebnisse an eine Tochtergesellschaft weiterleiten, bei der der Arbeitsuchende sich ebenfalls beworben hat? Darf es den Bericht über einen gesuchten Verbrecher (als Stellenbewerber) an die Polizei verkaufen oder ihr zur Einsicht vorlegen?

Nicht ganz unproblematisch ist schon die Verwendung von Testergebnissen und sonstigen Informationen in Fachpublikationen und in zunehmendem Maß in populären, an Laien gerichteten Werken. Wenn auch ein *Fallbeispiel* nur von *Frau B in einer süddeutschen Großstadt* handelt, können manchmal Verwandte, Freunde, Bekannte die Person identifizieren. Daher hat der Psychologe (oder Arzt) hierbei besondere Vorsicht walten zu lassen.

All diese Fragen betreffen das Vertrauen, das ein Mensch dem Testinstitut entgegenbringt. Wir möchten darauf hinweisen, daß es für Psychologen ebenso ein Berufsgeheimnis gibt wie für Ärzte. Wir werden später sehen, an welche (recht strengen) Regeln Testpsychologen gebunden sind.

2. Täuschung:
Wie mehrfach erwähnt, wird die Testperson nicht immer über den Zweck eines Tests oder der Fragen im persönlichen Gespräch mit dem Psychologen aufgeklärt. Oft erhält sie sogar absichtlich falsche Auskunft, um sie irrezuführen und auf diese Weise bestimmte Informationen zu entlocken. Ist das erlaubt? Heiligt der Zweck die Mittel? Dürfen Testinstitute bei bestimmten Tests lügen, um an Daten zu gelangen? Wir plädieren dafür, Tests mit verdecktem Zweck möglichst sparsam anzuwenden. Das setzt natürlich die Zukunft projektiver Tests aufs Spiel. Zu Recht? Wir meinen: ja!

Allgemeine Einwände gegen psychologische Tests

3. *Eingriff in die Privatsphäre:*
Am Testtag wird man über allerlei persönliche, intime Dinge befragt. Das braucht weiter keine Schwierigkeiten zu bereiten, solange man freiwillig getestet wird (wie es bei der Berufsberatung oft der Fall ist). Erfolgt der Test dagegen unfreiwillig (etwa im Rahmen einer Stellenbewerbung), ist der Eingriff in die Privatsphäre schwerwiegend, weil man keine Wahl hat. Man kann sich ja schwerlich weigern ... und wie wir gesehen haben, wird man mitunter auch getäuscht. So erscheinen psychologische Tests in einem sehr ungünstigen Licht.

Manchmal beinhaltet ein Test Fragen, die völlig unnötig in das Privatleben eingreifen und die kaum etwas über die zukünftige Leistung der Testperson als Arbeitnehmer aussagen: sexuelle Veranlagung, Zahl der Freunde/Freundinnen, Dauer von Liebesbeziehungen, Eheprobleme, eigene Kindheit und Erziehung, Beziehung zu den eigenen Kindern, Religion und ähnliches. Empfinden Sie (als Bewerber) diese und andere Fragen als zu persönlich, dann sagen Sie in aller Freundlichkeit, Sie könnten den Zusammenhang zwischen der Beantwortung solcher Fragen und den Funktionsanforderungen der angestrebten Stelle nicht recht sehen. Über das Recht auf Privatsphäre im allgemeinen und die Privatsphäre des Stellenbewerbers im besonderen wurde viel philosophiert und geschrieben. Das allgemeine Recht ist durch eine Vielzahl von Regelungen anerkannt und durch das Grundgesetz geschützt. Es ist außerdem in der *Charta der Vereinten Nationen* und in den *Römischen Verträgen* festgehalten. Die Fachverbände der Psychologen stehen da natürlich nicht zurück. Das Problem beim psychologischen Test (im Gegensatz beispielsweise zur medizinischen Untersuchung) besteht darin, daß sich Privates und Berufliches häufig nicht eindeutig voneinander trennen läßt. Wo liegt die Grenze zwischen rein Beruflichem und den persönlichen *Eigenarten* eines Menschen? Stellenbewerber haben eine schwache Position. Deshalb befassen sich staatliche Kommissionen schon seit Jahren mit der Frage, wie dieser Zustand zu ändern ist. Aber auch zum Beispiel in Industrieunternehmen denkt man über den Sinn psychologischer Tests und ihre Fairneß gegenüber den Stellensuchenden, den zur Probe angestellten Mitarbeitern und denen, die eine Fortbildung genießen möchten, nach.

4. *Diskriminierung:*
Eine der größten (auch technischen) Schwierigkeiten psychologischer Tests liegt darin, daß Angehörige bestimmter Bevölkerungsgruppen bei der Untersuchung immer besser abschneiden als andere. Woran liegt das? Es gibt dafür drei wichtige Gründe. Zum ersten haben manche Testpersonen mehr Erfahrung mit Tests (Schultests, Prüfungen und dergleichen) als andere. Zum zweiten spielt die *Sprachbeherrschung* eine große Rolle. Die meisten Tests werden schriftlich durchgeführt. Man muß die Anweisungen und Fragen in deutscher Sprache lesen und verstehen – was für Bewerber mit anderer Muttersprache nicht leicht ist. Zum dritten beziehen sich viele Tests auf bestimmte kulturelle Sitten und Bräuche. Was aber bedeutet der Nikolaus für einen fünfunddreißigjährigen Türken, der seit fünfzehn Jahren in Deutschland lebt und fließend Deutsch spricht? Muß er etwas über Ostereier wissen? Kann er diese und andere Fragen nicht beantworten, ist er gegenüber seinen Kollegen, die natürlich Bescheid wissen, deutlich im Nachteil. Zusammengefaßt: Kulturelle Minderheiten und Menschen mit Sprachschwierigkeiten und niedrigem Bildungsstand sind bei psychologischen Tests benachteiligt. (Es gibt Tests, die dies zu berücksichtigen versuchen, indem sie kulturspezifische Kenntnisse und Sprachbeherrschung ausklammern. Darauf näher einzugehen, würde jedoch zu weit führen.)

Noch zwei weitere, oft erwähnte Probleme sollen erörtert werden:
Wie wir gesehen haben, gilt es bei den meisten Tests als *Idealfall*, wenn sie sich schriftlich und in Gruppen durchführen lassen, da man die Auswertung vom Computer erhält. Dennoch wirken sich vier Faktoren ungünstig aus. Erstens ist es für den Kandidaten leichter, von etwa vier Antwortmöglichkeiten die richtige auszuwählen. Es geht dabei nur um ein (oft oberflächliches) Erkennen, und nicht darum, gründlich über eine Antwort nachzudenken. Zweitens kann ein Mehrfachwahl-Aufgaben-Test kaum ermitteln, wie kreativ oder erfinderisch ein Mensch ist, wenn dabei nur Antworten anzukreuzen sind. Und drittens sind besonders kritische und kreative Denker bei manchen Tests im Nachteil. Das liegt daran, daß viele Menschen eine Frage nur überfliegen und die erwartete (richtige) Antwort sofort

wahrnehmen. Sehr kritische Menschen dagegen hinterfragen jedes Wort womöglich und kreuzen schließlich die falsche Antwort an. Hätten sie Gelegenheit gehabt, ihre wohlüberlegte Antwort zu erläutern, wäre ihnen vielleicht noch ein Extrapunkt sicher. Und viertens kann man bei vier Antwortmöglichkeiten die richtige Antwort mit einer Wahrscheinlichkeit von 25 Prozent (und etwas Glück) einfach nur erraten.

Wir sagten es bereits: Die meisten (Persönlichkeits-)Tests sind so angelegt, daß der *Durchschnittsmensch*, der sich leicht an allgemeine Normen und Regeln der Gesellschaft anpaßt, dabei gut abschneidet. Ehrliche Bewerber, die andere Normen und Meinungen vertreten, verlieren damit ihre Chancen. Diese besonderen Menschen, die für Betriebe und Institutionen oft sehr wertvoll sein könnten, werden zugunsten von Kandidaten herausgefiltert, die mit dem Test im Grunde ausdrücken: »Ich werde brav sein und mich rasch anpassen.« Durch diesen Mechanismus haben konservative Bewerber bessere Chancen als »Weltverbesserer«.

Die Beziehung zwischen Auftraggeber und Testinstitut

Ein Arbeitgeber wird in der Regel erst dann ein Testinstitut einschalten, wenn ihm in bezug auf einen oder mehrere Kandidaten die Beurteilung schwerfällt. Das Testinstitut kann ihm die Unsicherheit nicht nehmen, sie aber doch verringern und so das Risiko späterer Unannehmlichkeiten bis zu einem gewissen Grad herabsetzen.

Um dieses Risiko zu mindern, nimmt der Arbeitgeber Kontakt zu einem Testinstitut auf. Vielleicht besteht dieser Kontakt auch schon seit langem. Bei einem neuen Auftraggeber wird das Testinstitut auf ein genaues Kennenlernen Wert legen. Je besser es den Betrieb oder die Institution kennt, desto gezielter kann es testen. Eine solche Zusammenkunft zum Zweck des Kennenlernens wird das Testinstitut übrigens in vielen Fällen in Rechnung stellen. Ebenso sendet es für jeden getesteten Kandidaten eine Rechnung. (Manchmal erhält ein Arbeitgeber Rabatt, der jährlich Dutzende von Bewerbern testen läßt.)

Bei größeren Unternehmen und Institutionen obliegt die Zusammenarbeit mit dem Testinstitut Mitarbeitern der Personalabteilung. Manche Großunternehmen besitzen einen eigenen psychologischen Untersuchungsdienst, der sowohl externe Bewerber als auch eigene Mitarbeiter, die versetzt oder für eine Fortbildungsmaßnahme ausgewählt werden sollen, testet. Bei kleineren Betrieben ist es oft ein Direktionsmitglied oder der zukünftige Vorgesetzte, der mehr über die Bewerber wissen möchte oder etwas Rückenstärkung bei ihrer Auswahl gut gebrauchen kann.

Für viele Auftraggeber ist ein psychologisches Testverfahren ein normaler Geschäftsvorgang, vergleichbar etwa der Marktforschung für ein neues Produkt. Es geht dabei ebenfalls um mögliche *Neuerwerbungen* für den Betrieb. Man möchte das (finanzielle) Risiko eines Mißgriffs geringhalten. Sowohl Marktforschung als auch Ausleseverfahren erstellen *Prognosen*, Sicherheit aber können sie nicht bieten.

Einige »Grundrechte«

In der Tat enthält etwa das Grundgesetz der Bundesrepublik Deutschland Grundrechte und sonstige Bestimmungen, die für einen rechtmäßigen Umgang mit Tests von Belang sein können. Ebenso bestehen entsprechende Bestimmungen des Straf- und Zivilrechts sowie des öffentlichen Rechts. Sogenannte *Standesregeln* gelten nur für Ärzte, Diplompsychologen, im Bereich des Rechts Tätige sowie Lehrer und Pfarrer. Testen kann aber im Prinzip jeder. Das kompliziert die Angelegenheit.

In den sechziger Jahren beurteilte ein Bremer Gericht psychologische Tests an sich als Eingriff in die Persönlichkeitssphäre. Dies gilt heute weitgehend als überholt.

Wie erwähnt können Sie Tests natürlich verweigern. Aber Sie verwirken damit unter Umständen zum Beispiel staatliche Leistungen in Form einer Anstellung, von Geld oder auch eines Studienplatzes für Medizin. Und im privaten Bereich bekommen Sie eben die gewünschte Stelle nicht, weil ein Test rechtmäßig vom Arbeitgeber verlangt werden darf.

Es versteht sich, daß Sie erfolgreich dagegen vorgehen können, wenn ein Test erheblich fehlerhaft angewandt oder ausgewertet wurde. Es könnte sogar im Einzelfall gelingen, einen offensichtlich für den Erkenntniszweck unsinnigen Test ad absurdum zu führen – etwa wenn jemand mit dem Rorschach-Test Ihre feinmotorischen oder Rechenfähigkeiten ermitteln will. Käme es allerdings darauf an, eine wegen des Tests erfolglose Bewerbung neu aufzurollen, hat das schon deshalb kaum Aussicht auf Erfolg, weil (wirklich oder behauptetermaßen) noch andere Kriterien zu der Ablehnung führten.

Als *Testperson* sollten Sie aber auf bestimmten Informationen und Verfahrensweisen bestehen (die Zitate am Anfang jedes der nun folgenden Punkte stammen aus einem niederländischen Kommissionsbericht:

1. »Die Betroffenen (das sind Sie!) haben, wenn sie zur Mitwirkung aufgefordert werden, das Recht, genau zu erfahren, was damit für sie verbunden ist.« Man muß Sie also *vorher* informieren über:
- die Arbeitsweise bei den Tests;
- die Berichterstattung sowohl Ihnen als auch dem Arbeitgeber (und eventuell Dritten) gegenüber;
- den unmittelbaren und mittelbaren Verwendungszweck der Testergebnisse (meist also die Auslese von Bewerbern);
- Ihr Beschwerderecht und Ihre Möglichkeiten, davon Gebrauch zu machen.

Kurz gesagt: Der Psychologe (oder sein Assistent) muß Ihnen vorab die nötige Information geben, damit Sie wissen, woran Sie sind.

2. »Die Mitarbeit der Betroffenen muß mit deren Einverständnis auf freiwilliger Basis erfolgen.« Das heißt:
- Sie dürfen nicht ohne Ihre Einwilligung untersucht werden (der Einfachheit halber wird meist Ihre *implizite Zustimmung* vorausgesetzt);
- Sie haben das Recht, zu jedem Zeitpunkt der Untersuchung Ihre weitere Mitarbeit zu verweigern;
- in diesem Fall muß der Psychologe gemeinsam mit Ihnen und dem Auftraggeber nach einer für alle drei Parteien annehmbaren Lö-

sung suchen. (Das bedeutet oft, daß Sie sich aus dem Bewerbungsverfahren zurückziehen müssen.)

3. »Der Psychologe darf das Vertrauensverhältnis nicht gefährden.« Diese Forderung beinhaltet zwei Dinge:
○ die Geheimhaltung der Daten (außer vor Ihnen und dem Auftraggeber);
○ das Zeugnisverweigerungsrecht in bezug auf vertrauliche Daten (zu denen der Psychologe selbst Zugang hat).

4. »In seinen Methoden hat der Psychologe Diskriminierung und unnötige Eingriffe in die Privatsphäre zu vermeiden.«
Mit anderen Worten: Alle zu testenden Personen müssen ohne Ansehen von Hautfarbe, Religion, Alter, sozialer Herkunft, politischer Überzeugung oder Geschlecht gleiche Chancen haben. Das klingt gut, doch wie wir gesehen haben, sind bei den meisten Tests vor allem ethnische Minderheiten im Nachteil.
Der Psychologe darf auch keine Methoden anwenden, die »tiefer in das Privatleben des Betroffenen eingreifen, als zum Erreichen des gesteckten Ziels nötig ist«. Ein bewundernswertes Streben, das aber in der Praxis besonders wenig zu bedeuten hat. Gehen bestimmte Fragen in einem Test oder im persönlichen Gespräch zu weit, können Sie vorbringen, sie seien »zur Erreichung des gesetzten Ziels« nicht nötig. Der Psychologe wird Ihnen vielleicht antworten, sie seien sehr wohl nötig ... Jedenfalls wissen Sie sich durch bestimmte Vorschriften ein wenig unterstützt.

5. »Jeder Untersuchte hat das Recht, über die Ergebnisse der Untersuchung informiert zu werden.« Daraus ergeben sich zwei für Sie sehr wichtige Regeln:
○ Sie haben Anspruch auf eine *kostenlose Nachbesprechung*, in der man Ihnen die Testergebnisse mitteilt.
○ Wenn Sie darauf bestehen, darf der Psychologe den Testbericht *nicht* an den Auftraggeber weiterleiten. (Das bedeutet in der Praxis fast immer, daß Sie auf Ihre weitere Teilnahme am Bewerbungsverfahren verzichten (müssen).

6. »Liegt in den Augen des Betroffenen eine Verletzung des Berufskodex vor, kann er Beschwerde einlegen.«

Sie können zu jedem Zeitpunkt Beschwerde einlegen, etwa beim Berufsverband Deutscher Psychologen oder den entsprechenden Organisationen in Österreich und der Schweiz. Aber außer einer Rüge hat der Psychologe – und dies trifft ihn nur als Verbandsmitglied – kaum etwas zu erwarten, es sei denn, er hätte sich strafbar gemacht.

7. »Bei der Speicherung von Daten muß der Psychologe wirksame Maßnahmen ergreifen, um einem Mißbrauch der Daten vorzubeugen.« Folgende Besonderheiten können für Sie von Bedeutung sein:
○ Werden Ihre persönlichen Daten gespeichert (wie es fast immer der Fall ist), muß der Psychologe Sie davon unterrichten. Er muß Sie auch über eine eventuelle spätere Verwendung der Daten informieren.
○ Sie können verlangen, daß Ihre Testdaten unmittelbar nach Gebrauch oder zu einem anderen von Ihnen gewünschten Zeitpunkt vernichtet werden.
○ Will der Psychologe (oder einer seiner Kollegen) zu einem späteren Zeitpunkt erneut von Ihren Daten Gebrauch machen, bedarf er dazu Ihrer *schriftlichen Zustimmung*.

Die Zahl der Beschwerden oder gar gerichtlichen Klagen gegen Psychologen ist nicht nennenswert. In den ernsthaften Fällen betrifft es meist »Kunstfehler« in Psychotherapien. So etwa klagen Eltern, weil sich ein in Therapie befindliches Kind das Leben nahm.

Daraus ergeben sich zwei mögliche Schlußfolgerungen. Entweder arbeiten die Psychologen gut, und es gibt wenig Grund zur Klage. Oder aber die meisten Menschen wissen nicht, wie man Beschwerde erhebt oder scheuen das langwierige, komplizierte Verfahren. Vielleicht haben sie auch zuwenig Vertrauen in eine wirksame und sinnvolle Behandlung ihrer ernstzunehmenden Beschwerden ...

Soweit also Ihre relativ bescheidenen Rechte in der psychologischen Testpraxis. Jedoch ist auch der Staat nicht glücklich über das »Vogelfrei-Erklären« der Testperson. Schon allein die erhöhte Empfindlichkeit in bezug auf den Datenschutz (zum Beispiel) wird sicherlich zu einem besseren gesetzlichen Schutz der Testpersonen führen.

15
Die Technik hinter dem Test

Dieses Kapitel ist für Leser bestimmt, die sich für die *technischen Daten* des psychologischen Tests interessieren. Sollten Sie sich gerade eifrig auf den schweren Testtag vorbereiten, ist das Kapitel im Augenblick nicht so wesentlich für Sie. Schließlich kann man auch ein guter Autofahrer sein, ohne etwas über Kurbelwelle, Vergaser oder Kompression zu wissen.

Folgende Themen werden in diesem ziemlich technischen (aber nicht schwierigen) Kapitel behandelt: Zunächst sehen wir uns an, was im Testinstitut weiter vor sich geht, nachdem Sie die Tests beendet und Ihre Fragebögen abgegeben haben. Ein kurzer Blick gilt der Verarbeitung der Testergebnisse. Danach besprechen wir einige Grundbegriffe des Messens menschlicher Eigenschaften. Wir entführen Sie in die Welt der sogenannten *Psychometrie* und nehmen Sie mit in das fiktive Testinstitut der Stiftung Psi, das einen ganz neuen Test entwickelt. Sie machen (erneut) Bekanntschaft mit den Begriffen *Validität*, *Zuverlässigkeit*, *Standardwert*, *Rohwert*, *Norm*, *Perzentil*, *Dezil* und *Quartil*. Die Lektüre dieses Kapitels wird Ihnen verdeutlichen, daß hinter einem psychologischen Test mehr steckt, als ein einzelner Fragebogen vermuten läßt.

Die Verarbeitung der Testergebnisse

Sie haben soeben Ihre ausgefüllten Testpapiere abgegeben und erfahren nun, daß der Bericht in ein paar Wochen vorliegen wird. Was aber geschieht in der Zwischenzeit im Testinstitut mit Ihren Ergebnissen? Begeben wir uns zu den Computern des Instituts.

Um der Klarheit willen werden wir der Verarbeitung jedes einzel-

Die Verarbeitung der Testergebnisse

nen Tests nachgehen. Als Demonstrationsobjekt haben wir das FPI (Freiburger Persönlichkeitsinventar) gewählt, weil es einfach zu verarbeiten ist und qualitativ dennoch auf hohem Niveau steht.

Sie haben den Fragebogen mit den Fragen, die Sie mit »stimmt« oder »stimmt nicht« beantworten mußten, soeben dem Testpsychologen oder dessen Helfer übergeben. (Das FPI wird auch in Gruppen durchgeführt; dann ist Ihr Fragebogen einer von vielen, die nun verarbeitet werden.) Das FPI hat zwölf sogenannte *Skalen*, also Antwortschemata, die jeweils einen Teil Ihrer Persönlichkeit messen. (So enthält es beispielsweise eine Antwortgruppe, die angibt, ob Sie ein introvertierter Mensch sind.)

Vor seiner Veröffentlichung wurde das FPI in großangelegten (experimentellen) Untersuchungen erprobt. Das führte zur Entwicklung sogenannter *Schlüssel*, Schablonen, die auf den Testbogen gelegt werden. Jeder Schlüssel weist den Testfragen Punkte zu. Der *Skalenwert* ist die Gesamtsumme der zugewiesenen Punkte. Soweit der erste Teil des Zahlenwerks. Der zweite Teil besteht unter anderem aus der Berechnung von *Standardwerten*. Mit deren Hilfe wird Ihr Testwert in den Rahmen einer Personengruppe eingeordnet (Altersgenossen, Berufskollegen und dergleichen). Für alle diese Gruppen stehen Normen aus früheren Untersuchungen fest. Sie werden also mit anderen Menschen verglichen, und Ihre Punktwerte werden interpretiert.

Das FPI ist ein so einfacher Test, daß die gesamte Auswertung im Grunde ohne menschliches Zutun ablaufen kann. Der Computer vermag alle Aufgaben zu übernehmen. Das klingt vielleicht ein wenig unmenschlich, aber Sie müssen bedenken, daß der Computer neutral und objektiv ist. Für ihn sind Sie eine von vielen Codenummern, und die haben keine schönen blauen Augen und sprechen auch keinen Dialekt – Faktoren, die den Psychologen durchaus beeinflussen. Das kann gut, aber ebenso schlecht für Sie sein ... Und außerdem möchten Sie das Ergebnis des Testtages ja *schnell* wissen! Nachdem der Computer die Zahlen ausgespuckt hat, versucht der Psychologe, sich ein Bild von Ihnen zu machen, und zwar *im Vergleich zu anderen*.

Allgemein läßt sich sagen, daß die Verarbeitung der Ergebnisse in der Praxis der Testauswertung um so einfacher ist, je mehr (experimentelle) Voruntersuchungen ein Test durchlaufen hat.

Das Erstellen eines neuen Tests ist keine Kleinigkeit

Der niederländische Psychologe R. VISSER erklärte in einem Interview einmal, warum es so schwer sei, einen neuen Test zu entwickeln. Wir lassen zunächst diesen Spezialisten zu Wort kommen und geben dann ein Beispiel für die Fallen und Hindernisse, die es beim Konzipieren jedes neuen psychologischen Tests zu überwinden gilt.

»Die Qualität der Testkonstruktion ist äußerst mäßig. Das hat, wie ich meine, verschiedene Gründe. Erstens sieht sich jeder, der einen Test konzipiert, mit dem Dilemma der Überlegung konfrontiert, ob er den Test gleich auf den Markt bringen oder noch abwarten soll. Wartet er ab, um mehr Zeit für einen soliden Unterbau zu gewinnen, besteht die Gefahr, daß seine Daten doch bekannt werden und andere damit zu einem Verlag gehen. Zudem ist das Konstruieren eines Tests oft eine Art Sport. Einen guten Test zu entwickeln aber ist eine zeitraubende und kostspielige Angelegenheit. Und sowohl an der nötigen Zeit als auch am Geld fehlt es oft, was wiederum auf Kosten der Qualität geht.

Das Hauptproblem ist jedoch die Kluft zwischen dem praktizierenden Psychologen und dem Testkonstrukteur: Der Wissenschaftler kennt die diagnostische Situation nicht gut genug. Er weiß viel zuwenig über den Entscheidungsprozeß des Diagnostikers. Damit meine ich folgendes: Ein Test mißt ein oder zwei Faktoren, während der Psychologe auf der Grundlage eines ganzen Komplexes von Daten verschiedener Herkunft – Beobachtung, Gespräch, Testergebnisse – Entscheidungen treffen muß.«

Unser kurzer Kommentar dazu: Ein trauriges Bild ...

Psychometrie bei der »Stiftung Psi«

Psychometrie bedeutet nichts anderes als die Lehre vom *Messen* in der Psychologie, insbesondere durch psychologische Tests. Wir möchten Sie in groben Zügen mit den Hintergründen der Psychometrie bekanntmachen, und Sie werden bemerken, wieviel Denkarbeit und Forschung sich hinter einem guten Test verbergen und welchen Hindernissen der Testautor auf seinem Weg begegnet.

Das folgende *Beispiel* ist fiktiv, die Art und Weise, wie über die Konstruktion eines guten Tests nachgedacht wird, ist es jedoch nicht. (Selbstverständlich handelt es sich um ein getreues, wenn auch stark vereinfachtes Abbild der Wirklichkeit.)

Die Stiftung Psi beschäftigt sich in erster Linie mit der Auslese von Mitarbeitern für verschiedene Betriebe und Institutionen in ihrem Einzugsgebiet. Sie verfügt über den Luxus eines Psychologen, des Herrn Dr. Testegern, der sich ausschließlich mit der Konzipierung neuer und mit der Qualitätskontrolle bestehender Tests befaßt.

Bei der wöchentlichen Arbeitsbesprechung erfährt Testegern, daß immer mehr Auftraggeber ihre Stellenbewerber auf *Unverschämtheit* testen lassen möchten. Warum? Unverschämte Mitarbeiter scheinen erfolgreicher zu sein als schüchterne Menschen. Dr. Testegerns Kollegen wollen wissen, ob es einen deutschen Test gibt, der die Unverschämtheit eines Menschen mißt, und wenn nicht, ob Testegern einen amerikanischen Unverschämtheitstest kennt, den man übertragen könnte. Testegern schüttelt den Kopf. Ein solcher Test existiert nicht, verkündet der Experte. Aber vielleicht könnte der gelehrte Herr sich doch noch einmal umsehen, ob es nicht irgendwo auf der Welt solch einen Test gibt. Denn warum sollte die Stiftung Psi ihn dann neu erfinden? Drei Wochen später gibt Dr. Testegern während der Arbeitssitzung bekannt, daß es ihm trotz ausgedehnter Nachforschungen und seiner Verbindungen zu Kollegen in aller Welt nicht gelang, einen Unverschämtheitstest ausfindig zu machen. Die Sitzung endet mit der Bitte an Testegern, einen solchen Test selbst zu entwickeln.

Wie geht dieser Spezialist nun vor? Folgen wir dem Weg seiner Gedanken. *Erstes Problem*: Was bedeutet das Wort *Unverschämtheit* eigentlich? Was macht jemand, der unverschämt ist? Ist Unverschämtheit eine Eigenschaft? Sind unverschämte Menschen also *immer* unverschämt oder nur in Reaktion auf die jeweilige Situation? Mit anderen Worten: Jeder Mensch könnte unverschämt sein, wenn die Situation es erfordert. Wenn Unverschämtheit eine Eigenschaft ist: Welche Merkmale besitzen unverschämte Menschen, die nichtunverschämten fehlen?

Dr. Testegern beginnt in aller Ruhe, den Begriff der Unverschämtheit genau auszuleuchten. Er zieht zehn Wörterbücher zu Rate und notiert sich sämtliche Definitionen und Umschreibungen des Begriffs. Mit den gefundenen Definitionen unzufrieden, formuliert er schließlich selbst eine *vorläufige Arbeitsdefinition*. Ist nunmehr bei der Stiftung Psi von Unverschämtheit die Rede, kann darüber keine Unklarheit mehr herrschen. Testegerns erster Schritt besteht also darin, der Unsicherheit über den Begriff der Unverschämtheit ein Ende zu bereiten. Doch der Weg bis zum fertigen Test geht noch weiter …

Nun nimmt der Psychologe das *zweite Problem* in Angriff: Ist Unverschämtheit eine Eigenschaft, die ein Mensch in größerem oder geringerem Ausmaß besitzt, oder hängt sie hauptsächlich mit der jeweiligen Situation zusammen? Wir nehmen der Einfachheit halber an, daß Dr. Testegern nach umfangreichem Literaturstudium und der Befragung zahlreicher Experten zu dem Schluß gelangte, es handle sich um ein Persönlichkeitsmerkmal, ebenso wie Intelligenz, technisches Verständnis oder Kreativität. Testegern kann also fortfahren.

Er wendet sich dem *dritten Problem* zu. Um die Unterschiede zwischen unverschämten und nichtunverschämten Menschen zu ergründen, muß Testegern nun versuchen, zwei Personengruppen zu finden, die einander hinsichtlich des Merkmals *Unverschämtheit* genau entgegengesetzt sind. (Es bewährt sich immer, mit zwei Extremgruppen zu arbeiten. Die Daten von Durchschnittsmenschen ergeben meist kein eindeutiges Bild.) Da hat Testegern eine geniale Idee! Er wird eine Gruppe Unverschämter zusammenstellen, bestehend aus:

○ Spitzenverkäufern für Autos (er wird alle Autohändler anschreiben);
○ verurteilten Hochstaplern und Betrügern (mit Hilfe eines Briefs an die Gefängnisdirektoren);
○ Direktoren von Werbeagenturen (erreichbar über deren Berufsverband).

Und nun noch die Nichtunverschämten. Dr. Testegern erwartet, sie in den folgenden drei Gruppen zu finden:

○ Schüchterne Menschen, die wegen ihrer Schüchternheit in psychotherapeutischer Behandlung sind (Namen und Adressen über Behandlungszentren);

○ Sozialarbeiter (über das Mitgliederverzeichnis ihrer Vereinigung);
○ Innenarchitekten (über deren Berufsverband).
(Nicht vergessen, das Beispiel ist erfunden, denn normalerweise wird er von Kliniken und Sozialarbeitern nicht so leicht Adressen erhalten.)

Natürlich weiß Testegern, daß nicht alle Innenarchitekten schüchtern (nichtunverschämt) sind und daß nicht jeder Direktor einer Werbeagentur unverschämt ist. Aber irgendwo muß er nun einmal anfangen, und Zweifelsfälle kann er immer noch aus seinen Untersuchungsgruppen ausscheiden.

Testegern verfügt jetzt über alle Namen und Adressen beider Gruppen, schreibt sie an, und schließlich erklärt sich die Hälfte zu einem persönlichen Gespräch für diese Untersuchung bereit. Welche Fragen soll Testegern den Unverschämten und den Nichtunverschämten stellen?

Der Psychologe nimmt sich die Zeit, eine große Zahl von Fragen zu formulieren, die er den Unverschämten und den Nichtunverschämten vorlegen kann. Es handelt sich um Fragen in Form von Aussagen, bei denen der Befragte jeweils angeben muß, inwieweit sie seine Persönlichkeit beschreiben. Für Unverschämte und Nichtunverschämte gelten dieselben Fragen. Testegern erwartet, daß die Ergebnisse der beiden Gruppen einander genau entgegengesetzt sein werden. (Ist das nicht der Fall, hat er entweder die falschen Personen befragt oder die falschen Fragen gestellt oder beides ...)

Nachdem er eine Liste mit rund 300 Fragen zusammengestellt hat, beginnt er mit seinen *Hausbesuchen*.

Was für Fragen wird er stellen? Wir beschränken uns auf ein einziges *Beispiel*:

»Ich bin jemand, der sich in einem Geschäft grundsätzlich vordrängt, auch wenn es noch so voll ist.«
Inwieweit trifft diese Aussage auf Sie zu?
○ uneingeschränkt
○ teilweise
○ vielleicht ein wenig
○ eher nicht
○ überhaupt nicht.

Sobald Testegern alle Gespräche geführt hat, verarbeitet er die Antworten Frage für Frage. Das Ergebnis der eben gestellten Frage könnte dann in tabellarischer Form so aussehen.

	Unverschämte	Nichtunverschämte
»Diese Aussage trifft auf mich zu«:	Prozent	Prozent
uneingeschränkt	65	10
teilweise	9	10
vielleicht ein wenig	15	2
eher nicht	8	8
überhaupt nicht	3	70
	100	100

Dr. Testegern ist nicht unzufrieden. Manche Aussagen *diskriminieren* (unterscheiden) stark zwischen den beiden Gruppen. Wo 65 Prozent der Unverschämten eine Aussage als uneingeschränkt auf sie zutreffend einordnen, sind 70 Prozent der Nichtunverschämten völlig anderer Meinung.

Er weiß aber auch, daß Vordrängeln nicht gerade positiv beurteilt wird, viele Befragte, die wirklich *unverschämt* sind, das daher nicht ganz deutlich sagen möchten und höchsten »teilweise« wählen würden. Er wird also nie 65 Prozent für »uneingeschränkt« erhalten, aber annehmen dürfen, daß viele »teilweise«-Antworten eigentlich in die Kategorie »uneingeschränkt« gehören. Solche Verschiebungen nennt man *Bias*.

Testegern überprüft auch, welche seiner Probandengruppen am extremsten geantwortet hat. Dabei stellt er fest, daß die Innenarchitekten auf der einen und die Direktoren von Werbeagenturen auf der anderen Seite das Bild stark verzerren. Beide Gruppen weisen nur wenige *echte* Unverschämte oder Nichtunverschämte auf. (Oder kennen diese Menschen sich selbst nicht gut genug?) Eine neuerliche Analyse, die diese beiden Gruppen unberücksichtigt läßt, liefert ihm noch eindeutigere Resultate. Was nun?

So nimmt Dr. Testegern sich Frage für Frage vor. Dabei bleiben fünfzig Fragen übrig, die er in einer neuen Untersuchung erprobt, diesmal jedoch nur unter den Unverschämtesten, den Autoverkäufern mit Spitzenleistungen. Er besucht einige von ihnen, die er bislang noch nicht befragte.

Als Testegern damit fertig ist, kann er zufrieden sein. Er hat eine Liste mit vierzig Fragen übrigbehalten. Zehn Fragen mußte er streichen, weil sie nicht klar genug formuliert waren. Stolz führt er sein Produkt auf der Mitarbeiterversammlung der Stiftung Psi vor.

Nachdem alle Kollegen ihn zu den phantastischen Ergebnissen beglückwünschten, hagelt es (kritische) Fragen.

○ »Ist die Inhaltsvalidität gesichert?«
○ »Wie steht es mit der prädiktiven Validität (Vorhersagegültigkeit) des Unverschämtheitstests?«
○ »Was ist bis jetzt über die Zuverlässigkeit bekannt?«
○ »Wo ist die Tabelle mit den nationalen Unverschämtheitsnormen?«
○ »Welche Beziehung besteht zwischen Unverschämtheit und Intelligenz?«
○ »Und welche Relation besteht zu Managerqualitäten?«
○ »Sind die Fragen für jedermann verständlich?«

Testegern weist seine Kollegen darauf hin, daß solche Anforderungen verfrüht sind. Es bedarf noch reichlicher Arbeit, bis sich sein Unverschämtheitstest in der Praxis verwenden läßt. Doch möchte er die gestellten Fragen gern beantworten.

Er beginnt mit der letzten Frage, der einfachsten. Die Testfragen hätten sich als verständlich erwiesen – die zehn weniger verständlichen seien schon vorher aus dem Test herausgenommen worden. »Aber«, so fügt Testegern hinzu, »ein Test bewährt sich erst in jahrelanger Anwendung. Im Verlauf der weiteren Untersuchungen muß man vielleicht noch den einen oder anderen kleinen Satz ändern.«

»Mit Interesse wurde nach der Inhaltsvalidität des Unverschämtheitstests gefragt«, fährt er fort. »Warum ist diese Frage so wichtig? Sie möchten also wissen«, sagt Testegern, »ob der Unverschämtheitstest tatsächlich Unverschämtheit mißt und nicht etwas anderes, zum Beispiel Intelligenz, Ehrgeiz oder Sozialverhalten.« Diese Frage ist nicht leicht zu beantworten, doch Testegern verweist auf seine erste Untersuchung, bei der er von der *Annahme* ausging, daß manche

Menschen unverschämt sind und andere nicht. Dies bildete die Basis seiner Untersuchung. Sollte sich später herausstellen, daß andere Gruppen von Unverschämten im Test keine hohen Punktwerte erzielen, müsse natürlich das eine oder andere revidiert werden ...

Die *prädiktive Validität* (Vorhersagefähigkeit) beinhaltet, daß der Test prognostischen Wert besitzt. Wie gut kann der Test prognostizieren? Diese Frage läßt sich im Moment noch nicht beantworten. Dr. Testegern will jedoch gern an einem Beispiel erläutern, wie er das festzustellen gedenkt.

Er habe herausgefunden, daß die Spitzenverkäufer in der Autobranche zu den unverschämtesten Menschen zählen. Er werde nun bei Autohändlern und Autoimporteuren anfragen, ob er ihre angehenden Autoverkäufer (Stellenbewerber) testen und zwei Jahre lang deren *Effektivität* (ihren Verkaufserfolg zum Beispiel) beobachten dürfe. Wenn der Unverschämtheitstest die Vorhersage erlaube, welche Bewerber später erfolgreich seien und welche nicht – am besten in der richtigen Reihenfolge aller Kandidaten –, und diese Prognose mit der tatsächlichen Leistung dieser Personen weitgehend übereinstimme, dann sei damit erwiesen, daß der Unverschämtheitstest gut prognostiziert. (Man vergleiche mit dem Intelligenztest, der in der Lage sein muß, zwischen guten und schlechten Grundschülern zu unterscheiden und deren Erfolg auf dem Gymnasium vorherzusagen.) Die Bestimmung der prädiktiven Validität sei also nicht so einfach, erklärt Testegern den lauschenden Kollegen. Denn der Unverschämtheitstest soll natürlich nichts anderes messen als das Verkaufstalent, dazu war er schließlich angelegt.

Einer von Testegerns Kollegen hatte sich nach der Zuverlässigkeit des Unverschämtheitstests erkundigt. Worum es gehe, verdeutlicht Testegern, sei folgendes: Absolviert dieselbe Person den Unverschämtheitstest mehrmals, muß das Ergebnis jedesmal in etwa gleich sein. Genau das sei Gegenstand seiner nächsten Untersuchung. Aus den vielen Arten von Zuverlässigkeit, die es gebe, wolle er zunächst eine einzige herausgreifen. Er habe vor, den Test mit vier Gruppen von Berufstätigen je zweimal durchzuführen. Die erste Gruppe solle zweimal innerhalb eines Monats getestet werden, die zweite im Abstand von vier Monaten, die dritte im Abstand von neun Monaten, und die vierte Gruppe erst nach eineinhalb Jahren zum zweitenmal untersucht werden.

Testegern weiß, daß die Menschen sich ein wenig verändern, und daß sie auch lernen, mit Tests umzugehen. Er geht jedoch davon aus, daß sein Unverschämtheitstest ein *stabiles* Meßinstrument ist. Die Zukunft wird es zeigen ...

»Sie möchten wissen, wie es mit den nationalen Unverschämtheitsnormen steht? Auch das muß noch untersucht werden!« Testegern will messen, *wie viele* erwachsene Männer unverschämter oder weniger unverschämt sind als Frauen. Ebenso möchte er jedoch die Unterschiede nach Altersgruppen herausfinden (von fünfzehn bis fünfundsechzig Jahren, unterteilt in Altersklassen von jeweils zehn Jahren), und zwar differenziert nach etwa dreißig Berufsgruppen, Schulbildung, Großstädten, mittleren Städten und ländlichen Gebieten. Diese *Normuntersuchungen* sollen in Gruppen von je fünfhundert streng ausgewählten Personen durchgeführt werden. Das kostet gleichfalls Zeit.

Als kurze Erklärung sei erwähnt, daß man, um Normen für ein Merkmal von Menschen zu ermitteln, für das noch kein Meßinstrument (zum Beispiel ein eigener Test) zur Verfügung steht, auf den vorläufig entwickelten Test zurückgreifen und ihn im Wechselspiel mit den Messungen immer wieder verbessern muß.

Einige der Kollegen möchte wissen, welcher Zusammenhang zwischen dem Unverschämtheitstest einerseits und Intelligenz, Verkaufstalent und Managerqualitäten andererseits bestehe. Verschiedene Psychologen, auch an Universitäten, haben Testegern ihre Mitarbeit bei der Ermittlung der Beziehung zwischen einer Vielzahl bekannter und vielverwendeter Tests und dem neuen Unverschämtheitstest zugesagt. Diese Studien sind nicht allzu schwierig. Man untersucht bei einer großen Zahl von Menschen zunächst deren Intelligenz und dann das Maß an Unverschämtheit, das sie besitzen. Danach wird der Zusammenhang zwischen den beiden Messungen berechnet. (Die Fachsprache nennt es *Korrelation*.) Je geringer die Korrelation zwischen zwei Tests ist, die unterschiedliche Eigenschaften messen sollen, desto besser. Angenommen, die Korrelation zwischen IQ und Unverschämtheit ist sehr hoch. Das würde bedeuten, daß Unverschämtheit gewissermaßen ein Bestandteil von Intelligenz sei. Einer der beiden Tests wäre dann überflüssig ...

Dr. Testegern hat noch einiges an Arbeit vor sich, und wir wollen ihn dabei nicht weiter stören. Einen psychologischen Test zu entwerfen und *gebrauchsfertig* zu machen, ist also nicht so einfach, wie es auf den ersten Blick scheinen mag!

Rohwerte und Standardwerte

In vielen psychologischen Tests wird zwischen *Rohwerten* und *Standardwerten* unterschieden. Der *Rohwert* ist einfach die Summe, beispielsweise Ihrer richtigen Antworten. Angenommen, Sie erhielten bei einem Intelligenztest eine Liste mit zwanzig Wörtern und sollten bei jedem der Wörter dessen Bedeutung nennen. Sie geben dreizehn richtige Antworten. Das ist der Rohwert. Dieser wird nun mittels einer Formel oder Ablesetabelle in einen *Standardwert* mit einem bekannten, feststehenden Durchschnitt transformiert. Ihre dreizehn richtigen Antworten werden auf diese Weise mit anderen verglichen, und erst dann läßt sich sagen, ob Sie besser oder schlechter sind als der Durchschnitt der Gruppe, mit der Sie verglichen wurden. Die Umrechnung von Rohwerten erfolgt nach verschiedenen Methoden. So kann man beispielsweise immer zehn oder hundert Punkte hinzuzählen. Das ist praktisch, weil es negative Punktwerte vermeidet. (Wenn jeder Kandidat zusätzlich hundert Punkte bekommt, ändert das nichts am Testergebnis, es erleichtert nur die Interpretation.) Das gleiche gilt für das Multiplizieren der Testwerte mit Hundert. Die Psychologen wollen wissen, *um wieviel* Ihr Ergebnis vom Durchschnitt der Gruppe, der Sie angehören, abweicht.

Ein weiterer Vorteil ist, daß Standardwerte einen Vergleich verschiedener Tests miteinander zulassen. So kann man Ihren Punktwert aus einem Intelligenztest (den Sie absolvierten) einem ganz anderen Test entsprechend ausdrücken, an dem einige Ihrer (zukünftigen) Kollegen teilnahmen.

Menschen miteinander vergleichen

Sie haben in diesem Buch nun mehrfach gelesen, daß psychologische Tests Menschen miteinander vergleichen – auf objektive Art und Weise. Der Einfachheit halber berechnet man deshalb unter anderem *Perzentile, Dezile* und *Quartile*.

Ein *Perzentil* ist etwas ähnliches wie ein Prozentsatz. Der Rohwert jeder Testperson kann in einen Wert zwischen eins (als Minimum) und hundert transformiert werden. Liegt Ihr Rohwert nach dem Transformieren bei 83 (dem 83sten Perzentil), so bedeutet das, daß Sie gleich gut oder besser abgeschnitten haben als 83 Prozent der Personen, mit denen Sie verglichen wurden (zum Beispiel erwachsene Berufskollegen), und 17 Prozent noch besser aus dem Test hervorgingen als Sie. Was Sie allerdings nicht wissen, ist, *um wieviel* Sie besser sein müssen als andere. Liegt das Minimum beim 60sten Perzentil oder ist es sehr hoch angesetzt, etwa beim 95sten Perzentil?

Reicht bei den Perzentilen die Verteilung von eins bis hundert, so werden beim *Dezil* Gruppen von je zehn Punkten unterteilt. Es gibt also hundert Perzentile und zehn Dezile. Entsprechend verhält es sich mit den *Quartilen*. Hier wird jedoch jeder Kandidat einer der vier Gruppen zugeordnet. Im höchsten Quartil befinden sich die 25 Prozent der Besten, im niedrigsten die 25 Prozent, die bei dem Test am schlechtesten abgeschnitten haben. Drittes und viertes Quartil umfassen die beiden mittleren Gruppen.

Ein langer Weg

Ein bekannter Psychologe drückte einmal seine Verwunderung darüber aus, daß für psychologische Tests keinerlei staatliche Qualitätskontrolle besteht. Metzger und Gemüsehändler müssen regelmäßige Lebensmittel- und Eichkontrollen zulassen. Verdorbenes Beafsteak oder eine (vor allem zum Nachteil des Kunden) ungenaue Waage können Geldbußen oder Schlimmeres nach sich ziehen. Psychologische Waagen sind jeder Kontrolle entzogen. Legt die Gesellschaft mehr Wert auf das Prüfen und Wiegen von Fleisch und Gemüse als von Menschen? Oder liegt es daran, daß der psychologische Test noch alles andere als perfekt ist? Er hat noch einen weiten Weg vor sich ...

Literaturverzeichnis

Aus den Literaturempfehlungen des Originals wurden alle Titel in niederländischer Sprache herausgenommen; sie würden dem deutschsprachigen Leser kaum nützen. Ein Teil dieser Titel sind ohnehin Übersetzungen aus dem Englischen, im Einzelfall auch aus dem Deutschen. Literatur zu einzelnen Tests, z. B. Durchführungs- und Auswertungsanleitungen, wurde nicht aufgenommen. Es versteht sich von selbst, daß es sich hier nur um eine Auswahl aus der schier uferlosen Literatur handelt. Taschenbücher sind mit (tb) gekennzeichnet.

Amelang, M. und Bartussek, D., *Differentielle Psychologie und Persönlichkeitsforschung*. Kohlhammer, Stuttgart, 1981.
Anastasi, A., *Psychological testing* (3rd ed.). Macmillan, New York, 1969.
Barnette, W. L., *Readings in psychological tests and measurements*. Dorsey, Homewood, 1967.
Bessel, H., *Testen Sie Ihren IQ*. Heyne, München, 1986 (tb).
Bierkens, P. B., *Die Urteilsbildung in der Psychodiagnostik*. Barth, München, 1968.
Brickenkamp, R. (Hrsg.), *Handbuch psychologischer und pädagogischer Tests*. Mit Ergänzungsband 1983. Hogrefe, Göttingen, 1975.
Cronbach, L. J., *Essentials of psychological testing* (2nd ed.). Harper & Row, New York, 1960.
Dieterich, R., *Psychodiagnostik*. Reinhardt, München, 1973 (tb).
Drenth, P. J. D., *Der psychologische Test*. Barth, München, 1969.
Dunnette, M. D., *Personnel selection and placement*. Brooks/Cole, Belmont, 1966.
Edwards, A. J., *Individual mental testing, Part 1. History and theories*. Intext, Scranton, 1971.
Eysenck, H. J., *The Inequality of Man*. EDITS, San Diego, 1975.
Eysenck, H. J., *The Structure and Measurement of Intelligence*. Springer, Heidelberg 1979.

Eysenck, H. J., *Wege und Abwege der Psychologie*. Rowohlt, Hamburg, 10. Aufl. 1971 (tb).
Eysenck, H. J. und Wilson, *Teste Dich selbst*. Goldmann, München, 1983 (tb).
Fischer, G. H. (Hrsg.), *Psychologische Testtheorie*. Huber, Bern, 1968.
Franzen, F., *Testpsychologie*. Ullstein, Frankfurt, 1958 (tb).
Guilford, J. P., *Persönlichkeit*. Beltz, Weinheim, 4. Auflage 1970.
Guion, R. M., *Personnel testing*. McGraw-Hill, New York, 1965.
Hartmann, H., *Psychologische Diagnostik. Auftrag – Testsituation – Gutachten*. Kohlhammer, Stuttgart, 1973 (tb).
Hartmann H. und Haubl R. (Hrsg.), *Psychologische Begutachtung*. Urban & Schwarzenberg, München, 1984.
Heiss, R. (Hrsg.), *Handbuch der Psychologie*, Band 6, Hogrefe, Göttingen, 1964. (Darin die Beiträge von: Bartenwerfer, Heiss, Hörmann, Michel, Mittenecker, Reinert und Sehringer.)
Hiltmann, H., *Kompendium der psychodiagnostischen Tests*. Huber, Bern, 2. Auflage 1966.
Jäger, R. S. (Hrsg.), *Psychologische Diagnostik. Ein Lehrbuch*. Psychologie Verlags-Union, München, 1988.
Keller, J. A., *Grundlagen der Motivation*. Urban & Schwarzenberg, München, 1981.
Kirkpatrick, J. J., Ewen, R. B., Barrett, R. S. und Katzell, R. A., *Testing and fair employment: fairness of personnel tests for different ethnic groups*. New York University Press, New York, 1969.
Kopmeyer, M. R., *Lebenserfolg – Schlüsselwerk bewährter Erfolgsmethoden. So gelangen Sie an Ihre Ziele*. Ariston Verlag, Genf/München 1982.
Lang, A., *Der Intelligenzquotient. So werden Sie besser als Ihr IQ*. Ariston Verlag, Genf/München, 5. Auflage 1989.
Lienert, G. A., *Testaufbau und Testanalyse*. Weinheim, Beltz, 2. Auflage 1967.
Linden, J. D. und Linden, K. W., *Tests on trial*. Houghton Mifflin, New York, 1968.
Linden, K. W. und Linden, J. D., *Modern mental measurement: a historical perspective*. Houghton Mifflin, New York, 1968.
Liungman, C. G., *Der Intelligenzkult. Eine Kritik des Intelligenzbegriffs und der IQ-Messung*. Rowohlt, Hamburg, 1973 (tb).
Lyman, H. B., *Intelligence, aptitude and achievement testing*. Houghton Mifflin, New York, 1968.
Lyman, H. B., *Test scores and what they mean* (3rd ed.). Prentice-Hall, Englewood Cliffs, 1978.

Mandl, H., *Kompendium deutschsprachiger Schulreifetests*. Oldenbourg, München, 1970.

Mandl, H. und Zimmermann, A., *Intelligenzdifferenzierung*. Kohlhammer, Stuttgart, 1976.

Miller, K. M., *Psychological testing in personnel assessment*. Gower, Westmead, 1980.

Mönckemeyer, K. H., *Bewerbung – Test – Vorstellung – Einstellung*. Wirtschaftsverlag, Bachem, 2. Auflage 1987.

Neuberger, O., *Theorien der Arbeitszufriedenheit*. Kohlhammer, Stuttgart, 1974 (tb).

Nickel, H., *Entwicklungspsychologie des Kindes- und Jugendalters*. Band 2: Schulkind und Jugendlicher. Huber, Bern, 1975.

Oerter, R., *Moderne Entwicklungspsychologie*. Auer, Donauwörth, 13. Auflage 1973.

Psychological tests and teaching aids 1981 (mit Supplementen), *Swets Test Services*. Swets & Zeitlinger, Lisse, 1980.

Rich, L., *Can salesmen be tested? In: Dun's Review*, 1966, 87, 3, 40–41.

Rosenstiel, von L. und andere, *Organisationspsychologie*. Kohlhammer, Stuttgart, 2. Auflage 1975 (tb).

Roth, E., *Persönlichkeitspsychologie*. Kohlhammer, Stuttgart, 4. Auflage 1974 (tb).

Schmalt, H.-D. und Meyer, W.-U. (Hrsg.), *Leistungsmotivation und Verhalten*. Klett, Stuttgart, 1976.

Schmerl, Ch., *Sozialisation und Persönlichkeit*. Enke, Stuttgart, 1978 (tb).

Schmid, K., *Psychologische Testverfahren im Personalbereich. Darstellung ihrer rechtlichen Probleme für Personalleiter, Psychologen und Juristen*. Müssener Verlag, Köln, 1971.

Schmidtchen, St., *Psychologische Tests für Kinder und Jugendliche*. Hogrefe, Göttingen, 1975.

Seeberger, W., *Die menschliche Intelligenz als Entwicklungsproblem*. Wissenschaftliche Buchgesellschaft, Darmstadt, 1968.

Shlien, J. M., *Mental testing and modern society* In: Barnette, W. L. (Hrsg.), *Readings in psychological tests and measurements*. Dorsey, Homewood, 1964.

Sieber, G., *Achtung Test*. Rowohlt Sachbuch, Hamburg, (tb).

Tallent, N., *Psychological report writing*. Prentice-Hall, Englewood Cliffs, 1983.

Weinert, F. E., Graumann, C. F., Heckhausen, H. und andere, *Funkkolleg Pädagogische Psychologie*. 2 Bände, Fischer, Frankfurt, 1974 (tb).

Wellhöfer, P. R., *Grundstudium Persönlichkeitspsychologie*. Enke, Stuttgart, 1977 (tb).
Wewetzer, K.-H., *Intelligenz und Intelligenzmessung*. Wissenschaftliche Buchgesellschaft, Darmstadt, 1973.
Whyte, W. H., *The organization man*. Penguin, Harmondsworth, 1960.

Standardbücher des Persönlichkeitsaufbaus und der Erfolgsmotivation

Jeder Band um 300 Seiten in Großoktav mit Goldprägung und farbigem Schutzumschlag

Übersetzt in 64 Sprachen!

M. R. Kopmeyer, vormals Berater von 102 US-Firmen und Chef von acht namhaften Konzernunternehmen, heute Bestsellerautor, hat in seinem Schlüsselwerk mehr als tausend bewährte Erfolgsmethoden zusammengetragen. Jeder der vier Bände steht im Rahmen des Gesamtwerks für sich.

In diesen Büchern finden Sie Argumente, die überzeugen, Beweise, die motivieren, Anregungen und Beispiele, die begeistern, eine Fülle des Wissens – eine Fundgrube für den Interessierten. Wer Kopmeyers Schlüsselwerk liest, wird glauben, was der Autor behauptet, wird an sich selbst und seine Chancen glauben, wird motiviert sein, sich mit Elan an die Anwendung der bewährten Erfolgsmethoden zu machen.

M. R. Kopmeyers Werke:
- **Persönlichkeitsbildung**
So werden Sie, was Sie sein möchten
- **Wohlstandsbildung**
So werden Sie wohlhabend und reich
- **Lebenserfolg**
So gelangen Sie an Ihre Ziele
- **Wunscherfüllung**
So bekommen Sie, was Sie sich wünschen

Ariston

Postfach 176 · CH-1211 Genf 6
Tel. 022/786 18 10 · Telex 41 34 28

Dr. Joseph Murphy hat Millionen Leser begeistert und vielen geholfen!

Wenn heute die Notwendigkeit positiven Denkens in so vieler Munde ist, so ist die Saat von Dr. J. Murphys Wirken aufgegangen. »Positives Denken« bleibt aber ein leeres Schlagwort, wenn man die von ihm gelehrten Gesetze des Denkens und Glaubens nicht kennt und beherzigt. Dieser Autor beschreibt nicht, er bewirkt – und begeistert.

● **Die Macht Ihres Unterbewußtseins**
Mehr als 840 000 Menschen haben dieses Standardwerk in deutscher Sprache gekauft. Buch:
244 Seiten.
3 Langspielkassetten in Box.

● **Dr. Joseph Murphys Vermächtnis**
Dr. J. Murphy vollendete dieses sein letztes Werk kurz vor seinem Tod. Es ist die Quintessenz seiner Botschaft und das Vermächtnis eines Weltbürgers des Geistes.

Jeder Band in Großoktav, Balacron, Goldprägung, mit farbigem Schutzumschlag, um 220 Seiten.

● **Die Gesetze des Denkens und Glaubens**
● **Das Wunder Ihres Geistes**
● **Die unendliche Quelle Ihrer Kraft**
● **Energie aus dem Kosmos**
● **Die kosmische Dimension Ihrer Kraft**
● **Das I-Ging-Orakel Ihres Unterbewußtseins**
● **Der Weg zu innerem und äußerem Reichtum**

Ariston

Postfach 176 · CH-1211 Genf 6
Tel. 022/786 18 10 · Telex 41 34 28